金色乡村
Jinsexiangcun

中华伟少年

岳海姗　主编

辽宁人民出版社

ⓒ 岳海姗　2012

图书在版编目（CIP）数据

中华伟少年／岳海姗主编. —沈阳：辽宁人民出版社，2012.9（2020.6重印）
（金色乡村出版工程）
ISBN 978-7-205-07426-5

Ⅰ.①中… Ⅱ.①岳… Ⅲ.①青少年—先进事迹—中国 Ⅳ.①K828.4

中国版本图书馆CIP数据核字（2012）第200854号

出版发行：辽宁人民出版社
　　　　　地址：沈阳市和平区十一纬路25号　邮编：110003
　　　　　电话：024-23284321（邮　购）024-23284324（发行部）
　　　　　传真：024-23284191（发行部）024-23284304（办公室）
　　　　　http://www.lnpph.com.cn
印　　刷：山东华立印务有限公司
幅面尺寸：145mm×210mm
印　　张：10
字　　数：267千字
出版时间：2012年9月第1版
印刷时间：2020年6月第3次印刷
责任编辑：刘国阳
封面设计：杨　勇　白　咏
封面绘图：姜　宏
版式设计：王珏菲
责任校对：姚飞天
书　　号：ISBN 978-7-205-07426-5

定　　价：20.00元

辽宁省农家书屋建设
图书出版编委会

本书编委会

主　编　岳海姗

编　委　岳海姗　卢　琛　张　丹

　　　　申怡然　冯　健

前　言

人在十岁左右到十五六岁是少年阶段，正是当前中小学生的年纪。这一阶段人的特点是变化较大，也很容易受影响。少年的价值观和生活方式尚未稳固确立，因此关于德行的教育在这一阶段尤为重要。但道德、美德这类概念都是比较抽象的，如果每一种美德都有几个相对应的故事，不但可以形象地帮助少年理解抽象的概念，也可以使少年有效仿的榜样。以"孝悌"举例，这样抽象的概念，在宋人王应麟等编撰的《三字经》里，用朗朗上口的"香九龄，能温席。孝于亲，所当执。融四岁，能让梨。第于长，宜先知"二十四个字，讲了"黄香温席"和"孔融让梨"两个故事，由此孝敬父母、友爱兄长的美德就形象地烙印在幼童的心里，甚至终生不忘。

《中华伟少年》的编写也是遵照这种通过故事讲道理的形式。书中选编了从春秋战国一直到近现代，流传较广并有一定教育意义的杰出少年的故事。尽管故事人物在成年后所扮演的角色各不相同，有王侯将相、文人墨客，也有医学、军事、科技、建筑等领域的人才，但他们都以少年时就养成的孝悌、爱国、勤奋、善良、机智、勇敢等优良品质激励着一代代中华少年完善自身人格，追求伟大理想。本书就是要通过这些故事，形象地阐释少年应该具备什么样的美德，希望这些关于少年的故事能与中小学读者产生共鸣。

虽然尽了最大努力，但由于时间仓促，水平有限，书中仍有很多疏漏与不足，敬盼读者不吝指正。

目　录

三国、两晋、南北朝

隋、唐、五代

辽、宋、金、元

明、清

近 现 代

孙叔敖埋蛇救人

　　孙叔敖，是春秋时期楚国人，公元前601年，在海子湖边被楚庄王举用，出任楚国令尹。令尹是那时最大的官，无论国家对外战争，还是对内治理，都需要听他的安排。他帮助楚庄王治理国家，取得了很大成就。

　　年少的孙叔敖，聪明活泼，喜欢到大自然中去玩耍。他特别喜欢去离家不远的一个小山上玩，那里风景优美，树木茂盛，还有很多叫不出名字的花草。潺潺的流水从山间穿过，将岩石冲刷得光滑透亮。这里成了孙叔敖和小伙伴们的乐园。

　　有一天，孙叔敖吃过早饭，就来到小山上，等着其他的小伙伴。他坐在一块大石头上，鼓弄刚采的一把野花。这时，草丛中发出"沙沙"的响声，一只灰色的小兔子从草丛中跳了出来，慌慌张张地从他面前跳走了。平时孙叔敖和小伙伴们经常带些蔬菜、水果之类的食物喂山上的小动物，它们一般是不怕人的。

　　孙叔敖觉得很奇怪，从石头上站了起来。这时，从草丛中爬出了一条大蛇，吓得他连连后退。更可怕的是，这不是一条一般的蛇，这条蛇有两个脑袋。楚国这个地方盛行巫术，民间流传着很多离奇怪异的故事，孙叔敖想起了母亲以前给他讲的一个传说故事，如果一个人遇到了两个头的蛇，那么这个人很快就会死去的。

　　两头蛇在地上缓缓地爬行着，还不时地吐着舌头，发出"嘶嘶"的声音。想到自己可能就快死掉了，孙叔敖鼻子一酸，眼泪已在眼圈

中打转了。

这时，他听见了小伙伴们的笑声，他们已经往山上来了。情急之下，孙叔敖从地上捡起一块石头，朝着两头蛇的脑袋狠狠地砸下去，一下、两下、三下……，不知砸了多少下，直打到他精疲力竭瘫坐在地上。再看那蛇，已经血肉模糊，没有了呼吸。孙叔敖吓得直哆嗦，过了好半天才回过神，他在树下挖了一个坑，把死蛇埋在了那里，然后用些树枝、石子把地上的血迹掩盖起来。

傍晚时分，孙叔敖回到家，神情很忧伤，也不像平时那样有说有笑了，甚至连晚饭也没吃几口。母亲见他如此难过，就问他："孩子，你今天怎么这么难过啊，是和小伙伴吵架了吗？"

孙叔敖摇了摇头，说："母亲，我今天在山上遇到两头蛇了。我就快死了，不能再见到您了。"说着，伤心地哭了起来。

母亲问："那么，蛇在什么地方？"

"我想我一个人死已经很不幸了，我怕别人看见了也会像我一样死掉，就把蛇打死埋在了树下。"孙叔敖抽泣着说。

母亲说："我听说，为别人做了好事又不到处宣扬的人，老天爷会报答他的。你今天这样善良的举动，老天爷奖励你还来不及，你怎么会死呢？"

听了母亲的话，孙叔敖不哭了，也为自己的勇敢行为而高兴。

等孙叔敖长大以后，当了楚国的令尹，他还没上任，全国的百姓就已经称赞开了，都相信他会是一个仁德的好官。当他觉得自己面临死亡的考验时，能够为他人着想，埋蛇救人。这样小的年纪，这样大的勇气和仁爱之心，难道不值得尊敬和学习吗？

孔丘学礼

孔丘就是我们尊称的孔子、孔圣人。他是我国春秋末年的思想家、教育家，是儒家学说的创始人，是那个年代最有学问的人，被人们称为圣人，联合国教科文组织尊孔子为"世界十大文化名人"之首。孔丘小时候就热爱学习，为我们留下很多励志故事。

孔丘学礼

孔丘小时候对礼仪方面的知识特别感兴趣，总是缠着妈妈问这问那。

有一年的秋天，孔丘正在屋里认真读书，外面忽然乌云密布，冷风吹得落叶在空中乱舞。孔丘衣服穿得少，冻得直搓手。在一旁缝衣服的母亲心疼地说："孩子，你都看了半天了，休息一会儿吧！"

"好的。"孔丘放下手中的书本，到厨房中拿了俎豆，然后一声不响地到院子里去了。"俎"是一种盛放牛羊肉的器皿，"豆"也是一种放食物的器皿。这两样东西，都是那个时代人们祭祀神灵用的器具。

母亲很奇怪，孔丘拿这些东西干什么呢？她就跟了出去，只见孔丘在院子里用土垒了一个小山包，然后把"俎"和"豆"放在上面，像模像样地祭拜起来，嘴里还念念有词。

母亲不解地说："就快下雨了，你在这儿干什么呢？快回屋里玩儿吧。"

孔丘板着小脸，认真地说："母亲，我不是在玩儿，我在学习祭祀的礼仪呢！我要祭祀雨神，希望他能下一场大雨，这样干旱的庄稼就有救了。"

母亲见他对学习礼仪这样有兴趣，非常欣慰，就经常给他讲礼仪的知识，对他进行正确的引导。

孔丘还特别喜欢玩"礼容"的游戏，就是由他自己扮演相国，邻家的小孩扮演国君，然后他很认真地向"国君"鞠躬行礼。有时，同伴们忍不住笑他，说他是个怪人。孔丘就严肃地说："在祭祀的时候还嘻嘻哈哈的，这样不符合国君的礼仪。"

孔丘就是在这些童年的游戏中学习礼仪的。

孔丘学琴

孔丘小时候兴趣广泛，不仅爱学知识、好习礼仪，还对音乐特别着迷。

有一次，孔丘上山砍柴，不远处传来了悠扬的琴声。他听得入了迷，就顺着声音找了过去，连砍柴的事都忘记了。透过一片矮树，他看见一位穿着素雅的老人，正坐在一块大岩石上弹琴。他用手轻轻拨弄琴弦，优美的旋律就从指间流淌出来，仿佛天籁一般。等孔丘从美妙的琴声中醒过来，老人已经不见了，孔丘也收拾好柴火回家了。

第二天，孔丘又去听老人弹琴，他怕自己打扰了老人，就躲在树后面安静地听。可老人还是发现了他，就叫他出来，问："你是谁家的孩子啊，怎么躲在树后面偷听呢？"

孔丘不好意思地说："我叫孔丘，每天在山上砍柴，先生的琴声实在是太好听了。我怕打扰了您弹琴，所以就躲在树后面欣赏。"

老人又问了孔丘一些历史方面的问题和一些有关礼仪的知识，他都对答如流，老人非常满意，就问他："你喜欢琴吗？"

孔丘回答说："我非常喜欢，琴的韵律很强，可以陶冶人的情操，净化人的心灵。而且，'六艺'之中有一项就是音乐，常听人说

'六艺'①是一个人在社会上立足的根本，琴属于音乐，所以我很喜欢。"老人见孔丘侃侃而谈，又很喜欢琴，就问他："那你愿意学琴吗？"

聪明的孔丘马上拜倒在地，大声回答："孔丘愿意拜先生为师。"

从此，孔丘跟随老人学习弹琴，他的琴艺进步很快，再加上他刻苦练习，终于成为一位有名的古琴大师。

　　由于孔子才德出众，人们纷纷像众星拱月一样拜他为师。传说他有弟子三千，其中出类拔萃的有七十二人。一个伟大的人并不是天生就优秀，必然要经历后天的积累与磨砺。像孔丘这样被人尊为圣人的人，他的成功和少年时期的勤奋好学是分不开的。孔丘对学习充满热爱，在休息时玩的游戏都是和礼仪有关，在砍柴之余能向无名老人求学琴艺。他的成功与勤奋刻苦也是分不开的。孔丘的故事告诉我们，要想成为一个杰出的人，既要培养学习的兴趣，又要勤奋刻苦。

---

　　① 六艺：西周时学校教育内容。起源于夏、商。包括礼（礼仪制度、道德规范）、乐（音乐、诗歌、舞蹈）、射（射箭）、御（驾车）、书（文字读写）、数（算法）。

仲由百里负米

春秋末年，鲁国有一个叫仲由的人，字子路，又字季路，是孔子的得意门生。他性格直爽刚毅，敢于质疑孔子的观点。他还以孝敬父母著称，是中国"二十四孝"①人物之一。

仲由从小生长在一个贫困的家庭，家里缺衣少食，常常吃不饱饭。他就经常和母亲一起到山上挖野菜充饥。

仲由的父母年纪比较大了，常吃这些食物导致身体缺乏营养，经常生病。有一天晚上，仲由点着油灯在看书，听见父母在屋里说话。母亲对父亲说："哎，上了年纪身体越来越不好了，最近也不知怎么了，总想吃点爽滑的米饭。"父亲说："可我们家这个条件，能吃点野菜已经不容易了，哪里还敢奢望吃到米饭呢？"父母怕仲由为难，就没有提出来。可是仲由很懂事，第二天一早，他就背着米袋出门了。

仲由家住在山里，要想买到米，得走很远的山路，到百里之外的集市上。当时正是寒冷的冬季，仲由穿着单薄的衣服，手里提着米袋子，在寒风中艰难地前行。虽然道路难走，可是一想到年迈的父母吃到米饭时高兴的样子，仲由就又充满了力量。

走了大半天，仲由终于赶到了集市。集市上卖什么东西的都有，五花八门，各色各样。他径直来到卖米的店铺，和老板说了家里的情况，想要赊一点米给父母做饭。一开始老板不同意，后来见仲由家确

---

① 二十四孝：古时人们所颂扬的二十四位尽孝的人。

实困难，而且仲由也答应会拾柴火卖钱还上的，就赊给了他半袋子白米。仲由感激不已，背着米回家了。

仲由从早上出发，到晚上太阳都落山了才回来。他一进门就高兴地把米捧给父母看，然后烧水、淘米，蒸起米饭来。不一会儿，米饭的香气就飘了出来，仲由给父亲、母亲每人盛了满满一大碗米饭，双手捧到他们面前。看着这来之不易的白米饭，父母都非常高兴，舒舒服服地享受了一次难得的美味。仲由看到父母的心愿得到了满足，自己非常欣慰，仍旧吃起了野菜，但是仲由觉得这些野菜今天却格外香甜。

父母去世之后，仲由到各地游历，还做了大官，那时他有穿不完的好衣服，吃不完的美味佳肴。可是，仲由还是很怀念当年和父母一起吃野菜，为他们到百里之外赊米的日子。孔子曾说，仲由真是非常孝顺父母，在父母活着时尽心尽力地奉养他们，父母死了之后又对他们无限思念。

对父母尽孝，就应该像仲由这样，为了满足父母的心愿，自己再辛苦也不怕。孝敬父母，不在乎你是贫穷还是富有，而是你对父母发自内心的敬爱，在自己能力范围内多照顾他们、爱护他们。像仲由这样，在贫穷时能为父母到百里之外负米，在富贵时又无限思念死去的父母。他对父母这份诚挚的爱、真挚的孝，是非常令人钦佩的。

闵损芦衣顺亲

在距今两千多年的春秋时代，有一个叫闵损的孩子。他的童年很不幸，母亲在他很小的时候就去世了，他不能像别的孩子那样得到母亲的疼爱，只有父亲教导他成长。从小，他感受到的只是父亲的严厉，而没有母亲的慈爱。不久，父亲再娶，闵损就有了一位后母。后母刚来的时候，对闵损很疼爱，他就这样过了一段幸福的生活。

可是，过了没多久，后母先后生了两个男孩。她渐渐地对闵损没有先前那般慈爱了，而是把更多的时间和精力放在了自己亲生的孩子身上，而且还让闵损干粗活重活。小小年纪的闵损，每天要砍柴、挑水、喂鸡、放牛，还要帮后母照看两个年幼的弟弟。可是，他对这些并没有怨言，他能够理解后母疼爱亲生孩子的苦心，九岁的他任劳任怨地承担起家里的脏活累活。生活的困苦磨难并没有使闵损变得无礼暴躁，他对待别人仍旧彬彬有礼，对两个幼弟也是疼爱有加，尽到做兄长的责任。

有一年的冬天，天气异常寒冷，猛烈的北风裹着鹅毛般的雪片，吹在人身上，就好像一把把尖利的小刀。那天，后母让闵损冒着大雪去山上拾柴火。闵损只好套了牛车，冒着风雪出门了。可是，外面不仅道路难行，也没有多少柴火可拾。不一会儿，闵损就回来了，他的手冻得都不能打弯儿了，车上只有少得可怜的几根柴火，父亲看了很不高兴。

晚饭过后，雪已经停了，父亲有事要出门，于是就让闵损驾车。

他给父亲驾车的时候，冷得直哆嗦，连手里的缰绳都抓不住掉在了地上。父亲看到闵损穿的棉衣那么厚，还冷得缩成一团，连驾车这样的小事都做不好，又想到刚才拾回来的柴火那么少，觉得闵损真是个不成器的孩子。于是，一气之下用鞭子在闵损身上抽了几下。

霎时间，天空中又飞起片片"雪花"，这些"雪花"都是从闵损的衣服里飞出的。父亲感到很奇怪，棉衣里的棉花怎么会这样轻盈？他捡起一片"雪花"仔细端详，突然，父亲老泪纵横，一把将闵损抱入怀中。原来，填充在闵损衣服中的不是棉花，而是芦苇花。芦苇的梗间有白色柔毛，闵损衣服里的就是这种白色的芦苇毛。这种毛看起来很像棉花，可是却一点也不能保暖，风一吹就透了。闵损的后母用棉花给自己亲生的孩子做了冬衣，却用芦苇花糊弄闵损了事。

父亲很生气，回到屋里立刻写了一封休书，要把闵损的后母打发回娘家。他说："我娶你过门，希望你照顾孩子，可是你却用芦衣当棉衣给孩子穿，让我的儿子受冻，你这样狠心无德的妇人，我是不能留你了，快收拾你的东西离开闵家吧！"后母吓得连忙跪下，乞求丈夫："孩子还小，他们不能没有母亲啊！也请你看在我为闵家生养了两个男孩的分上，不要赶我走了。"那个年代，妇女的地位很低，如果被丈夫赶回娘家，就再也不能抬起头做人了。

看到这样的情景，闵损的两个弟弟也跪下哭着为母亲求情。后母和弟弟求了父亲半天，可是父亲心意已决，后母绝望地瘫在了地上。

这时，闵损开口道："爹，请您原谅母亲吧！两个弟弟不能没有母亲啊！孩儿的亲娘走得早，我能体会童年没有母亲陪伴是多么的孤苦，我不想这样的惨剧也发生在两个弟弟身上。而且，这个家也不能没有母亲，她整天忙里忙外，为这个家付出很多啊！母在一子单，母去三子寒，请父亲大人三思。"

父亲疼惜地看着闵损，说："孩子啊，她这样地对你，你还为她说好话，这是为什么？"闵损说："父亲常常教导孩儿，要以德报怨，宽以待人。更何况她是我们的母亲啊，请父亲原谅她吧！"

父亲听了闵损的话，非常感动，原来自己平日里觉得没有什么才

能的儿子，竟然有着如此高尚的品德和胸襟，不禁对闵损刮目相看。父亲原谅了后母，撕毁了休书。

后母瘫坐在地上，已经泣不成声了。她没想到，自己平日里待闵损那样不好，可是在关键时刻是闵损救了她。她非常感动，又懊悔不已。从这之后，她对待闵损和自己的亲生儿子一般，甚至比自己的亲生儿子还要好。

闵损从小就有如此的胸襟和良好的道德修养，因为他德行高尚，后来成了孔子的学生，并被尊为道德楷模，成为"二十四孝"人物之一。后人有诗歌称赞他："闵氏有贤郎，何曾怨后娘；车前留母在，三子免风霜。"

孙武学兵法

孙武是我国春秋时期著名的军事家，他的著作《孙子兵法》，被后来的兵法家所推崇，誉为"兵学圣典"。孙武少年好学，对于军事方面的知识尤其喜爱。

孙武家祖祖辈辈都是精通军事的贵族，为了让孙子能发扬家业，报效祖国，孙武的祖父给他起名为"武"。古书上说，"武"有消灭战争、阻止强暴、安定百姓等七种意思。这也承载了祖辈们对孙武的期望，希望他能成为对国家有用的人。

随着孙武长大，他逐渐表现出对军事知识的热爱和过人的军事天赋。他总喜欢缠着祖父和父亲给他讲故事，他最喜欢听有关打仗的故事，大将军用兵如何神勇啊，兵法用得多么巧妙啊，战斗如何激烈啊，小孙武听得如痴如醉。

白天，祖父和父亲都不在家，他就自己一个人爬上阁楼去看兵书。孙武出生在这样的军事贵族家庭，家里的兵书自然是少不了的。在阁楼上，就有《黄帝兵书》《太公兵法》《军志》《军政》《军礼》《老子兵录》《尚书兵纪》《管子兵法》等很多书籍，另外，还有一些关于战争的零散竹简。孙武在阁楼上看兵书，遇到不懂的地方，他就等晚上祖父和父亲下朝回家向他们问个明白。

有一次，孙武读到《左传》中有一句"国之大事，在祀（sì）与戎（róng）"，晚上他就拿着《左传》指给父亲看："父亲，我今天看书时看到这句话，这个'祀'是指什么？这个'戎'又是什么呢？"

父亲看了看，回答他说："'祀'就是祭祀，'戎'就是军事。这句话是说，祭祀和军事是一个国家最要紧的大事。"

孙武想了一下，问："祭祀是给人精神上的寄托，怎么能和军事相提并论成为国家的大事呢？"

父亲反问他："那你觉得什么才是国家的大事呢？"

孙武认真地说："我觉得只有兵才是国家的大事，是君主和臣子都应该考虑的大事。"

父亲听了他的回答，觉得他读书很有自己的思考，将来一定会成为国家栋梁，于是对他的教育更加用心。

孙武长到八岁的时候，就被送到附近的学校去学习文化知识。当时学校的课程主要是"五常"和"六艺"，其中"五常"是指父义、母慈、兄友、弟恭和子孝这五种伦理道德的教育，而"六艺"是指礼、乐、射、御、书、数这六项基本技能。

在所有的课程中，孙武最喜欢的是"六艺"中的"射"和"御"。在第一节课上，老师讲："'射'就是射箭，'御'是驾驶马车，这两项是在战场上拼杀所必备的基本技能。在我们齐国，每年九月的时候，国家就会举行一次'射'和'御'的比赛，通过比赛，国家选拔优秀的军事人才。"后来，老师又讲解了齐国崇尚武力之风的由来，以及"射"和"御"的具体技巧和相关知识，孙武都听得津津有味，还不时地向老师提问。

在以后的学习中，孙武就重点培养自己"射"和"御"的技能，他勤学苦练，很快就成为这两项技能的佼佼者。

孙武长大之后，曾经率领吴国的军队和楚国作战，占领了楚国的首都，取得了大胜利。孙武不仅在战斗实践中表现突出，还专心研究战争理论，著有《孙子兵法》一书。这本书不仅成为我国的兵学典范，在国外也享有极高声誉。孙武也因此被誉为"东方兵学的鼻祖①"。

---

① 鼻祖：始祖，泛指创始人。

鲁班学艺

　　春秋战国时期有一个著名的工匠，姓公输，名盘，因为他是鲁国人，"盘"和"班"在古代同音，所以人们常称他鲁班。

　　鲁班的父亲是一个木匠，鲁班小的时候每天都跟在父亲身边，看父亲锯木头、做桌椅。渐渐地，他也喜欢上做木匠活了。有的时候，父亲做一个大柜子，他也学着做了一个小柜子；父亲做一个大桌子，他就模仿着做个小的。虽然做工上有些粗糙，但已经是有模有样了。父亲见他这么喜欢做木匠活，就打算让他出去学学手艺。

　　等他长到十二岁的时候，父亲就对他说："孩子，我看你很喜欢做木匠活，听说终南山上有一个手艺很好的工匠祖师，你去跟他学学手艺吧！"就这样，鲁班告别了父母，往终南山学艺去了。

　　一连走了三十多天，鲁班终于到了终南山。在路人的指引下，他爬到山顶，看到了一间小木屋。屋门没有锁，鲁班就推门进去了，看到满地横放着各种各样的工具、大大小小的木条，还有散落一地的木屑，一个胖老头躺在床上正呼呼大睡。鲁班想，这一定就是木匠祖师了。

　　他把随便乱放的工具整理了一下，木条也整齐地摆在墙角，然后把满地的木屑打扫干净，自己就坐在小板凳上恭恭敬敬地等木匠祖师醒来。一直等到傍晚，老人才慢慢坐起来。鲁班走上前，跪在地上行了个大礼，说："我叫鲁班，想跟您学习木匠手艺，请您收我为徒！"

　　老人看了看他，问道："你为什么要学木匠啊？"鲁班说："学好

木匠，可以给人们修桥造房子。"老人又问："古时候，有两个徒弟学完手艺下山。大徒弟用斧子挣了'一座金山'，只为一己之私积蓄财物。二徒弟用斧子在人们心里'刻了一个名字'，因为他的奉献让人们想念。你愿意做哪一个？"鲁班马上回答："我愿意做刻下名字的那个。"

老人微微点头，说："那你先把这些钝了的工具磨快吧！"就这样，鲁班把所有的斧子、刨子和凿子都找了出来，然后耐心地磨了起来，一连磨了七天，终于把所有的工具都磨得闪闪发亮。

老人看了看这些崭新的工具，说："你去把门口的那棵树砍倒吧。"鲁班到门口一看，这是一棵百年老树，又粗又高，五个人手拉手才能抱住它。鲁班拿着刚磨好的斧头砍了起来，辛辛苦苦砍了十天，这棵大树终于被砍倒了。

鲁班兴奋地去报告木匠祖师，祖师没有特别高兴，只是说："把这棵树做成个房梁吧！"鲁班点点头，拿着斧头、刨子干了起来。他先用斧头把大树砍成房梁的形状，然后用刨子把木头磨成圆形，再一点一点地把圆木磨光滑。这样，又过去了十天。

看到这个光滑得没有一点儿毛刺的房梁，老人点了点头，说："现在，你在这根房梁上凿两千四百个洞，要求方形、圆形、三角形和菱形每个六百。"此时的鲁班由于连日的辛苦劳动，手上已经磨出了无数个小水泡，肩膀也又红又肿了。但是，为了拜师成功，他又咬牙坚持完成了这项任务。

其实，鲁班这些日子的努力，老人都看在眼里，他让鲁班做这些工作，也是在培养他做木工的基本技能。看到他每一项工作都能认真地完成，老人满意地说："我交给你的任务，你完成得都很好。现在，我可以收你为徒了。"说着，把鲁班带到了一间小屋里。

屋里摆满了各式各样的模型，有宝塔、桥梁、橱柜、桌椅板凳、亭台楼阁等等，每一个都做工精巧，鲁班看得目瞪口呆。师父让他把这些模型都拆开来，等鲁班拆完之后，师父说："你再把它们一个个装回去。"说完就转身走了。

　　鲁班对这些模型爱不释手，每天认真钻研，把它们拆了装，装好又拆。遇到不明白的地方，他就去向师父请教。把这些模型拆装熟了，他就自己学着做。自己去伐木，然后把木材磨光，再按自己的要求打磨成各种小木片，模仿着师父的模型自己动手做。鲁班很勤奋，每天起早贪黑地学习，也不知过了多少个日夜与寒暑，他已经对木材的砍伐、打磨，以及制作模型的技能很熟悉了。

　　一天，师父为了考验鲁班，就把所有的模型都烧了，然后让他重做一遍。只用了几天时间，鲁班就把所有模型都做出来了，就连上面雕刻的花纹都丝毫不差。师父很感慨地说："鲁班，我已经把全部的手艺都教给你了，你已经学得很好了，现在，你可以下山了。"说着，就把自己的工具全都送给了鲁班。鲁班拿着这些工具，含泪离开了终南山。他用师父送给他的工具，为人们造出了许许多多的家具、房屋、桥梁、楼阁……做出了杰出的贡献，后代的土木工匠们尊他为祖师。

　　鲁班为了学到木匠手艺，不远千里到终南山求学，并且勤勤恳恳、不怕辛苦，日复一日地磨工具、伐木、做房梁、凿洞、造模型，他对学习的热爱与勤奋刻苦的精神是值得我们学习的。

曾参啮指痛心

曾参,是春秋时期鲁国人,孔子的得意弟子。他因为孝顺被世人称赞,是中国"二十四孝"人物之一。

曾参少年时,家里很穷困,他每天到山上去砍柴补贴家用,是个十分孝顺的孩子。这一天,他一大早就上山砍柴去了。家里来了几个客人,父亲不在家,家里没有什么可以款待客人的酒食了。曾参的母亲很着急,又不知所措,情急之下,用力咬了一下自己的手指,她想,母子连心,自己的困苦儿子一定会知道的。

过了没多久,曾参果然回来了。他一进门,就跪倒在母亲面前,关切地问:"母亲,儿子刚才砍柴时忽然感觉心口疼,于是就背着柴火急忙赶回来了,是家中发生了什么事情吗?"母亲说:"有客人忽然来访,我不知道该怎么款待他们,所以咬了自己的手指盼望你回来。现在你回来了,我就放心了。"

这就是啮(niè)^①指痛心的故事。后人作诗称赞曾参的孝心:"母指方才啮,儿心痛不禁。负薪(xīn)归未晚,骨肉至情深。"

曾参一生以"孝"立身天下,著有《大学》《孝经》等儒家经典,后世儒家尊他为"宗圣",与孔子、孟子、颜子、子思比肩,并称为"五大圣人"。

---

① 啮:咬。

　　这是一个带有民间传说色彩的小故事。故事虽有些离奇，但曾参对母亲的骨肉亲情和孝心却是真实感人的。

孟轲受教于母

孟轲，字子舆，是战国时期著名的思想家，仅次于孔子的儒家宗师，后人尊称为孟子、"亚圣"。在孟轲小时候，他的父亲就去世了，是母亲抚养他长大的。旧时孩童接受启蒙教育读的《三字经》里有一句"昔孟母，择邻处，子不学，断机杼(zhù)①"，讲的就是孟母教子的故事。

孟母三迁

在孟轲的父亲去世后，母亲仉(zhǎng)氏没有改嫁，她带着孟轲，在靠近墓地的地方租了个小木屋。有一天傍晚，孟母在家里做饭，孟轲一把鼻涕一把泪地回来了。母亲看了很吃惊，就问："怎么了？有人欺负你吗？"孟轲摇了摇头，说："没人欺负我，我看到隔壁有人办丧事，他们都哭得很伤心，我也不知不觉地哭起来了。"母亲没有说什么，但心里有些不愉快。

第二天，孟轲早早就和小伙伴出去玩了。到中午吃饭的时候，母亲来叫他，看见他和几个小朋友跪在地上号啕大哭，嘴里还念念有词，在他们面前，是一个用石头和土垒起来的小山包，旁边摆了几个盘子，里面盛放着肉食、水果等，还有几个小朋友拿着香在祭拜，原

---

① 机杼：织布机。

来他们在玩办丧事的游戏。母亲心想，我们不能在这儿住下去了，这样的环境不适合孟轲发展。

于是，母亲带着他搬到了市集旁。没多久，孟轲就和周围的孩子们玩成一片了。市集上有很多家商铺，有卖肉的、卖菜的，有茶馆、酒楼，每天从早到晚听到最多的就是叫卖声和讨价还价的声音，到了赶集的日子更是热闹非常。这里不像乡村，有很多大山小河可以让孩子们玩耍，市集就成了他们唯一的游乐场。母亲见孟轲每天玩得都很开心，不再像之前那样伤心难过，自己也就放心了。

有一天，母亲上街买菜，看见孟轲和几个邻居家的孩子在玩儿。只见孟轲用手在空中比画着，像是在切割东西，然后笑容可掬地说："这是您要的猪肉，您拿好了。"另一个孩子说："你这肉太贵了，再便宜点吧！"孟轲摆摆手说："不能再便宜了，我这是市集上最好的肉，已经是最低价了。"原来，两个孩子有模有样地学人家做买卖呢！母亲心一沉，觉得市集也不是适合孩子成长的地方，如果长久这样模仿下去，孟轲一定会沾染市井习气，于是，孟母决定再次搬家。

母亲想，既然孟轲容易受周围环境的影响，那我们就搬到学校附近吧。于是，母子二人就在当地一个正规的学校旁住了下来。在学校良好氛围的熏陶下，孟轲每天都能主动帮母亲干活，学会了如何礼貌待人、遵守秩序，而且开始喜爱读书了，常常拿着一本书，模仿学校里的先生摇头晃脑地背诵。看到孟轲的这些变化，母亲欣慰地说："这样的环境才适合孩子成长啊！"

断机教子

有一次，孟轲贪玩逃学。回到家之后，他看见母亲坐在织布机旁一言不发，织布机上放着一匹织好了的布。他向母亲问过好就想溜回房间，母亲问他为何今天回来这么早，他搪塞说先生家里有事所以放学早了点。其实，今天下午先生来过，并且把孟轲最近总是逃学的事告诉了母亲，母亲正为这事生气呢，这会儿孟轲又撒谎说学校放学

早，她更是又气又伤心。

母亲拿起一把剪刀，在刚刚织好的布上狠狠地剪了下去，只听见"刺啦"一声，布被剪成了两段。母亲坐在织布机旁边，哭了起来。

孟轲见母亲如此生气，猜想母亲一定是知道自己逃学的事了，不免害怕起来，站在一旁不敢吭声。

母亲严厉地说："读书就像织布，是不可以间断的。只有一线一线地织，才能连成一寸，一寸再连成一尺，一尺再连成一丈、一匹，这样才能织出有用的东西。读书也要日积月累，不可以偷懒，不然，就像这匹被剪断了的布，再也没有用了！"

听了母亲的教诲，孟轲惭愧极了。从此，他发奋读书，再不逃学贪玩了。后来，他在《孟子》一书中提倡"仁政"和"民贵君轻"①的思想，并到各个诸侯国去推行自己的主张，被人们尊敬地称为孟子，成为继孔子之后又一位儒家学说的重要倡导者。

　　孟轲是在母亲的抚养和教育下成才的，孟母明白客观条件对一个孩子成长的重要性，果断地进行了多次搬迁。此外，她还通过"断机"的行为教育孟轲，读书要勤奋刻苦、不断积累，这样才能成为有用的人。

---

　　① 民贵君轻：人民比君主更重要，人民是一个国家的根本，这是孟子的主要政治主张。

屈原背米

屈原，生活在战国末期，是我国最早的浪漫主义诗人，他一生忧国忧民，创作了无数爱国主义诗篇。屈原从小就心地善良、乐于助人，我们可以从他与米的两则故事中去体会。

屈原背米

一年夏天的午后，屈原读完书，想到附近的小山上玩儿。他兴高采烈地走在熟悉的土路上，走着走着，忽然发现地上有很多米粒，一粒一粒散落在土里。屈原蹲在地上看，觉得很奇怪：土路上怎么会有大米呢？他顺着米粒望过去，看到一个有些驼背的老奶奶，正背着一袋米艰难地往前走，米袋上漏了一个小洞，白花花的大米正顺着那个小洞往外面漏。

屈原连忙叫住老奶奶，自己飞快地跑了过去。老奶奶听到喊声停了下来，把米袋放到了地上，她一看，果然米袋上漏了一个大拇指一般的窟窿。老奶奶用手堵着窟窿，心疼不已。

屈原一面安慰老奶奶，一面开始想办法。他沿着刚才老奶奶走过的路往回走。只见他蹲在地上，把老奶奶漏掉的米一粒一粒地捡了起来，然后用自己的衣服兜着，不一会儿工夫，漏掉的米全都捡回来了。

老奶奶很高兴，谢过屈原之后起身要走，发现袋子上的窟窿还在

往外漏米，她又为难起来。屈原想了想，解开了自己绑头发用的绳子，用手把有窟窿的部分聚拢到一起，然后一只手捏着，另一只手麻利地用绳子把窟窿绑了起来。绑好之后，他还抬起米袋试了试，发现不漏了，这才高兴地把袋子还给老奶奶。

见老奶奶年迈辛苦，屈原又主动把米袋扛到肩膀上，要送她回家，老奶奶感激不已。就这样，他在前面背米袋，老奶奶在后面扶着，一路上有说有笑地回去了。

等屈原回到家，已经是夕阳下山的时候了，母亲责怪他太贪玩回来这么晚。屈原笑着把今天帮老奶奶背米的事讲给妈妈听，妈妈不再责怪他，还夸奖他是一个善良的好孩子。屈原很高兴，心想，原来帮助别人是一件这么愉快的事情啊！

屈原"偷"米

在屈原居住的村子里，有一块巨大的石头，石头上有个小洞，总是有沙子从里面流出来，屈原和小伙伴们经常在巨石附近玩耍。

有一年大旱，农民的收成很不好，村里一下子多了很多饥民。可是，有一天，从巨石里竟然流出了白花花的大米。一时间，这件怪事成了村里的头号新闻，村民们互相转告，穷苦的人们都跑去巨石那里接粮食。

屈原的父亲听说巨石里流出了粮食，又发现最近自己家里的米缸变浅了，觉得这其中一定有什么联系。

晚上，父亲假装睡下了，然后听着厨房的动静，他要把这"偷"米的小偷抓出来。过了一会儿，厨房里果然有轻轻的响动，米缸的盖子有被挪开的声音，之后父亲又听见院子里的门被打开了，看来小偷已经成功地"偷"到米了。

父亲悄悄起身，然后跟着黑影出去了。果然，他们来到了巨石那里，那个黑影个子不高，只见他踮着脚，把半袋米倒进了石洞里。

"屈原，你在干什么？"父亲冲着黑影说。

屈原吓了一跳，回头一看是父亲，吞吞吐吐地说："父亲，你，你怎么在这儿啊？"

父亲平静地说："家里的米缸越来越浅，而村里又冒出什么巨石出米的奇怪事，你说这是怎么回事啊？"

"你都知道了？"屈原不好意思地问。

父亲语重心长地说："孩子，你很有爱心，这一点父亲知道。可是，你有没有想过，我们家的米，救得了村里的饥民，救得了楚国千千万万的穷苦百姓吗？如果你想帮助更多的人，就要树立远大的志向，刻苦读书，以后才能成为国家栋梁，去救助更多的穷苦人民。"

听了父亲的教诲，小屈原虽不能完全明白，但他知道，要想帮助更多的人，自己就要好好学习，树立远大的志向。他坚定地点点头，在夜色中，屈原和父亲踏上了回家的路。

从屈原背米与"偷"米的故事中，我们可以看出少年屈原善良而博爱的性情。看到老奶奶的米袋漏了，他能帮助老奶奶堵住窟窿，并主动背米送老奶奶回家。看到村民们忍饥挨饿，他能拿出自己家的米救助饥民。这些都是他善良、乐于助人的本性，是值得我们敬佩的。此外，屈原父亲的一席话也很值得我们玩味。背米与"偷"米能帮助的人是有限的，如果我们能从小树立远大的志向，通过勤学苦读来提高自己，那么，我们将来就有能力帮助更多的人。

甘罗拜相

战国时代有一个叫甘罗的少年，他是秦国名将甘茂的孙子，从小聪明过人，年仅十二岁就被秦王拜为上卿，是当时诸侯国最高的官职，相当于丞相。

甘罗小小年纪就拜在吕不韦的门下，做他的门客。有一次，吕不韦回到家里闷闷不乐，甘罗就走上去问："丞相有什么心事吗？为何这么不开心？"吕不韦冲他挥挥手说："你一个小孩子懂什么？快走开！"甘罗认真地说："作为丞相的门客，为丞相分忧是我应该做的，现在你有心事却不说出来，我想帮忙也没机会啊！"

吕不韦见他态度郑重，就告诉了他。原来，秦国想要联合燕国攻打赵国，打算派大臣张唐出使燕国，张唐不愿意去就推辞了，吕不韦正为这事发愁呢。

其实，张唐不愿意去是有缘故的。张唐作为秦国的大将，曾经多次率领军队攻打赵国，赵王对他恨之入骨，还悬赏说，能杀死张唐的人可以得到百里的土地。这次出使燕国，赵国是必经之地，所以张唐推辞不去。

甘罗知道张唐不愿意去的原因，就拍拍胸脯说："这件事我也大概清楚，丞相让我去劝劝他吧。"吕不韦笑着说："你年纪虽小，却很会吹牛啊！我都劝不动他，你一个小毛孩子，怎么可能呢？"甘罗说："我听说项橐(tuó)七岁的时候，孔子就尊他为老师，我现在已经十二岁了，比项橐还大五岁呢，你何不让我去试试，如果不成功，你再责罚我也不迟。"吕不韦见他如此自信，也就同意了。

张唐听说吕不韦的门客来访，连忙出门迎接，发现来的不过是一个十几岁的小孩，就态度傲慢地说："你来干什么啊？"甘罗平静地说："我来给你吊丧啊！"张唐一听，大怒："你这孩子怎么说出这样的话，我家又没人去世，你吊的什么丧？"

甘罗笑了笑，说："吊丧不忙，你先来回答我几个问题。你和白起比，谁的功劳更大？"张唐说："当然是白起了，他南面攻打强大的楚国，北面逼退燕国和赵国，占领的土地不计其数，我怎么敢和他相比呢！"甘罗又问："应侯范雎（jū）和文信侯吕不韦相比，哪一个更专权独断啊？"张唐答道："当然是文信侯更专断。"

甘罗笑着说："既然是这样，你还敢推辞不去啊？我听说，当年应侯想要攻打赵国，白起因为反对他，离开咸阳不到七里就被应侯派人刺死了。像白起这样的人尚且不被应侯所容，你觉得文信侯会放过你吗？所以，我来给你吊丧啊！"

甘罗见张唐此时已经吓得直冒冷汗，就说："其实，你不愿意去燕国，是怕赵王寻仇，如果你愿意去，我很乐意替你跑一趟赵国。"张唐感谢不已，并请甘罗转告丞相，说他愿意出使燕国。

于是，甘罗请求秦王，让他先到赵国替张唐说情，秦王答应了。赵国担心秦国和燕国联合一起攻打他，听说秦国有使者来访，连忙迎接。

只见一个仪表堂堂的少年走上前来，高声说："秦国使者甘罗拜见赵王。"

赵王见甘罗相貌端庄、态度谦和，心里暗暗称奇，嘴上却轻蔑地问道："怎么秦国无人可派了吗？"

甘罗不慌不忙地回答："我们秦国用人，都是按这个人才能的大小来分配任务的，才能高的担当重任，才能低的就处理小事。"

赵王听了甘罗的回答，对这个少年多了几分敬重，说："你这次到赵国来是为了什么事情啊？"

甘罗反问道："大王，您听说过燕国太子丹入秦为人质这件事

吗?"

赵王点点头。甘罗又问:"那么,大王听说张唐要到燕国当丞相的事了吗?"赵王又点了点头。

甘罗说:"既然这样,大王为何并不着急呢?燕国太子到秦国做人质,说明燕国有意和秦国交好,不会欺骗秦国;秦国也打算派张唐到燕国去,说明秦国也不会欺骗燕国。燕国和秦国彼此相互信任,结成联盟,那么,赵国不就危险了吗?"

赵王心里一惊,这正是他所担心的事情啊!赵王就问:"既然燕国要和秦国联合,那你有什么好办法解除赵国的困境吗?"

甘罗分析道:"如果大王能分五座城池给秦国,那么秦王一定很高兴,你再请求他把燕国太子遣送回去,这样,秦国和燕国就断了联系,您也可以趁机攻打燕国。以赵国的强大,攻打小小的燕国不是易如反掌吗?到时候,何愁得不到五座城池呢?"

赵王想了想,觉得甘罗分析得有道理,就命人拿出赵国的地图,在地图上圈了五座城池,让甘罗带回去作为凭证。

后来,秦王在甘罗的劝说下,把燕国的太子遣送回去。赵国就趁此机会攻打燕国,夺取了燕国大片的土地,又分了其中十一座城池给秦国。这样,在甘罗的操纵之下,秦国没费任何力气就获得了十六座城池。

秦王对甘罗大加称赞,说他的智慧远远超出了他的年纪,于是拜甘罗为上卿,把原来甘罗祖父的田产也赐给了他。

甘罗十二岁就封为上卿,官同丞相,以他的智慧周旋于各诸侯国之间,使秦国不费一兵一卒获得十六座城池,这样的功绩在中国历史上是绝无仅有的,甘罗真是个智慧超群的少年!

陈平忍辱读书

　　陈平，阳武（今河南原阳）人，他是西汉王朝的开国功臣之一，楚汉相争时曾多次献计献策，帮助刘邦取得了天下。汉朝建立之后他先后被封为户牖侯、曲逆侯，身份十分尊贵。然而，他小的时候却受了不少的磨难和屈辱。

　　陈平自幼父母双亡，他和哥哥两人相依为命。哥哥看到他从小喜欢读书，便主动承担起家庭的重任，去地主家里做长工，一年四季辛苦劳作，挣了钱之后，就为陈平买回了笔墨纸砚和书本，让他在家里闭门刻苦读书。后来，哥哥结婚了，陈平十分高兴，他以为自己会得到一个贤良的嫂子，一家人从此和和美美。没想到，因为他热爱读书，不被他的大嫂所容。

　　大嫂在大哥面前伪装得十分善良懂礼，大哥一去打长工，大嫂便露出了真实的面目，处处为难陈平。有一天晚上，他在自己的屋里就着油灯读书的时候，大嫂推开门，走了进来，恶狠狠地说："点灯费油的，不要钱买啊！你以为这油和灯是自己跑上门的吗？"陈平感到很是难堪，只好吹灭了油灯，不再看书。大嫂看他不敢反抗，这才心满意足地哼着曲走了。

　　第二天天刚亮，陈平就起床来到院子里的树下开始读书了。他觉得，既然不让晚上读书，白天的时间一定要利用好。大嫂起来之后，看到他竟然跑到院子里读书，真是气不打一处来，语带讽刺地说道："白天读书是不要钱，可你整天读书，也没人给你钱，再说，读书也

不能当饭吃。"

　　陈平只好收拾了书本，默默地回到屋子，关上了房门，继续读起书来。大嫂看他关上了房门，更生气了，正无处发泄的时候，看到了院子里的小狗小黄了。她于是上前去踢小黄，没想到被小黄一躲躲开了，她自己却重心不稳一个趔趄差点摔倒。她对着小黄的背影喊道："你这个小畜生，吃我的喝我的，一天什么都不做，我真是白白浪费了那么多的粮食。"

　　陈平在屋子里听出大嫂这是在指桑骂槐，他于是放下书，到院子里拿起水桶和担子，来到井边挑水。没想到因为他个子还不是很高，挑水的时候左摇右摆，衣服都被弄湿了，刚走到半路，水却只剩半桶了。

　　这时，哥哥也下工回家了，看着陈平狼狈的样子，他问道："我让你在家里读书，你怎么去挑水了？你年纪还小，这不是你应该干的活。"

　　陈平真诚地说："大哥，我看你为这个家十分操劳，我却只顾着读书，不知道干活，所以心生愧疚，想为家里做点事，我一定能做好的。"

　　哥哥听出这话不像是弟弟平日里能讲出的，问他说："是不是我不在家的时候，你大嫂跟你说了什么？"陈平为了不影响哥哥和嫂子的关系，摇摇头说道："没有，是我自己不想读书了。"

　　哥哥非常难过，语重心长地对陈平说："想当年，爹爹还在世的时候，一直教育我说，我家祖上也是读书人，现在虽然世道不太平，但不能因为家里穷就荒废了学业，一定要让你好好读书，将来光耀门楣。你现在这么轻易地放弃，我该怎么对死去的父亲交代呢？"

　　兄弟俩心中都各有难处，忍不住在路边抱头痛哭起来。这情景被乡里一个很有学问的老人看见了。他走上前去，问陈平往日都读些什么书，有什么看法。陈平一一作答，老者看出这孩子见识不俗，并且这么刻苦好学，于是当即决定免费收他为徒，教给他更高深的知识。

　　陈平成年之后，辅佐刘邦建立了汉朝。封侯拜相之后，他把自己的哥哥嫂子接到了自己的府里，让他们和他一起享受荣华富贵。他的嫂子那时年事已高，性情变了很多，每当想起当年阻止陈平读书的事情，都惭愧不已。而陈平却对大嫂说："是您当年的侮辱才成就了我的今天。"

陈平在小的时候能受得了侮辱而不改其读书成才之志，长大之后也能不计前嫌原谅侮辱他的人，这是十分难能可贵的。看陈平忍辱读书的故事，我们还能发现，也许逆境更能使一个人迅速地成长，正所谓"宝剑锋从磨砺出，梅花香自苦寒来"，所以，有的时候，面对逆境，不要抱怨，不要气馁(něi)，只有坚持下来，才能破茧成蝶。

缇萦救父

西汉文帝的时候，在临淄齐王府里，有个人叫淳（chún）于意。他本来是个读书人，因为喜欢医学，经常给人看病，救死扶伤，深受人们尊敬。淳于意出了名之后，被提拔做了管理仓库的太仓令。

淳于意为人正直，为官清廉，也不会奉承拍马。他无意间得罪了齐王府里的一个官员，这官员对他怀恨在心，一直想找个机会报复他。

有一次，一个大商人的妻子生了病，请淳于意看病。那贵妇人其实已经病入膏肓，没救了，吃了药，过了几天还是死了。大商人仗势向官府告了淳于意一状，说他治死了人。

淳于意得罪的那个官员正好负责断这件案子，他公报私仇，迫不及待地给淳于意安了个贪污的罪名，要把他押解到长安去受刑。当时的皇帝汉文帝提倡节俭，如果谁犯了贪污的罪，就要被判处"肉刑"，不是脸上刺字，就是被砍断手脚，甚至是处死。

官府的人来家里抓人的时候，淳于意望着女儿们深深地叹了一口气说："唉，可惜我有五个女儿，却没有一个男孩，遇到急难，连一个有用的也没有啊！"

几个女儿被吓得哭作一团，只有最小的女儿缇萦（tí yíng）又是悲伤，又是气愤。她心想："为什么都说女儿没用呢？"略微思考之后，缇萦说道："父亲，孩儿虽是女流之辈，如今也想要为父亲做点儿事情。我要和父亲一起去长安，上书皇上，替您洗辩冤屈。"

淳于意没有想到小女儿竟如此勇敢，心中感到很宽慰，但从齐地到长安路途遥远，所以坚决不同意，家里人也是再三劝阻。但是缇萦以死相求，家人才同意了。

就这样，全家人抱着渺茫的希望，送别父女俩踏上了去长安的路。

到了长安，淳于意就被解差送到了监狱里。想到女儿年仅十五岁，要见皇上简直是痴人说梦，他在狱中的心情十分绝望。

缇萦一个人在长安举目无亲，投诉无门，先前想好的计划根本实行不了。无奈之下，只好到处打听怎么能见到皇上。终于，有一位好心的官员告诉她，最近皇帝要外出打猎。

这是一个千载难逢的好机会，但是在古代，普通百姓惊扰圣驾可是杀头的罪过。缇萦虽然担心如果惹怒了皇帝，上书救父就成了泡影，然而，在那种情况下，再没有别的办法，只有冒险一试了。经过反复思考，她写了一封状子。

好不容易等到皇帝打猎的那天，缇萦一大早就跪在了皇帝必经的路中间，双手高举着状子，忐忑地等待着车驾的到来。

终于，皇帝的车驾来了。领头的军官细细盘问过缇萦之后，把她带到了皇帝的銮驾前。缇萦紧张地将状子呈给了皇上的侍从。

汉文帝见上书的是一个小姑娘，非常惊讶。他接过状子，认真地看起来，只见那奏章上写着："我叫缇萦，是太仓令淳于意的小女儿。我父亲为官清廉，齐地的人都知道。可是他现在被小人陷害，被判了肉刑。我不仅为父亲难过，也为所有受肉刑的人伤心。一个人砍去脚就成了残废，割去鼻子再也不能安上去，以后就是有改过自新的决心，也没有办法实施了。我自愿给官府为奴为婢，替我的父亲赎罪，好让他有个改过自新的机会，请皇上同意。"

当时官府中的奴婢生活是十分凄惨的，她们每天从白天干活到深夜，还禁止外出，禁止回家，和犯人没什么两样。缇萦为父亲免遭酷刑，竟然自愿去做奴婢，这让汉文帝更加震惊了。看着眼前这个瘦弱疲惫、泪流满面的小女孩，汉文帝心里涌起了怜悯之情，这个小女孩

为了营救父亲，辗转千里，冒死上书，这种胆识和孝心实在令人感动。于是他当即赦免了淳于意的罪刑，也没让缇萦去当奴婢，并且让侍从送小缇萦和父亲团聚。

回到皇宫之后，汉文帝思索再三，觉得缇萦的状子很有道理，于是召集群臣，下令说："犯罪受罚，这是天经地义的。然而一个人受了罚之后，也该有一个重新做人的机会。在犯人脸上刺字或者毁坏他们的四肢这样的刑罚，的确太过残酷了。从今以后，都废止了吧！"

第二天，朝廷就下了一道诏书，取消了肉刑。缇萦上书救父不仅成为中国孝道的典范，同时也对推动古代法律制度的改革做出了很大贡献。

缇萦上书救父的事迹在历史上广为传颂。东汉著名史学家班固曾高度地赞扬缇萦："百男何愤愤，不如一缇萦！"还有人写诗赞叹缇萦的勇敢："欲报亲恩入汉关，奉书诣阙拜天颜。世间不少男儿汉，可似缇萦救父还。"

路温舒编蒲抄书

　　路温舒，字长君，西汉时候巨鹿（今河北平乡）人。他官至临淮太守，在当时非常有威望，然而他小时候却只是一个放羊娃。

　　路温舒小时候十分好学，常常缠着街坊四邻教他认字。他的父亲在县里非常辛苦地帮人看大门，收入却十分微薄。他的母亲身体不好，时常生病，父亲所挣的钱都用来给母亲买药了，所以家里的日常开支也成了问题，甚至有的时候，还会陷入吃了上顿没有下顿的窘境。路温舒虽然很想跟别的孩子一起去学堂里念书，但是家庭情况根本不允许他有这样的奢望。

　　路温舒并没有抱怨命运的不公，相反，他决定打消读书的念头，去找活干，挣点钱贴补家用。当时，有个大户人家正好缺一个牧羊人，于是他毛遂自荐①，从此成了一个放羊娃。他白天放羊，晚上就去邻居家，请邻居教他认字。一段时间之后，他已经认识了很多字，但是他还没有一本书。

　　每天早晨，看着小伙伴们三五成群地去了学堂，路温舒十分羡慕。他赶着一群羊来到了野外，心里想着什么时候自己也能拥有一本书。有的时候，把羊赶在水草丰美的地方之后，羊自己在那里吃草，他就可以利用这个时间坐在树荫底下休息了。每当这个时候，路温舒就会想，如果能有本书读该多好啊！然而那时纸还没有发明，书都是

---

　　① 毛遂自荐：比喻自告奋勇或自我推荐去做某事。

用竹简编成的，十分贵重，普通人家是买不起书的，有书的人也不大舍得借给别人看。

有一天，路温舒在池塘边放羊，一阵风吹过来，池塘里的蒲草发出"沙沙"的声音。那些蒲草长得很茂盛，而且又宽又长。路温舒灵机一动，他想，蒲草和竹简差不多，都是一片一片的，那一定也可以把它编在一起，用来写字了！

于是，傍晚回家之前，他割了一大捆蒲草，背回了家。母亲看到他背回一大捆蒲草，不解地问："蒲草既不能喂羊，也不能烧火，你割这么多回家做什么呀？"他调皮地说："一会儿您就知道了。"

他先把蒲草裁成一样长短的叶片，整整齐齐地排列开来，然后又用细线把这些叶片编起来，最后放在太阳底下晒干。这样，一本"蒲草书"便做成了。他兴奋地跑去别人家借来一本《尚书》，当天夜里就把借来的《尚书》一字一句地抄在蒲草书上。蒲草书看起来非常清晰，翻阅方便，不容易断裂，而且还比竹简做的书更加轻巧呢。

从此，路温舒就用这个办法抄了很多书，他的蒲草书在家里堆了一摞一摞的。看着这些蒲草书，他的父母亲又是欣慰，又是自豪。

路温舒积累了很多知识，在一个偶然的机会，他被官府看中，做了监狱的小吏。他又借来了很多跟法律相关的书，抄下来不断地钻研苦读。一两年之后，他就掌握了当时的法律知识，被提升为狱吏。每次遇到什么疑难的案件，人们都会来找他出主意、想办法。有时候路温舒就拿出蒲草书，借给他们，他说："我的蒲草书上，有很多办法。"

有一次，州里的太守来到县里考察，见路温舒年纪轻轻就这么博学多才，还善于解疑答难，对他十分赞赏，就提拔他做了州里的官吏。

路温舒后来还得到了汉宣帝的赏识，当了临淮太守。他提出的很多针砭时弊的意见都被采纳。他曾经上疏皇帝，建议改革律令，取消酷刑，主张以德治天下，为当时的司法进步做出了不小的贡献。

承宫牧豕听经

东汉的时候有一个人叫承宫，从小父母双亡，成了孤儿。他八岁那年，因为生活所迫到地主家里做了奴仆，地主安排给他每天放猪的活。

承宫每天清晨去野外放猪的时候，必然会经过乡里的学馆。学馆里的先生徐子盛是一位学识渊博、德高望重的人，在方圆百里都享有美誉。最近，学馆里快要开学了，很多家长慕名而来，把自己的孩子送到徐子盛门下。承宫听说，学馆已经招收了一百多名学生了。他暗中十分羡慕，心里想，如果自己的父亲母亲没有死，他们应该也会送他来学堂读书吧。可是现在，他却只能做个放猪的孩子，受尽地主的虐待。

有一天，承宫赶着猪经过学馆门前的时候，听到里面正在讲课，原来是学堂里已经开学了。承宫赶紧把猪赶到有猪草的地方，让它们自己去觅食，他则折返回来，偷偷地坐在学堂门外，听起课来。徐子盛讲的是《诗经》，他讲得绘声绘色，承宫不知不觉听得入了迷。讲完一段之后，徐子盛让学生们跟着他读。奇怪的是，他竟然听到从门外传来一个清脆的声音，也在跟着他读书。

这个在一旁跟着读书的小孩引起了徐子盛的注意，他假装没有发现，一边让学生们读书，一边轻轻地推开了学堂的门，这样他就更清楚地看到了这个面黄肌瘦、穿着破烂、手里拿着放猪鞭的小孩。此时承宫听学生们读得津津有味，早就忘记了自己这是在"偷"听。

徐子盛大声地说道："你哪里来的，在这里干什么?"一句话把承宫叫醒了，他赶紧站起来，局促地行礼道："先生，我是乡里地主家里牧豕(shǐ)①的奴仆。"

这时，学堂里的小孩们都拥了出来，看到一个放猪娃竟然出现在学堂里，大家有的用异样的眼神盯着承宫看，有的笑话他寒酸的穿着。承宫又向徐子盛行了一个礼，然后急急忙忙地跑掉了。

然而，承宫并没有放弃偷听先生讲课，每天早上，他都会隐藏在学堂外听课，只是再不敢发出声音了。徐子盛呢，他也知道那个放猪的小孩在偷听他讲课，但他早已经被承宫对读书的热爱感动了，于是有时候就特意提高讲课的声音，以便承宫能听得清楚。

然而，好景不长，有一天承宫去放猪的时候，随随便便地把猪赶到一处草地上就往学堂走去，这一幕却不巧被地主看到。地主愤怒到了极点，他跟着承宫来到学堂，从后面揪住承宫的衣领，一拳头就打在了承宫的身上。并且用他的大嗓门质问承宫："我是让你来放猪的，还是让你来听课的!"承宫看事情败露，不敢争辩，只有忍着痛，不发一言。

徐子盛听见外面的吵闹声，赶紧停止了讲课，来到门外，见地主正在无情地拳打脚踢那个放猪的孩子，连忙叫道："住手，你怎么可以这样虐待一个小孩呢?"

地主对徐子盛的名声有所耳闻，就不敢造次，老老实实地告诉了徐子盛承宫不好好放猪却来听课的事。徐子盛听了，更同情起承宫的遭遇，于是问承宫说："你小小年纪，遭遇实在是可怜。然而既然给人家放猪，就应该好好干活，不应该三心二意啊!"

其实，这是徐子盛在考验承宫。果然，承宫听他这样说，"扑通"一声跪了下去，哭着说道："先生，放猪并非我所愿，我只希望在您门下挑水砍柴，听候您的教导。"

徐子盛赞叹道："嗯，果然是可造之材!"于是给了地主赎身的银

---

① 牧豕：放猪。"豕"是猪的意思。

子，承宫从此便留在学堂里，做一些零活，算作学费，不干活的时候，他便昼夜苦读。

几年之后，承宫便熟读儒家经典，并且深入理解了其中所蕴含的修身治国的道理。有的时候，他还代替先生给学生们上课。承宫长大之后，想起在他的乡里，也有很多读不起书的孤儿，于是告别徐子盛，回到家中办了一所学校，免费招收孤儿，为学生们讲解儒家经典。

承宫之所以能从一个小小的放猪娃，变成一位受人尊敬的老师，是由于他有着一颗不甘于贫贱的心。后来人们便用"牧豕听经"来比喻虽然从事着卑微的工作却不忘远大的理想。

匡衡凿壁偷光

西汉的时候，有个农民的孩子，叫匡衡。他小时候家里穷，没钱上学。看着别的孩子每天去学堂里读书，他羡慕万分。后来，他跟着一个有文化的亲戚学认字，才开始有了看书的能力。

但是，匡衡的父母没有钱给他买书。匡衡体谅父母的难处，打算借书来读。那个时候，书是非常贵重的，有书的人非常爱惜，一般情况下是不肯轻易借给别人的。

匡衡前思后想，想到了同乡有个大户人家，家里有很多藏书。

匡衡志忑不安地来到同乡家，对大户说道："老爷，农忙的时间，你家里肯定缺干活的人手，我自愿到你家做帮工，但不要报酬，请您收下我吧。"

主人奇怪地问他为何不求报酬，匡衡诚实地说："我家里没有书读，您家有很多书，我只希望能借您的书来读一遍，除此之外别无所求。"

主人被匡衡对知识的渴求感动了，不仅把书借给他，还允许他拿回家里读。匡衡勤奋苦读，认识了很多字，学到了不少知识。

过了几年，匡衡长大了，成了家里的主要劳动力。他一天到晚在地里干活，根本没有时间读书。等到太阳下山回到家里，常常只能读一会儿书，天就完全黑了。由于他家买不起点灯的油，天黑之后就不能再读书了。一本书一两个月还没有读完，小匡衡非常焦急。他想，怎么才能想办法利用晚上的时间读书呢？

匡衡的邻居家里有灯，但是照不到他家的院子里。看着邻居家灯火通明，匡衡真想去邻居家读书。有一天，他终于鼓起了勇气，向邻居提出，能不能晚上去他家读书。但是，邻居是一个看不起穷苦百姓的人，无情地拒绝了匡衡的请求，而且还尖酸地对他说："连油灯都买不起，还读什么书呢！"

沮丧的匡衡摸黑躺在床上，背着白天读过的书。背着背着，突然看到屋里的墙壁上有一丝亮光。他"霍"地站起来，跳下地，走到墙壁边一看，原来是邻居家的灯光从墙壁的缝里透了过来。

匡衡激动万分，因为他想到了一个好办法。第二天天刚亮，他拿来一把小刀，小心翼翼地把墙缝挖大了一些。因为害怕邻居发现之后堵上墙洞，他也不敢挖得太大，只是挖了一个小孔。

到了晚上，匡衡惊喜地发现从小孔里透过来的光亮可以使他看清楚书上的字。于是，从那之后，每天晚上匡衡都就着邻居家透过来的灯光，认认真真地看书，直到邻居吹灭油灯，他才去睡觉。

这种苦学的精神，使得匡衡终于成了一个很有学问的人。当时，镇上有一个人在讲解《诗经》，匡衡前去听讲，下课之后，他和这个人讨论《诗经》里面的疑难问题。这个人辩论不过他，感到又是钦佩，又是羞耻，就急急忙忙地倒穿着鞋跑掉了。匡衡追着他说："先生，请留步啊，刚才那个问题我们还没有讨论清楚呢！"那个人窘迫地说："我实在讲不出什么来了。"

镇上的人于是请匡衡讲解《诗经》。每当他讲课的时候，屋子里总是站满了人。人们不仅喜欢听匡衡讲课，还专门为他编写了一首歌谣："没有人会讲《诗经》，就请匡衡来。匡衡讲《诗经》，能够解除人们的疑惑。"

其实，只有对一件事情执着，我们才可能有所收获，读书更是这样的道理。匡衡家里穷困至极，他都不放弃，反倒想尽办法读书。和匡衡相比，我们现在有着非常好的读书条件，可是，我们却比不上匡衡对知识不断的追求。读了匡衡的故事，我们应该反省自己，热爱书籍，热爱知识。毕竟，只有不断地去追求，知识才会回馈给你力量。

蔡顺拾葚奉母

西汉有个叫蔡顺的孝子，从小父亲就因病去世了，他侍奉母亲非常尽心。

蔡顺十来岁的时候，恰好碰上了王莽夺取政权建立新朝的时候，赤眉军在各地发起了起义。一连几年战乱频繁，庄稼颗粒无收，老百姓都吃不上饭，甚至有很多人被饿死了。

蔡顺到处挖野菜给母亲吃，然而时间久了，野菜也都被大家挖光了。这时，他发现河边的桑葚树上结果了。他每天都饿着肚子去看桑果成熟了没有。过了一段时间，桑果终于变红了。他欣喜若狂，提着篮子边摘桑果边想，这下母亲有吃的了。

他发现黑色桑果很甜，而红色桑果却有点酸。于是跑回家又拿了一个篮子，把黑色的桑果放在一个篮子里，红色的放在另外一个篮子里。

当时，赤眉军的将军正好经过河边，远远地看到他分篮装桑果，感到很好奇。于是下了马，来到桑葚树下，不解地问蔡顺："你为什么要将黑色和红色的桑果分开来装呢？"

蔡顺说："黑色桑果熟透了，吃起来很甜，这是准备给我母亲吃的；红色桑果吃起来又酸又涩，我打算自己吃。"

据说蔡顺的孝心感动了驻守当地的赤眉军，于是他们洗去赤眉，不再发起战乱，于是国家恢复太平。为了纪念蔡顺的孝行，桑葚树边的那条河还被改名为"洗眉河"。

　　几年之后，蔡顺的母亲去世了，蔡顺哭得十分伤心，天天守着灵柩大哭，甚至舍不得将母亲下葬。

　　这样又过了几天，他家附近不知怎么忽然起了大火，火势顺着风直逼家里来。眼看快要葬身火海了，蔡顺不忍心把母亲的灵柩丢下而自己去逃命。于是死死地抱住灵柩，宁死也要陪着母亲。说也奇怪，那大火竟然跳过了蔡顺家的屋子，烧到别人家去了。乡亲们都说是蔡顺的孝心感动了管火的神仙。

　　大火过后，蔡顺安葬了母亲。但是，每逢雨天打雷，蔡顺还是要到母亲坟上去。这又是为什么呢？

　　原来，蔡顺的母亲胆子很小，最怕听到打雷的声音。所以每当雷雨天，蔡顺就绕着母亲的坟走，边走边说话，以使得地下的母亲不再害怕。

　　后来，蔡顺被称为"古代十大孝子"之一。他的事迹也被后人写成了诗歌："黑葚奉萱帏，啼饥泪满衣。赤眉知孝顺，牛米赠君归。"

王充书摊求知

王充，字仲任，会稽（kuài jī）上虞（今绍兴）人，东汉时期杰出的思想家、唯物主义哲学家。

王充的祖上是西汉时候的魏郡王氏，在当时的政坛十分显赫。不过，到王充的时候，随着王莽政权的失败，王家的地位可以说是一落千丈。王充曾用"贫无一亩庇（bì）身"，和"贱无斗石之秩（zhì）①"这两句话来概括那个时候他们家穷困潦倒的状况。

王充小的时候，和他同龄的伙伴们每天都成群结队地在院子里玩儿，不是捕蝉抓麻雀，就是斗蛐蛐爬树。王充却端庄严肃，从来不和他们一起玩这些游戏。他的父亲王诵看到之后，暗暗称奇，于是在王充六岁的时候便教他认字读书，八岁的时候就把他送到了学校。

学会写字之后，王充便离开学校，寻找到了乡里一位精通《论语》及《尚书》等儒家经典的先生，拜入门下学习。他不仅学习古圣人的理论，而且善于形成自己独特的观点，常常写文章表达自己对儒家学派思想体系的认识，写得有理有据，很有说服力，众人引以为奇。

几年之后，王充向母亲表达了想继续深造的想法。当时他的父亲已经去世，家里的经济情况大不如前，所以母亲有点为难。这件事被乡亲们知道了，大家都觉得王充刻苦学习，很有出息，就纷纷捐钱，

---

① 秩：古代官吏的俸禄。

送他去了当时的首都洛阳游学。

在洛阳王充进入当时的最高学府太学学习。当时，太学的先生是名儒班彪，他在历史和经学方面都有很深的造诣。王充十分尊敬这位老师，正所谓名师出高徒，他的学问此后也有了很大的长进。但是，由于太学的教育方法比较死板，对经书的注解都依赖于神学迷信，不久，追求独立思考的王充便不再满意。他常常拿着书本去拜访当时著名的古文经学家桓谭，向他请教。

当时在太学还有很多有名的青年学者，比如贾逵、傅毅等。王充常常和他们讨论学术问题。大家都认为王充的想法十分深刻，以后必有所成。有一次，贾逵和傅毅又来找王充讨论问题，发现他不在学馆里，四寻不见，有一个同学告诉他们说："你们要找王充，当然要去市场里的书摊上了。"

贾、傅二人来到市场，只见王充正蹲在书摊前面，津津有味地拿着一本书在读。二人这才知道王充的非凡见识不是天生就有的，而是来源于脚踏实地的学习。傅毅悄悄走过去，一把抢过王充手里的书，说道："你怎么蹲在大街上读书呢，买回去慢慢看吧！"

王充有点不好意思，支支吾吾地回答说："我几天就能看一本书，如果都买回家看的话，也买不起这么多的书啊！"

贾逵心有不解地问道："我们学校有那么多书，还不够你读吗？你为什么对书摊上的书这么入迷呢？"

王充回答道："你们有所不知啊，学校里的书都是一些正统的经书，读得太多，就味同嚼蜡了。书摊上却有很多不常见的书，诸子百家都能在这里找到，读起来十分有趣。"

其实，书摊的老板见王充每天都蹲在书摊前面一本一本地读书，早就对他的好学十分赞赏了，所以就任由他只看不买。现在得知王充是太学里的学生，他赞叹道："小伙子，我书摊里都是一些奇书，难得你识货，今后你就随便读吧，只要别损坏书就好。"

得到书摊老板允诺，王充从此便名正言顺、心安理得地在书摊上读书，再也不用担心因为买不起书而遭到驱赶了。

学成之后，王充回到家乡，闭门谢客，利用毕生所学，花费了三十多年的时间，写成了《论衡》这本巨著。该书对诸子百家、三教九流都有所涉及，被称为"博通众流百家之言"的古代"百科全书"。

王充读书的时候，儒家思想作为官方的思想体系，有着不容辩驳的地位，他却敢于怀疑孔孟学说，抨击儒家的思想，这是中国思想史上前所未有的突破。同时，面对当时一切学说都要附会图谶等神学迷信的社会现实，王充敢于向俗世挑战，大破虚妄之学，他的胆量和勇气也让人十分敬佩。究其原因，是因为王充从小就养成了独立思考的习惯。正因为独立思考，才会独树一帜。

黄香扇枕温被

东汉的时候有个叫黄香的人。黄香童年的时候，家里生活十分艰辛。

小黄香十分孝顺父母，在母亲生病期间，小黄香一直侍奉在病床前，一步也不敢远离。在他九岁的时候，母亲不幸去世了。黄香非常悲伤，从此之后，对父亲更加关心了。他每天照料着父亲的饮食起居，尽量让父亲过得舒适。

夏日扇枕

夏天到了，黄香家低矮的茅草屋里十分闷热，每到夜晚，蚊子都特别多。这天，邻居们聚集在院子里乘凉，大家说着家常、扇着扇子，直到夜深，聊得困了，各自散去。父亲这才发现黄香一直没在院子里。

"香儿，香儿。"父亲提高嗓门喊道。

"我在这儿呢。"说着，小黄香从父亲的屋子里走了出来。只见他满头大汗，手里握着一把大蒲扇。

"这么热的天，你不在院子里乘凉，窝在屋子里干什么呢?"父亲说。

"屋子里太热了，蚊子也多。我用扇子把蚊子赶跑，这样晚上大家睡觉时就不会被咬。"黄香说。

父亲感动地把黄香拉进怀里，摸着他的头说:"好孩子，看你热的，出了一头汗。"

此后，每天晚上，为了让父亲休息好，黄香总是拿着大蒲扇驱赶蚊子，并且还要扇凉父亲的枕头和床褥，这样，父亲就能休息好。

冬日暖被

冬天又来了，天气特别寒冷。黄香家里穷，烧不起火炉，也买不起厚棉被，每天晚上睡觉的时候，被子里冰凉。

一天晚上，黄香在读书的时候，捧着书的手被冻僵了，伸都伸不直。他想："这么冷的天，父亲年龄又大了，腿脚都不好，一定很难熬吧。再说，父亲白天干了　天的农活了，肯定很累了，晚上却还不能好好休息，做儿子的能为父亲做点什么呢？"

想到这里，黄香悄悄来到父亲的房里，铺好父亲的床铺，然后自己脱了衣服，钻进被窝。他用自己的体温，温暖了冰冷的被窝之后，才招呼父亲睡下。黄香不仅温暖了父亲的被子，也温暖了父亲的心，父亲逢人便夸黄香是个孝子。

邻居街坊得知黄香为父暖席的事情后，纷纷夸赞黄香孝顺。有的邻居还送来了棉被，让他父子二人过冬。

当时的江夏知府刘护听到了黄香的故事，非常感动，便奏请朝廷表扬他。长大后黄香被举荐当了孝廉①，官至尚书令。

父母爱自己的孩子，可以不计回报地为他们做任何事情。而孩子能如此体谅父母，像黄香这样全心全意孝敬父母，则是十分难能可贵的。有人说："懂得孝敬父母的人，也一定懂得爱百姓，爱自己的国家。"说的的确不错。黄香做官之后，不负众望，为当地的老百姓做了很多好事。他孝敬父母的事迹，千古流传。

---

① 孝廉："孝顺父母、办事廉正"的意思，是汉武帝时设立的选拔官吏的科目。

张衡观星空

张衡，字平子，是我国东汉时期著名的科学家和文学家。他的成就涉及天文学、地震学、机械技术、文学、数学乃至绘画等许多领域。可以说，张衡是一个世界上十分少有的全面发展的天才。

公元78年，张衡出生在河南南阳西鄂（今南阳市石桥镇）。他的祖父张堪品行高尚，曾把家传数百万财富让给侄子，被人称为"圣童"。他的父亲去世得很早，因此家里很贫穷。但是贫困的生活并没有打击小张衡勤奋好学的劲头，再加上他天资聪颖，很早就在乡里出名了。

张衡十岁时就读了很多书，据说能够"通五经，贯六艺"。他兴趣很广泛，常常读一些自然科学方面的读物，而且写得一手好文章。

除了读书，张衡还有一个特殊的爱好——观察星空。每当夜幕降临、万籁俱寂之时，他常和奶奶一起坐在院子里，抬头仰望着那些数不完的星星，有时候脖子一动不动，看久了就僵住了。广阔浩渺的宇宙，幽静神秘的夜色，特别是那些晶莹闪烁的星星，让张衡觉得大自然非常奇妙。

有一天，张衡读到四句谚语，描述了北斗星在各个季节傍晚时的变化："斗柄指东，天下皆春；斗柄指南，天下皆夏；斗柄指西，天下皆秋；斗柄指北，天下皆冬。"他觉得十分有意思。为什么北斗星的指向和气候的春夏秋冬有关联呢？天上繁星闪烁，有的像箕，有的

像斗，有的像狗，又有的像熊，它们的运行又各有怎样的规律呢？

根据谚语的内容，又参考相关书籍，张衡画成了天象图，只要是在晴朗的夜晚，他就整夜地对着天象图仔细观察着夜空。一边观察，一边思考，后来，他终于确认那四句诗里描述得不是很准确，事实上斗柄早春指东北，暮春却指东南。

少年时代对日月星辰的观察，激发了张衡努力探索天文奥秘的决心。

有一次，一个地方官来到张衡家里说："平子啊，我看你才学出众，想推荐你去做官，你看怎么样？"

张衡开始思考自己的人生，他想，难道真的要去当官发财吗？还是继续待在家里读那些古文经书？当官不是我想要的人生，我向往的是走访名山大川，到实践中去探索科学的真理。

于是，张衡拒绝了官员的推荐，收拾行李，离开了家乡。

他首先来到了当时的西京，即现在的长安。他游览了当地的名胜古迹，考察了周围的山川形势、物产风俗和世态人情，积累了丰富的文学素材，后来才写得不朽的名篇《二京赋》。

接着，张衡又来到了当时的京都洛阳，为了增长知识，他不辞辛苦地走师访友，他进过当时的最高学府——太学，结识了不少有学问的朋友。其中有一个叫崔瑗(yuàn)的，精通天文、数学、历法，还是很有名气的书法家。还有一个叫马融的，是一个擅长写辞赋、弹琴、吹笛的文学家和音乐家。张衡登门向他们求教，从这些著名学者身上，张衡获益匪浅。特别是和崔瑗的交往中，张衡进一步接触到了天文和地理。他们俩经常在一起研究问题。

从这个时候开始，张衡摸到了科学的大门，他意识到书籍中有着无穷的奥秘，之后他回到南阳，更加用功读书。张衡的好朋友崔瑗非常敬佩他坚忍不拔的毅力和刻苦好学的精神。

张衡后来经过不懈的努力，终于在天文和地理方面取得了举世瞩目的成就。他发明了利用水力转动的浑天仪和可以测定地震的地动仪，他第一次正确解释了月食的原理，还创立了完整的天文学说。为了纪念张衡的贡献，国际上将月球背面的一个环形山命名为"张衡环形山"，将小行星1802命名为"张衡小行星"。

华佗为师父诊脉

　　华佗，字元化，沛国谯（今安徽亳州）人，是我国东汉末期著名的医学家。华佗为关羽刮骨疗毒的事情想必很多人都听说过，可这样一个"神医"，小时候是怎么学医的呢？

　　华佗八岁那年，他的父亲因病去世了。当时，他的家乡水旱灾害频繁，疫病横行，很多人都被夺去了生命。华佗有感于此，决心学医救人。他向母亲提出了这个想法。母亲突然想起，丈夫有一个姓蔡的朋友，是邻乡的一位名医，于是领着华佗拜访了这位医师。

　　蔡医师看华佗才十来岁，感到十分为难，因为他收的徒弟至少都是十五六岁，能够干活的。但如果不收的话，往日和华佗父亲的交情不浅，实在说不过去。思虑再三，蔡医师想出了一个办法。他要先考考华佗，如果华佗通过了，说明他足够聪明，如果他通不过，那自己也有了拒绝的说辞。

　　蔡医师让华佗把院子里桑树上的叶子摘一些下来，但并不给他梯子。没想到华佗一点都没有为难，找来一根细绳，在细绳的末端拴了一块小石头，然后往桑树上一扔，就把树枝钩住了，再用力一拉，树枝就垂下来了。华佗摘了桑叶，交到蔡医师手中。蔡医师还不能认可，这时，院子里有两只羊正在打架，互相抵着角斗得难解难分。蔡医师便说："如果你不去阻止，而能使这两只羊停止打斗，那我就收下你了。"华佗略一思索，跑去大门外拔了一把青草，回来之后放在两只羊跟前。一会儿羊就不打了，争着去吃草。就这样，蔡医师留下了华佗。

开始的时候，蔡医师只让华佗做一些零碎的杂活，并不教给他医学知识。华佗就勤勤恳恳地做着烧水、扫地、给客人送药等一些零活。一年之后，他主动请求师父让他护理病人。蔡医师十分惊奇，因为护理病人是一个脏活、累活。蔡医师答应了华佗的请求，暗中观察他的举动。他发现华佗非常注意观察病人们的神色和病情的变化，还耐心地询问不同治疗阶段病人的生理感受。蔡医师不禁大为惊叹，华佗这是在偷偷学习啊！他这才相信华佗是个有心人，确是可造之材，于是正式收华佗为徒。

华佗每天跟着蔡医生，不到一年，便认识了大部分的药材，并掌握了药草的药性。之后，蔡医师便让他跟着师兄抓药。华佗十分兴奋，来到药店的柜台边，准备给病人抓药。没想到的是，他的师兄看他年纪这么小，便被师父派来做这么重要的工作，心中非常不服气，总是支使着华佗做这做那，就是不让他碰抓药的秤。

这可把华佗难住了，把这件事情告诉师父吧，师兄弟之间的矛盾激化，不利于安全抓药。不告诉师父吧，他掌握不了抓药这个技术，便永难成为一个好医生。思考了好几天，华佗终于想出了一个办法。他每次把师父开好的药单给师兄的时候，偷偷记下师父规定的各种药材的剂量，这样，等师兄称好药材，包在药包里，让华佗交给病人的时候，他总是暗中掂量掂量药包的重量。久而久之，即使不看单子，只要用手掂量一下，就知道药材的重量了。

有一回，蔡医师让华佗给人抓药，见他不用秤称，拿手抓了直接就包起来了，蔡医师生气地说："华佗，你知不知道，药的剂量多一点少一点都是人命关天，你这么马马虎虎，不是拿病人的性命开玩笑吗？"华佗说："师父，我抓的药正是您开的剂量，您若不信，我称一下吧。"在蔡医师的注视下，华佗用秤称了药包的重量，竟然丝毫不差。蔡医师十分疑惑，再三询问华佗这样的绝技是怎么练成的。华佗见瞒不过师父，这才一五一十地将事情讲了出来。师父听了，赞叹道："你就是那个能继承我医道的人。"

说完之后，蔡医生把华佗领到了一个很偏僻的屋子里，这个屋子里堆满了大量的医书和药典。从此，华佗夜以继日地在这里攻读医书。他被书里写的那些高深的医术深深吸引，再和以前在医馆里实践得到的知识融会贯通，他的医术进步很快。

有一天，他正在读书的时候，外面人声嘈杂，乱作一团，有人叫道："师父晕倒了！"华佗赶忙跑出去，只见蔡医师正躺在地上，意识模糊，口吐白沫。正当其他的弟子束手无策的时候，华佗果断上前，仔细查看了蔡医师脸上的神色，又为他切了脉，然后他站起来笑着告诉大家说："大家不要着急，师父没病。"众弟子半信半疑，这时候，蔡医师恢复了正常，忽然坐了起来说："我只是在测试你们的医术，华佗说得对极了。"众弟子听了，都非常羞愧。蔡医师依依不舍地说："华佗，你的医术学成了，在这里待下去也是浪费时间，回家去吧。"

华佗告别了师父，回到乡里，开了一间医馆，治病救人。由于他的医术精湛，慕名而来治疗疑难杂症的病人络绎不绝。

后来华佗还发明了"麻沸散"，据说这是世界上最早的麻醉剂。有了这种麻醉剂外科手术时病人会减少很多痛苦，华佗也因此被后人尊称为"外科鼻祖"。除了用药十分神奇之外，华佗在针灸方面的造诣也很深。有很多病人身体疼痛，华佗只要在他的穴位上扎上一针，片刻便不疼了，于是人们都叫他"神医"。此外，他还发明了模仿虎、鹿、猿、熊、鹤五种动物动作、神态的健身体操——五禽戏，一直流传至今。

孔融让梨

孔融是东汉末年的大名士①，而且是我国春秋战国时期的大思想家、大教育家、儒家创始人孔子的第二十世孙。他的七世祖孔霸当过汉元帝的老师，父亲孔宙当过泰山都尉，母亲也非常有学问。孔融从小就聪明过人，常常语出惊人。

孔融让梨

《三字经》有这么四句话："融四岁，能让梨，弟于长，宜先知。"这说的就是孔融让梨的故事。

孔融家里兄弟七人，他排行老六。在他四岁那年，有一天，孔融和哥哥们放学回家之后，母亲端出一盘黄澄澄、水灵灵的梨，让孩子们吃。因为当时孔融是最小的孩子，于是母亲就让他先拿。

孔融看看盘子里的梨，挑了其中最小的。母亲见了，奇怪地问道："融儿，你怎么不拿个大点的梨呢？"

孔融诚恳地回答道："母亲，我是小孩子，就应该吃小梨，哥哥们都比我大，理所应当吃大梨。"

母亲听了，觉得孔融小小年纪就这么懂事，十分欣慰。她对其他孩子说道："你们都应该向弟弟学习呀！"这件小事传开以后，孔氏家

---

① 名士：旧时指以诗文等著称的人。

族纷纷赞叹孔融的知礼谦让。

赴宴妙答

十岁那年，孔融跟着父亲来到当时的京城洛阳走亲访友。洛阳城里有一个名士叫李膺(yīng)，孔融很想见识一下李膺是个什么样的人物，只身一人就去登门拜访了。

但是要见李膺一面并不是一件容易的事，如果不是名士或亲戚，守门的人根本不会搭理，更别说是一个十岁的小孩子了。

小孔融灵机一动，对守门人说："这位大哥，我是李膺的亲戚，请您代为通报一声。"守门人半信半疑，但不得不将这件事通报给了李膺。李膺感到十分奇怪，决定接见他。

孔融不卑不亢地进来行礼，李膺看这小孩气度不凡，不像等闲之辈，问他说："这位小朋友，你说你是我的亲戚，是不是你的祖父或父亲认识我呢？"

孔融回答道："我叫孔融，我的祖先是孔子，而您家的祖先是老子李耳。几百年前，孔子曾向老子请教过关于周礼的问题，这样看来，我家的祖先和您的祖先又是师生又是朋友。我家和您家难道不是世交吗？"

当时李膺家里有很多客人，听了孔融的话无不惊叹。这时大夫(dà fū)①陈韪(wěi)在客人中不以为然地说："小时了了，大未必佳。"就是说小时候聪明的人，长大后就不一定聪明了。

孔融不假思索地反驳道："这位大人，照您这么说，我猜想您小时候一定挺聪明的吧！"言外之意，孔融是在讽刺陈韪现在是老糊涂了。

陈韪被一个小孩子说得哑口无言，不禁羞得满脸通红。李膺朗声大笑着说："这孩子了不得啊，将来必成大器。"

---

① 大夫：古代官职，位于卿之下，士之上。

与兄争死

孔融十三岁的时候，父亲去世了。他待在家里给父亲守丧。虽然父亲不在了，但他没有忘记父亲往日的教导，依旧严格地要求自己。他一边守丧，一边刻苦读书，而且在很多方面都有所涉猎，渐渐得到州县的重视。

这时，宦官把持着朝政，在朝野上下大肆搜捕反对他们的正直的人。当时有一个人叫张俭，是孔融的哥哥孔褒的好朋友。张俭被人追杀，四处逃命。有一天逃到了孔家，恰巧赶上孔褒外出办事，只有十六岁的孔融在家。

张俭看孔融年纪轻轻，担心他不能保守秘密，起初不肯跟孔融说实话，准备逃走。孔融拉住他说："你是我哥哥的朋友，自然也是我的朋友。我哥哥不在家，难道我就不能帮你吗？"于是自作主张把张俭藏在了家中的地窖里。

不料事情还是泄露了，张俭在混乱中逃走了，孔融和孔褒却因为窝藏罪犯被逮捕下狱了。审问之后，县官不知道应该给谁定罪。

孔融和哥哥争着抢着承担罪责。孔褒说："张俭是来找我的，不是我弟弟的过错，我甘愿领罪。"孔融说："是我把张俭藏起来的，应当抓我。"后来因为张俭和孔褒是好朋友，哥哥孔褒被定罪入狱。

孔融因他的果决和仗义而声名显扬。但是州县几次举荐他为官，他都婉言谢绝了。大概是对哥哥心有愧疚，对当时的政治心存不满吧！

孔融不仅是名士，也是著名的文学家，和王粲、陈琳、徐幹、阮瑀、应场（yáng）、刘桢（zhēn）六人合称为"建安七子"。

管宁割席绝交

东汉末年，有一个人叫管宁。他常常能够以自己的所作所为感化周围的人，他的故事一直被后世流传。

割席绝交

管宁小的时候，曾经和华歆同桌读书。有一天，二人正在认真读书，忽然门外传来喧闹声，原来那天是附近一户有钱人家迎娶儿媳妇的日子。

"管宁，外面这么热闹，咱去看看吧？"华歆激动地说道。

"外面的热闹，跟我们有什么关系呢。我们是来读书的，不是来看热闹的。"管宁回答说。

华歆悻悻地摸了摸头，低下头读起书来。

可是听着外面锣鼓喧天，华歆实在忍不住。他想："我就看一会儿。"于是丢下书本，跑出去看热闹去了。

过了老半天，直到人们都散去之后，华歆才忽然想到读书的事，赶忙回到书房。他惊讶地发现，自己和管宁共坐的那块席子被人从中间割开了。

华歆生气地问道："管宁，你割破我们的席子，是什么意思？"

管宁依旧在读书，头也不抬地对华歆说："唉，你爱慕虚荣，贪图热闹，从今往后，我不再是你的朋友了。"于是两人从此分开来坐了。

牵牛代牧

夏天的一个午后，由于天气炎热，邻居家有一头牛突然暴躁起来，挣脱了缰绳，在田里乱跑，踩坏了很多稻苗，被管宁看到了。

管宁赶紧跳进田里，小心地牵着牛，把牛牵到了阴凉的地方。过了一会儿，大概是凉快下来了，牛不再暴躁，悠闲自在地吃起周围的草来。

就这样等了好几个时辰，牛主人才急匆匆地来找牛了。看到管宁在替他牧牛，牛的主人显得很不好意思，好像犯了错一样。从此，再也没有让牛乱跑。

备汲息争

管宁所在的村里有一口水井，乡民们常常来这里汲水。因为村里的人比较多，来汲水的人每天都是络绎不绝，水井前十分拥挤。有一些不守规矩的人，不愿意排队等待，一来就争抢井绳，村里免不了发生一些打架斗殴的事件。

管宁看在眼里，记在心上。于是，他就去买了很多汲水用的工具，放在井边，这样大家就可以同时接水了。

那些以前汲水争先恐后的人想起自己往日的所作所为，羞愧万分。打架斗殴的人更是无地自容。从此以后，大家再来的时候，都互相谦让，井边出现一派秩序井然的景象。

其实，管宁这么善于教化、感化别人，是因为他自己本来就有着高尚的情操。

管宁和华歆还没有绝交的时候，有一次，他们二人在菜园里锄菜地。锄着锄着，管宁发现地里有一块金子，发出闪亮的光，他只当它和瓦砾一样，继续锄他的地。过了一会儿，华歆也看到了那块金子。他惊讶地捡起了那块金子，拿在手里看了一会儿，才把它扔掉了。这件小事可以看出，管宁是一个视金钱和名利如粪土的人。

　　管宁成名之后，朝廷几次想让他做官，管宁都毫不犹豫地拒绝了。他一直隐居在当地，给别人讲解《诗经》、教人祭礼、礼让等教化之事。人们也很乐于接受他的教导。他一直活到八十四岁高龄。可以说，他是一位真正的品德高尚的君子啊！

贾逵隔篱偷学

贾逵，字景伯，我国东汉时期有名的经学家和天文学家。他是西汉著名文学家贾谊的第九世孙，他的父亲贾徽也非常有学问。贾逵深受家族影响，从小就非常聪明好学。

但是，贾逵家却并不富裕，生活过得非常拮据。父亲为了养家糊口，常年奔波在外，并没有时间教他读书习字。而且由于家里太穷，家里也供不起他上私塾①。

贾逵有一个姐姐，本来已经出嫁了，但因为一年后没有为夫家生下孩子，被休回家居住。她回来之后，就担负起照顾弟弟贾逵的重任。

贾逵五岁时，有一天，姐姐听到隔壁传来了琅琅(láng láng)的读书声，就抱着贾逵来到篱笆旁。原来，他家隔壁搬来了一位很有学问的先生，开了一个私塾。先生正在教学生们读《论语》呢。

姐姐听父亲讲过一些书，听得入迷，没想到五岁的贾逵也是静静地听着，不再吵闹，姐姐十分高兴，认为弟弟将来一定会是个读书人。

这之后，贾逵每天都搬着家里的小凳子，放在篱笆旁，站在上面听隔壁的读书声。无论三伏天，还是三九天，他都没有间断过。虽然他还没有识字，但听多了隔壁先生讲课，他已经知道了很多古代的文

---

① 私塾：旧时家庭、宗族或教师自己设立的教学场所。

章了。

贾逵长到十岁的时候，姐姐偶然发现他竟然在背诵《尚书》，感到十分惊讶，对贾逵说："我们家这么穷，没有钱买书，也请不起教书先生，你是怎么知道天下有'三坟'和'五典'这些说法，并且还能背记下来呢？"

贾逵调皮地对姐姐说："姐姐啊，我小时候你不是抱着我在篱笆间听邻居家读书吗？听的时候我就暗暗记下了。"

姐姐十分感动，于是对弟弟说："没想到你原来这么好学，姐姐还以为你每天趴在篱笆上是想和隔壁学堂里的孩子一起玩儿呢。姐姐虽然没有读多少书，但也认得一些字，不如从今天起，我教你写字吧。"

贾逵听了，激动万分，可是随即沮丧地低下了脑袋，家里这么穷，根本买不了竹简，怎么练字呢？他想着想着，偶然一抬头，看见院子里桑树的皮有点向外翻，而里面十分光滑干净，像极了有书人家用来写字的竹简。贾逵高兴极了，拿了刀，把桑树皮小心翼翼地割了下来，欢天喜地地拿去写字了。

从这件事情上受到启发，贾逵后来凡是看到木质的材料，就想在上面写字。久而久之，他家的门扇后面、屏风上，都密密麻麻地留下了他的笔迹。

这样，一边念一边写，不到三年，贾逵就掌握了书本上常见的文字。正是他幼年时孜孜不倦①地学习，才有了后来的成就。

贾逵成名之后，有很多人不远万里来向他请教，有的为了方便，甚至背着铺盖住在了他家附近。贾逵对来求学的人，不管贫穷还是富贵，都一视同仁。有时候还资助那些买不起纸笔的孩子们。由于他谢绝了学生自愿交的学费，而学生们又感念老师的辛苦，就从家里带来粮食作为

---

① 孜孜不倦：形容人勤奋而不知疲倦。

感谢。后来贾逵家里的粮食堆满了粮仓。有人赞叹道："贾逵的粮食不是自己种地得来的，而是靠讲解经书讲到口干舌燥换来的。这就是世人所说的'舌耕'啊！"

赵孝兄弟争死

西汉末年，战乱频繁，很多地方粮食歉收，饥荒严重，民不聊生。百姓陷入水深火热之中。一伙强盗占据了宜秋山，四处抢劫杀掠。

宜秋山下的小村庄里，有一对兄弟，哥哥叫赵孝，弟弟叫赵礼。赵孝和赵礼从小失去了母亲，父亲为了让兄弟俩吃饱饭，也被饿死了。兄弟二人孤苦伶仃，相依为命。

有一天，兄弟两个正在家里玩耍，强盗来到了村子里。村子里乱成一团，村民们大叫："强盗来了！"慌忙向村外逃去。赵孝拉着弟弟的手，拼命逃跑，但是，在慌乱的人群中跑着跑着，兄弟俩就被冲散了。

弟弟赵礼找不到哥哥，哭了起来，没想到脚下一绊，摔了一个跟头，恰好摔在了强盗的马下，挡住了强盗的路。强盗看是一个小孩子，就逼问赵礼家里有没有粮食。赵礼最痛恨这些强盗，他斩钉截铁地说："没有！"强盗的头目非常生气，拉起他说："哼，没有粮食，我们就吃了你。"就把赵礼掳走了。

赵孝心急如焚，到处寻找弟弟。这时，村民告诉他，弟弟被强盗掳走了。

想起平日里兄弟俩相依为命的情景，赵孝的眼泪像断了线的珠子一样流了下来，他仿佛听到弟弟在一声声地喊着"哥哥！哥哥"，赵孝擦干了眼泪，决定去山上找弟弟。

村民拦住他说："赵孝，你不能去啊，去了也是白白送死。那些强盗，什么事情都做得出来，而且会吃人的！"赵孝听了，救弟弟的心思更为急切了，向村民挥手说："放心吧，我一定会把弟弟救回来的。"然后一路跑着来到宜秋山。

赵孝上得山来，只见强盗们在树下支起了一口大锅，锅底木材烧得正旺，锅里水也刚好沸腾，两个强盗拉着五花大绑的赵礼，正准备要把他投进锅里。赵孝大叫一声："住手！别吃我弟弟！"

强盗们看又来了一个孩子，一时愣住了。这时，强盗头子眼珠一转说："你是他哥哥？那正好，我们吃完你弟弟还可以吃你。"赵孝毫不畏惧，朗声说道："你们不能吃我弟弟。"强盗头子问："哦？为什么不能吃啊？"

赵孝跪在强盗面前说道："大王，你有所不知啊！我弟弟从小就有病，身体瘦弱，身上也没有多少肉，他的肉一定不好吃，请你们放了他吧！"

强盗们嚷道："哈哈，放了他？那我们吃什么？"赵礼回答道："只要你们放了我弟弟，我愿意把我的身体给你们吃。你们看，我的身体多好，没有病，而且还很胖，大王，你们就吃我吧。"

听到赵孝这么说，强盗都愣住了。这时，弟弟赵礼挣脱强盗，叫道："不行，你们不要听我哥哥的。是我先被你们抓住的，我如果被你们吃了，那是我命中注定的。我哥哥有什么罪过呢？你们为什么要吃我哥哥！"

赵孝搂住弟弟说："弟弟，别争了，我答应父亲要好好照顾你的。你一定要活下去！"但是弟弟又怎么舍得让相依为命的哥哥代替自己去死呢？就这样，兄弟二人抱成一团痛哭不已。

那些无恶不作的强盗被深深地感动了。他们的良知被兄弟俩的友爱之情唤醒了，有几个强盗淌下了眼泪，甚至强盗头子也被感动了，想起自己在饥荒之中被饿死的弟弟，禁不住泪流满面。最后，强盗头子命令手下给小赵礼松绑，让他们兄弟二人赶快下山。看到赵孝真的救回赵礼，村民们不禁奔走相告，十分高兴。

赵氏兄弟相依为命、匪窝争死的感人故事后来传到了皇宫里，皇帝就下令奖励赵孝和赵礼，并将他们兄弟二人的故事昭告天下，把他们当作兄弟友爱的典范，让全国百姓效仿学习。

诸葛亮独观大略

　　诸葛亮是三国时期蜀汉的丞相，他的故事家喻户晓。我们一般是从刘备"三顾茅庐"开始认识他的。在此之前，诸葛亮有着怎样的童年和少年时代呢？

　　诸葛亮出生于山东省的一个官吏之家。他三岁的时候，母亲章氏就因病去世了，八岁的时候父亲也去世了。之后，他与弟弟诸葛均一起，跟随叔父诸葛玄到江西赴任，没想到叔父的职位被别人取代了。于是他们又去投奔叔叔在湖北的老朋友刘表，辗转千里，最后来到南阳襄阳城。

　　诸葛亮十六岁的时候，叔父诸葛玄也离开了他们兄弟俩。诸葛亮决定不再接受当地官吏的援助，自力更生。于是诸葛亮变卖了叔父留下来的微薄财产，带着弟弟在襄阳城西二十多里的隆中安顿下来，开始耕地种田自力更生的生活，同时读书隐居。

　　虽然环境非常艰难，诸葛亮却一直怀有远大的理想。他把自己比成春秋战国时候的大政治家管仲，但是他并没有得到人们的承认，很多人对他这样的志向不屑一顾。由此可以看出诸葛亮少年时代就胸怀大志，与众不同。

　　定居隆中之后，诸葛亮主动拜入当时的名族庞家，庞家的领袖庞德公德行兼备，诸葛亮对他十分尊敬。庞德公的侄子庞统觉得诸葛亮非常有礼貌，于是允许他借看府内的藏书。诸葛亮看的书涉及儒家、道家、法家、天文、地理、兵法等很多方面。从他读的书，庞德公看

出他不是凡人，于是对他另眼相看，照顾有加。并且称诸葛亮为"卧龙"，意思就是一条蛰伏着等待时机腾云直上的龙。当时的文人志士十分注重品评人物，诸葛亮被庞德公这么德高望重的名士给予这么高的评价，迅速在当地成为名人。

《三国志》中有关于诸葛亮读书方法的记载，说诸葛亮与徐庶、石广元、孟公威一起读书，但读书的风格却不尽相同。徐、石、孟三人"务于精熟"，而诸葛亮"独观大略"。"务于精熟"就是仔细精读，力求理解透彻。"独观大略"是说从总体上把握书本的实质，不被一些小问题所纠缠。正是凭借"独观大略"的读书方法，诸葛亮才能在有限的时间里掌握大量的知识，最终取得了非凡的成就。

少年诸葛亮积累了丰富的知识，了解了天下的大势，使得他可以在刘备三顾茅庐的时候学有所用，写出著名的《隆中对》，纵横捭阖地分析天下大势，让刘备心悦诚服，最终成就了自己一代名相的远大理想。

陆绩怀橘

陆绩是三国时期吴国人，他的父亲是陆康。

陆康善良又孝顺，曾被当地太守李肃推举为孝廉。做官以后，体恤百姓疾苦，办了许多实事，深得当地百姓的敬爱，后来成为庐江太守。李肃不幸客死异乡，陆康知恩报恩，亲自将他的灵柩送回颍川，礼数周备地为他操持了葬礼。

父亲陆康的言传身教，给年幼的陆绩带来深刻的影响。

陆绩小的时候，正是东汉末年。父亲陆康和后来成为三国时期著名将军的袁术交情非常好。有一次，陆康带着年仅六岁的儿子陆绩，到居住在九江的袁术家里做客。袁术高兴地端出一盘橘子热情招待他们。

长辈们谈论军事和政治的时候，陆绩乖乖地坐在一旁剥橘子吃。这橘子又大又甜，陆绩吃着吃着，不由得想起母亲。橘子是母亲最爱吃的水果，可她从来没有吃过这么好吃的橘子。想着想着，陆绩不再吃橘子了，而是趁人不注意，暗暗地把剩下的三个橘子都装进了袖子里。

大人们谈话谈得很投入，谁也没有察觉到陆绩的这个小动作。在告别的时候，小陆绩有礼貌地向袁术拜谢，不料手一作揖，袖子里的三个黄澄澄的橘子便从衣襟里"咚咚咚"掉了出来，滚落在地上。

袁术哈哈大笑，继而故意板起脸来，严肃地说："小陆绩，你来我家做客，竟然偷偷地藏了橘子，你就不怕别人说你是来偷橘子

的吗？"

陆绩听了，既害怕又不好意思，"扑通"一下跪在地上，回答道："袁叔叔，我母亲十分喜欢吃橘子，但我们那个地方很少有这种东西。您家里的橘子特别好吃，所以我想带几只回去给母亲吃。"

袁术听了，感到不可思议，一个六岁幼孩竟有如此孝心。他不禁感叹道："这么小的孩子，就能时时惦记母亲的喜好，并尽力成全，难为他了。依我看，他长大之后必然会有所作为。"

袁术叫仆人拿来满满的一袋橘子，送给陆绩父子。而陆绩怀橘的故事，便从此传开了，成为美谈。

陆绩在长大之后博学多才，通晓天文和算法，做官做到了太守。

真实的感情是难以隐藏的。在一举一动的细微之处，就能看出一个人是否有孝心和爱心。正如小陆绩，吃橘子都不忘母亲，这样的孝心实实在在是出于真心。

而一个人的孝心也并非天生的，而是从小培养起来的，它必然出于良好的家庭教育。陆绩六岁就知道把橘子让给母亲品尝，因为受父亲的影响，小陆绩在幼小的心灵里早已埋下了"孝"的种子。

除了父母以身作则外，经史书籍中古圣先贤的德行故事，也从小就在陆绩心里扎下了根。可见，孩童时候的教育很重要，是关乎人一生成就的基础。必须打好这个基础，才能在长大后有所成就。

曹植七步成诗

南朝时的谢灵运曾经说过这样一句话："普天之下的文采共有一石(dàn)①，曹植一个人就独占了八斗。"而唐代大诗人、"诗仙"李白也曾经把曹植称作"建安之雄才"。可以说，曹植是天生英才，而且他从小就才华出众。

曹植的父亲曹操是东汉末年著名的军事家和政治家，出生于这样一个王侯之家，曹植身份自然十分尊贵。然而他并不因为自己身份特殊而耽于玩乐，相反常常梦想着上阵打仗，为国捐躯。

他的父亲曹操还是一个多才多艺的文学家，十分重视培养儿子们的文学才能，所以曹植十来岁的时候，就诵读过《诗经》《论语》等儒家经典以及汉代的辞赋等。他不仅爱读书，还善于写文章来发表自己的观点。

有一次，曹操检查儿子们的学业，看到儿子的文章写得条理清晰，说理透彻，并且文采飞扬，不禁十分高兴。但是曹操生性多疑，他转念一想，儿子小小年纪就写成这样的好文章，会不会是找自己手下的那些文人们代写的呢？于是将曹植叫到跟前。

曹操严肃地问道："子建（曹植的字），这篇文章写得很好，不过，你是不是请别人替你写的呢？"

被父亲怀疑，曹植并不急于辩解，而是不慌不忙地跪下来，恭恭

---

① 石：古时的容量单位，十斗为一石。

敬敬地说道："父亲，我一开口就可以有论断，一下笔就可以写成文章，而且还可以当面接受测试，又何必要请人代写呢？"

曹操被儿子的自信和坦荡所震撼，从此不再疑虑。

当时，曹操在邺下修建了一个铜雀台。落成当天，他召集了一大批文人雅士"登台为赋"，还把儿子们也都叫来，想趁着这个机会测试一下他们的文才。众人到齐之后，曹操下令众儿子登上铜雀台观看风景，然后每人作赋一首。

曹植的哥哥弟弟们心急地左看看右看看，苦思冥想怎么才能作一首让父亲满意的诗赋。这时，曹植稍作思考，提起笔一挥而就。曹操读罢，赞赏不已，从此十分宠爱他，对他和别的儿子不同，更加寄予厚望。

曹操几次想把曹植立为太子，但是由于曹植生性爽直，做事情常常任性而为，不像他的兄长曹丕那样沉稳，最终，曹丕被立为太子，而曹植因为太过有才气而遭到兄长的嫉恨。

有一天，曹丕和曹植一同坐车出去游玩，看见路边有两头牛在相斗。两头牛都用尽全力互相抵牾，一时胜负难分。但其中一只牛力气比较弱，时间一长，斗不过另一头，渐渐地被逼到井边，竟然掉到井里摔死了。

曹丕计上心来，命令弟弟："子建，你为这头死去的牛作一首诗吧。但是不能提到'牛'字，不能提到'井'和'斗'字，也不能说到'死'字。以马走一百步为限，走完一百步，必须作完一首四十个字的诗，如果作不出来，我就得杀了你。"

曹植知道哥哥不安好心，然而他却别无他法，虽然心里十分气愤，但表面上不露声色。曹丕用力抽了马一鞭，马车加快了速度，奔驰着前行。曹植在车里提笔就写。他下笔如飞地写道："两肉齐道行，头上戴横骨。行至凶土头，峙起相唐突。二敌不俱刚，一肉卧土窟。非是力不如，盛意不得泄。"诗中果然没有出现"牛""井""斗""死"四个字，但是把整件事情交代得十分清楚。

又有一次曹丕限曹植在七步之内吟诗一首，如果能作出来，就可免去一死。曹植思考着，然后慢慢踱步，每走出一步就吟出一句诗，这首短诗是这样的："煮豆持作羹，漉(lù)豉(chǐ)取作汁。萁在釜下燃，豆向釜中泣。本是同根生，相煎何太急。"

这首诗的意思是说：燃烧豆萁(jiē)来煮豆子，因为要把豆子煮熟来做豆豉，煮着煮着豆子渗出了汁水。豆萁在锅下燃烧着，豆子在锅里哭泣着。本来我们是同一根上生长出来的，你为什么要这样紧紧逼迫呢？

这首诗历代相传，人们把它叫作"七步诗"，几乎每个人都会背。人们之所以喜欢这首诗，不仅是对曹植文思敏捷的赞美，也因为这首诗里满含着作者对兄弟相残的愤慨。

虽然我们没有曹植那样的才能，但是在写文章的时候，也要敢于说真话，敢于写出自己的真情实感，这样的作品才能打动读者。同时，如果我们在学习中遇到了比自己有才能的人，也不应该忌妒他打击他，而应该虚心向他学习请教，这样才能不断进步。

曹植虽然最终没有实现他的政治理想，但是在文学上成就十分卓著。他写出了很多著名的诗篇，对后世诗歌影响深远。

骆统急人之难

骆统，字公绪，是三国时期会稽（今浙江绍兴）人，二十岁的时候，就做了义乌的地方官。后来成为吴国有名的将领。他小的时候，就非常愿意为别人着想。

骆统的父亲叫骆俊，骆统小的时候，父亲被袁术杀掉了。八岁那年，母亲打算改嫁华歆，苦苦恳求骆统跟着她去华家。骆统人虽小，却很有志气，他不愿意去华歆家，坚持要回自己的家。当时，他心里对自己说："母亲虽然爱我疼我，然而父亲被杀，我如果再走掉的话，怎么能对得起父亲在天之灵呢？"看他主意已定，母亲实在无法强留，终于同意派人把他送回家乡。

骆统走的那一天，母亲从早上起来便涕泪涟涟，车夫来了之后，她更是泣不成声。可是，骆统却连一滴眼泪都没有掉，面色与平常无异。给母亲叩头拜别之后，他就快步走上了车，再也不看母亲一眼。母亲心中更是难过了，跟在车后叫着他的名字，边叫边哭。

当时，赶车的人实在看不下去了，说："你真是铁石心肠啊！你的母亲这么伤心，你怎么都不回头看一眼，是不是你心里真的怪她改嫁华家呢？"

这个时候，车子已经走出了一段路，骆统才终于哭出声来，他伤心欲绝地说："人只有一个母亲，我怎么会不爱她，想和她在一起呢？我既然不能在母亲跟前尽孝心了，就最好不要增添母亲对我的思念和不舍。与其母子俩抱头痛哭，依依惜别，然后让母亲日夜记挂我，我宁愿她以为我是铁石心肠，从此不再挂念我。所以我不能回头看啊！"赶车的人被骆统深沉的孝心所感动。

回到会稽之后，骆统跟着姐姐一起生活。当时是东汉末年，各地军阀陷入混战，人民生活在水深火热之中，再加上庄稼连年歉收，老百姓常常饿得面黄肌瘦。当时，他家的粮食虽然不是很多，但也够一年半载吃的了。每次吃饭的时候，骆统想起那些没有粮食吃的百姓，就没有了胃口。

姐姐看到他郁郁寡欢、没有胃口的样子，还以为他得了什么病，问他究竟是哪里不舒服。骆统说："姐姐，别人家的孩子都在挨饿受冻，平时吃的是野菜糟糠，我们家吃的却是白白的米饭和青菜、猪肉，我实在是吃不下去啊！"

姐姐听了，十分感动，眼眶泛着泪花说："没想到弟弟你小小年纪，却有着这样的胸怀，你说得太对了，我们不能只顾着自己吃饱穿暖，无视他人的饥寒交迫。可是，你为什么不早点跟姐姐说，却把事情藏在心里折磨自己呢？以后有什么想法，一定要告诉姐姐！"

说完，姐姐便带着骆统，来到他家的粮仓。她拿出一个很大的麻袋，把米仓里的米装了一麻袋，让他拿去分给左邻右舍。骆统的邻居得到他赠送的米之后，纷纷赞叹他的热心。看到邻居家都吃上了白米饭，骆统心情才好起来。

骆统长大之后，文武双全，他善于管理社会治安，管辖之地少有盗贼。在国家屯田保疆的政策发布之后，他又养兵以护卫百姓，他的军队管理严明，连年帮助老百姓得到好收成。当地的老百姓对骆统感激不尽，有的家庭新出生了孩子之后，家长改孩子的姓氏为骆，以示对骆统的尊敬和感谢。

从骆统少年时代的故事里，我们可以发现，他非常愿意为他人着想，急人之所急，这是一种十分可贵的品格。有的人自私自利，唯恐自己得到的好处没有别人多，这样

的人只可能在短时间内迷惑别人，却不能在长时间内得到别人的喜欢和爱戴。所以，要做一个受人尊敬的人，我们就必须要设身处地为他人着想，替他人分忧，而不能只顾一己之私。

曹冲称象

曹冲，东汉末年人，生于建安元年(196)，是曹操最喜爱的儿子。他从小非常聪慧，并且对人十分仁爱友善，比起哥哥弟弟们，他更得父亲的喜爱。曹操曾经多次在大臣面前赞扬他，甚至打算选他为继承人。不幸的是，建安十三年(208)，刚刚十三岁的曹冲就因病夭折了。

曹冲称象

曹冲小时候就机智聪敏，有一次，东吴的皇帝孙权派人给曹操送来了一只大象，曹操的手下和家人都没有见过大象，听到这个消息都非常兴奋，曹操就兴高采烈地带着大家去看。曹冲当然也跟着去了。

远远地大家就看见了那只大象，又高又大不说，腿比大殿里的柱子还要粗，鼻子又粗又长，不时地伸到脊背上挠痒痒。有胆子大的人走近它比高低，头竟然只到它的大腿。年幼的曹冲非常喜欢这头大象，当时正是夏天，天气炎热，曹冲就和人们一起从河里提水，浇在大象身上，替它降温。

曹操觉得东吴似乎在有意炫耀，他想，只有知道了这头大象的实际重量，再回送给他们一个更贵重的礼物，才能赢回面子。于是下令说："在回送东吴礼物之前，我必须要知道这头大象到底有多重，你

们谁能测量出来，我重重有赏！"

大臣和百姓们抓耳挠腮，为了想出测量大象重量的办法绞尽了脑汁。有一个大臣说："我看，只有造一杆比大象更大的的秤来称一下才能得知。"另一个大臣立刻反驳说："照你这样说，这需要造多大的一杆秤啊！再说，大象是活的，谁能把它抬起来放在秤上呢，依我看，只有把它杀了，切成一块一块，这样才能称出来。"

他的话刚说完，所有的人都哈哈大笑起来。大家都觉得这两个人的办法真是愚蠢。有人说道："如果让东吴的人知道我们杀了大象才得知它的重量，岂不是更被他们小看吗？再说，杀了大象，说不准还会惹怒东吴，引起不必要的误会。"

所有人都被难住了。这时，从人群里走出一个小孩，对曹操说："父亲，这没什么难的，孩儿有个办法，可以称大象。"

曹操一看，原来是曹冲，笑着说："冲儿啊，你小小年纪，能有什么办法呢？你倒是说说，让我听听有没有道理。"

曹冲说了他的办法，曹操一听，惊讶不已，连连叫好，吩咐众人都听从曹冲的指令，协助他称象。曹冲礼貌地说："大家跟我来。"把众人引到河边。

不一会儿，河边划过来一艘大船，靠了岸之后，曹冲叫人小心地把大象牵到船上，等船身不再摇晃之后，在船体齐水面的地方，用红漆画了一道醒目的记号。接着，他叫人把象牵回岸上，这时已经有士兵从远处运来很多石头。曹冲命他们一块一块地把石头装上了船，一直装到船沉到刚才刻的那条记号，和水面一样齐时，才叫他们停止。

大臣们看到这里，才明白是怎么回事，不由得连声称赞："真是好办法！石头的重量和大象的重量相等，现在只要把船里的石头都称一下，把重量加起来，就自然知道象有多重了。"众人都为这个办法叫好，小小年纪的曹冲，用这个巧妙的办法称出大象的重量。

智救小吏

曹冲十一岁的时候，有一次，看到管理仓库的小官吏垂头丧气地蹲在仓库外，就问他发生了什么事。原来，曹操的马鞍挂在仓库的时候，被老鼠咬了。这个小仓库管理员认为自己这下死定了，正在打算去曹操面前请罪。

为什么一个马鞍把这个小官吏吓成这样呢？当时常常打仗，曹操的军队纪律严明，有时候部下犯了一点小错误都可能会被砍头。

曹冲本来就为人仁厚，他告诉这个小吏说："你别害怕了，也暂时不要去请罪。三天之后，你再去找我父亲。"

回到家之后，曹冲故意拿刀弄破自己的衣服，让它看起来像是被老鼠咬破的。然后就耷拉着脑袋，哭丧着脸，假装很难过的样子在家里走来走去。

曹操自然看见了，问他发生了什么事情，曹冲就说："我听别人说过，衣服被老鼠咬破，衣服的主人会遇到很不吉利的事情。昨天夜里，我的衣服被老鼠咬了，所以担心。父亲，我不会有什么灾难吧？"

曹操为了宽慰爱子，爽快地说："这些都是胡说八道，老鼠咬破衣服是很常见的，你不必放在心上。"

两天后，曹操听说了马鞍被咬的事，他起先有点生气，但想到曹冲，明白过来原来这是儿子的计策。就笑着说："我儿子的衣服就放在身边都被老鼠咬破了，何况马鞍是挂在仓库的柱子上。好了，以后多多注意吧。"就放走了小吏。

小吏对小小的曹冲又是钦佩，又是感激。其实，这种事并非只有这么一件。当时还有很多犯下罪过的人，按照刑法应该被处死，都因为曹冲的巧妙调解，为他们申辩，最后得到宽大处理。

曹冲得病后，曹操日夜替他担忧，为他祈求平安，盼望他能痊愈，但他还是夭折了。曹冲病故后，曹操痛哭流

涕，十分悲伤。后来的魏文帝曹丕曾经说："假如我的弟弟曹冲在世的话，天下就不会是我的了。"试想一下，曹冲小小年纪便智力超群，尤其可贵的是心存仁厚，对小人物都心怀同情，让人敬佩。

诸葛恪智对刁难

诸葛恪，字元逊，三国时期琅琊（láng yá）阳都（今山东沂南）人。他是我国著名政治家、军事家诸葛亮的侄子。他的父亲是诸葛瑾，字子瑜，在东吴的孙权手下做谋臣。

为父亲解围

诸葛恪从小就以才思敏捷、善于应对而著称。

有一次，孙权问诸葛恪："你觉得你父亲和你叔叔谁更聪明呢？"那个时候，诸葛恪的叔叔诸葛亮为蜀国效力，他的神机妙算令东吴闻之而胆寒，自然是诸葛亮更聪明一点。但是如果诸葛恪实话实说的话，作为东吴的国主，孙权必定会不高兴，再说，也有长他人志气灭自己威风之嫌。诸葛恪思索了一下，很聪明地回答了这个不好回答的问题。

他说："自然是家父更聪明了，家父知道谁更值得效力。"孙权听了，哈哈大笑，向左右的大臣说："这孩子以后的成就将不在他父亲之下。"

有一次，孙权大宴群臣。在宴席上，他不经意看到诸葛瑾的脸长得很长，看着有点不协调。他感到很好笑，吩咐下人牵来了一头驴。正当众人疑惑不解的时候，孙权又让人取来了笔墨纸砚，然后在一张白纸上亲自写了几个字，叫侍卫贴在驴的脸上。

大臣们一看，只见纸上写的是"诸葛子瑜"四个字，"子瑜"是诸葛瑾的字。大家看看诸葛瑾，顿时明白过来孙权是在取笑诸葛瑾的脸像驴脸那么长。大臣们顿时哄堂大笑，有些大臣还笑得前仰后合，以此来迎合孙权。

这时候，诸葛瑾的脸不由得青一阵红一阵。他怒火中烧，但这字条是孙权写的，他不好发作，只有忍气吞声，眼看着自己成了大家的笑柄。

诸葛恪看着父亲窘迫的样子，心中很不是滋味。突然，他计上心来，跪下来说："陛下，请借笔砚一用。"孙权示意侍卫给他笔墨，诸葛恪在众人的注视之下，勇敢地在那张纸上填了"之驴"两个字。

这样一来，驴脸上的字就变成了"诸葛子瑜之驴"。众人见诸葛恪只用两个字就为父亲挽回了颜面，不禁暗暗夸赞诸葛恪机智。再看孙权，他面有愧色地说："既然是诸葛子瑜之驴，那你把它牵走吧。"于是诸葛恪高高兴兴地把驴牵回了家。

席上应答张昭

不久之后，孙权再次大办酒席，请群臣宴饮。诸葛恪是一个小孩子，不能喝酒，孙权就让他给大臣们劝酒。

诸葛恪人虽然小，却十分礼貌周到，他一劝酒，大臣们都非常高兴，自然喝得十分尽兴。然而，劝到张昭的时候却遇到了困难。

张昭是孙权手下的老臣，平时总以长辈自居，喜欢教育别人。他看是一个小孩子来劝酒，心中很不高兴，恶声恶气地说："哼，这是敬养老人的礼节吗？"

孙权见张昭为难诸葛恪，他们二人一个能言善辩，一个聪明机灵，肯定有好戏看，就鼓励诸葛恪说："你要是能把张大人说得心服口服，我就命令他喝下这杯酒。"

诸葛恪略一思索，对张昭说："张大人，周朝的时候，尚父九十岁还拿着武器、举着旌旗在战场上杀敌，也没听他说自己是老人。现在呢，您行军打仗走在士兵后面，宴饮喝酒却先于别人，这还不是敬养老人的礼节吗？"

一席话说得张昭无言以对，只得乖乖地喝掉了诸葛恪敬的酒。众大臣也都对诸葛恪心悦诚服，再不敢为难他。

正是因为聪明机智，诸葛恪受到了孙权的器重。长大之后，他做了吴国的大将军。

说话是很重要的一门艺术，在封建社会更是如此，俗话说"伴君如伴虎"，常常有人因为一句话没有说对而丢掉性命。细看诸葛恪说的话，既能让别人满意，又能坚持自己的立场争取自己的尊严，实在不能不说是善于言辞。我们今天也是一样，说话要有根有据、有礼有节，在坚持自我的同时说服别人。口无遮拦和言辞不当必定会招来是非。

孟宗哭竹

　　三国时期，吴国有个孝子，他姓孟名宗，是江夏这个地方的人。

　　孟宗小时候，父亲去世早，只有母亲和他相依为命。母亲身体不好，病得非常厉害，每天只能躺在床上，身体瘦弱不堪。

　　有一天，母亲说她想要吃鲜笋煮的羹。其实母亲病得有点糊涂了，这时候冬至节将要到了，笋还没有生出来，哪里能找到鲜笋来做羹呢？

　　看着忍受病痛折磨、饿得昏迷的母亲，想到自己满足不了母亲的这个要求，孟宗不禁悲从中来。他跑到屋后的竹林中，双手抱着毛竹，眼泪簌簌地落下来，高声哭了起来。

　　没想到，孟宗悲伤的哭声，竟然能够感动天地。当时就见天地变色，他脚下的地上突然裂开了一道缝，露出几株尖尖的笋。

　　孟宗赶忙拿回家，做了笋羹给母亲吃。吃完了笋羹，母亲的病症居然完全好了，人家都说这是孟宗的至孝感动了上天，于是上天赠给孟宗仙笋，治好了母亲的病。当然，这不过是一个美丽的传说。

　　长大后，孟宗做了监池司马。池监的职责是管理湖泊捕鱼事务，也简称"鱼官"。知道母亲三年都没吃过鱼，孟宗就在闲暇时候自己动手编织渔网，亲自捕鱼，制成腌鱼，让人捎回家孝敬母亲。

　　母亲见了腌鱼，很不高兴，又让人将腌鱼带了回来，并捎信责备孟宗说："宗儿，你是主管渔业的官，领着朝廷的俸禄，这鱼虽说是你亲手捕捞腌制成的，但你身为鱼监，不能不避开瓜田李下之嫌。为官应该清正廉洁，忠君爱民，为社稷、黎庶尽职尽责才是。不要为了为娘毁掉你的清白。"

孟宗看到信后深感愧疚，便把鱼坛沉入池中，以此为戒，之后一直以忠孝两全来要求自己。

孟宗之所以那么孝顺，与他母亲从小对他的教育是分不开的。从孟宗的故事中，我们可以得知，家长应该严格要求孩子，使他们从小养成善良的品质，像孟宗母亲那样即使孟宗是为孝敬自己做了错事，也决不姑息。相反，父母一味地娇惯、溺爱孩子，孩子难免会养成自私自利的坏品质。

王羲之入木三分

出身名门

公元303年，王羲(xī)之出生在当时的一个名门望族——琅琊王氏。王氏家族是东晋时最有代表的文化士族。王羲之的父亲王旷、伯父王导都做过大官。

王氏家族十分重视培养子弟们的文化素养，孩子从小就要学习读书写字，练琴画画。王羲之的第一位老师，是他的叔叔王廙(yì)。王廙被誉为"过江书画第一"，他在书法和绘画两方面都有很高的造诣。

王羲之受到叔叔的熏陶，从小就对书法产生了浓厚的兴趣，七岁就写得一手好字。

"墨池"的故事

王羲之练习书法很刻苦，别的孩子玩耍的时候，他也总是在书房里练字。甚至连吃饭和睡觉的时候，他也在想着当天写过些什么字，哪里写得好哪里写得不好，怎样改进等问题。

稍微长大一点后，王羲之向当时的著名书法家卫夫人学习书法。这时候，他的字已经达到了一定程度，到了需要寻求突破的时候。有一天，他鼓足了勇气问卫夫人："老师，学生的字怎样才能有所突破呢？"

卫夫人看着王羲之焦急的样子，说道："孩子，练字切忌心浮气躁，要气定神闲。东汉有一位名叫张芝的人，每天在自家门前的池塘边看着池水的变化练字，写完字后，就在那池里清洗毛笔和砚。时间长了，他家整个池塘的水都变成了黑色的，他的字也练成了。他写的草书笔势流畅结构灵动，人们都叫他'草圣'。"

听完了张芝的故事，王羲之陷入了沉思。他明白了老师的意思：要练好书法，刻苦是最好的方法。从那以后，他每练完书法，就到门前的池塘里洗笔砚，久而久之，清澈的池塘变成了"墨池"，一时传为美谈。

偷观奇书

王羲之十二岁的时候，有一天，他发现父亲王旷的枕头底下藏了一本叫作《笔论》的书。这是一本关于怎样写字运笔的书，王羲之一看，即被书中的内容吸引住了，他如饥似渴地读了起来，却不巧被父亲发现了。

父亲严肃地说："你怎么能偷看这本书呢？像《笔论》这么高深的书，你现在不能读。"

王羲之请求父亲允许他看这本书，但王旷怕王羲之年龄小，不能保存好传家之宝，就对王羲之说："等你长大成人后，我再传授给你吧。"王羲之看父亲态度坚决，十分着急，诚恳地说："父亲，现在就让我看吧。如果等我长大才可以读，恐怕会白白浪费现在的时间。您放心，我一定保管好这本书，好好利用它，不辜负您的期望。"

王旷看到儿子的决心，十分高兴，于是就把书给了他。不到一个月，王羲之的书法便进步神速。老师卫夫人看见他写的字后，对别人说："最近羲之的书法变得老成稳重，我猜他一定是看了《笔论》才有这样的进步。这孩子在书法上的成就一定会超过我。"

入木三分

若问王羲之除了练书法还有什么爱好，那便是在河边看鹅戏水。他一边看着鹅在河中拨水，一边还想着书法的技法，有一回他灵机一动，竟然从鹅拨水的动作中领悟出一套书法运笔的原理。不久，王羲之就用鹅拨水的动作来锻炼手腕的力量，据说从那以后他的书法技艺有了很大提升。

一次，有慕名者请他在一块木板上题字，王羲之一挥而就，众人看过都赞不绝口。为了更好地保留王羲之的墨宝，请他题字的那家人又找工匠在王羲之题写贺辞的木板上雕刻。工匠拿着木板小心地雕刻着，忽然惊讶地发现，王羲之的墨迹竟然渗入木头很深。于是人们便赞叹王羲之的书法力道遒劲，说他的字"入木三分"。后来，"入木三分"这个成语多用来形容分析问题深刻。

后来，王羲之经过几十年的刻苦练习，达到了书法艺术的高峰，成为中国最杰出的书法家，被人们誉为"书圣"。他的代表作有《兰亭集序》《快雪时晴帖》等，被后世书法家不断追捧、仿效，却一直未能被超越。这与他从小就勤奋好学，不断思考密不可分。从湖边赏鹅中都能悟出书法技巧，他能有这么大的成就也就不足为怪了。

车胤囊萤苦读

车胤(yìn)，字武子，晋代著名学者。《三字经》中"如囊萤，如映雪，家虽贫，学不辍"一句中，就提到了他囊萤苦读的故事。

车胤从小就聪明好学，他充分利用白天的时间去学习，小伙伴们找他玩儿，他都不肯去，生怕耽误学习时间。

但是每到晚上，车胤就十分苦恼。这是为什么呢？因为在车胤生活的时代，人们都使用油灯照明，油灯是要燃灯油的。它的光就好像蜡烛一样，不是很亮。不像我们现在这样，有明亮的电灯，即使天黑了，也可以像白天一样正常学习。

最主要的是灯油的价钱很贵，车胤的父亲虽然是个小官，但是只能勉强养家糊口。所以，对于车胤的家庭来说，根本没有多余的钱给他买灯油。每次他看书晚了，母亲都会劝说他明天再看，这样就可以减少家里的开支。虽然他很想读书，但是他知道家里的难处，懂事的车胤也就不再反驳了。但是，他打定主意一定要自己想办法解决这个问题。

一个夏天的晚上，车胤没法看书，正在那里默背白天学过的文章。突然听到邻居小朋友们在外面大呼："好美啊，好美啊……"车胤心想：这么晚了会有什么好看的呢？于是他好奇地走出屋去看个究竟。

来到院子外，他惊呆了，只见不远处的野地里小朋友们追着一群群的萤火虫，跑来跑去。成群的萤火虫在黑夜里好像一个个小星星，一闪一闪的，车胤不禁感叹萤火虫的美丽。

这时，只见有的小伙伴们开始捕捉萤火虫了。他们把抓到的萤火

虫放进各自的口袋里，用手掐住袋口。随着萤火虫数量的增多，萤火虫的光透过布料还清晰可见，闪闪的，活像一盏灯。看到这一幕，车胤灵机一动，心想：如果我有一盏这样的灯，那不是每天晚上都可以看书了吗？

他兴奋地跑回家里，和母亲要了一块白色的薄布，做成了一个布袋。又飞快地跑回野地里，捉了些萤火虫放进布袋里。果然，白色的布袋开始闪闪发光，他高兴地跳了起来，欢呼道："我有灯了，我有灯了……"

小伙伴们都很奇怪，就问车胤怎么回事。他指着布袋高兴地和小朋友们说："以后我晚上就有灯看书了。"

看着车胤高兴的样子，有的小伙伴就提议说："以后我们每天都给车胤捉些萤火虫吧，好让他安心读书！"大家知道车胤酷爱看书，就一起帮助他。

车胤十分感动，他激动地说："太感谢大家了，作为回报，我以后每天都给大家讲一个从书上读到的故事吧。"

从此以后，很多个夏天，车胤都用萤火虫做成小灯，扎紧袋口，吊起来看书。正是有了这种苦读精神，他日后实现了自己的梦想，成为了一个学识渊博的人。

后人在他的故里修建了囊萤台，唐朝杨弘贞、杨番、蒋防都著有《萤光照学赋》，其中详细地介绍了车胤囊萤苦读的故事，希望以此来纪念他这种不畏艰苦、创造环境、刻苦学习的精神。

车胤在条件艰苦的条件下，自己想办法读书，最后成为一个饱学之士。这则故事警示我们，困境并不可怕，只要有刻苦学习的精神，我们一定能想出办法来战胜困难的。因此，我们应该像车胤一样，善于利用逆境，把它作为磨炼意志、考验自己的一个机会。然后珍惜时间，克服困难，刻苦学习，不断丰富自己，这样我们就会在逆境中更好地成长。

王献之练字

　　王献之，字子敬，东晋琅琊(láng yá)临沂（今山东临沂）人，是王羲之的第七个儿子。

　　王献之小的时候，就以超然洒脱而闻名。有一次，他和哥哥王徽之、王操之一起去拜访谢安。两个哥哥和谢安说了很多生活琐事，他只是寒暄几句。他们走了之后，有人问谢安王家兄弟三人谁更优秀一些，谢安说："最小的那个。"那人十分不解，谢安解释道："贤德的人言辞少，浮躁的人言辞多。"

　　还有一次，王家失火了，他的哥哥们乱作一团，有的连鞋都没穿就跑了出去。而王献之则镇定自若地被仆人扶着走出来。

　　有一天半夜，王献之正在睡觉，发现家里进来了一个小偷。小偷快把东西偷光了，他才慢条斯理地说："梁上君子，你把那条青毡留下吧，那可是我家祖传之宝。"小偷吓得赶紧逃走了。

　　王献之对这些事情都超然洒脱，不甚在意，唯有对书法之事十分上心。小的时候，家里常常来人向父亲索要字画，得到一幅便欢天喜地，他当时就对父亲充满了崇敬之情，立志有一天要像父亲那样，做一个大书法家，于是他就常常缠着父亲教他写字。

　　七八岁的时候，王献之写起字来便有模有样了。一次，他正在写字，父亲猛然从后面拔他的毛笔，竟然丝毫没有拔动，这说明他写字时全神贯注，因而握笔很紧。父亲感叹道："这孩子在书法方面肯定能取得成就。"从此着力培养他。

王献之在父亲的严格教导下，学了七年的楷书。他很想练习行书和草书，但害怕父亲不同意。于是，他用尽七年所学，写了一幅楷书，让父亲检验。心里暗暗地想，如果通过了，他就可以练别的字体了。

王羲之看了一眼儿子的字后，说道：“这些字里面，只有‘大’字还算不错，但也有点不足之处，就是下面太宽了。”说着，他拿起毛笔，在“大”字底下点了一点，把他变成了“太”字。

王献之越想越不服气，噘着嘴生闷气的时候，母亲走了进来。看到他手里拿着一张纸在那里发呆，母亲明白过来，肯定是王羲之又批评儿子了。她接过儿子手里的字，仔细看过之后，安慰儿子说：“不要不高兴了，你爹平时就是那样，要求过于严格。依我看，这‘太’字写得很好啊，尤其是底下的那一点，能赶上你父亲的水平了。”

王献之听了，不禁对父亲的判断心服口服了，原来父亲不是严厉，而是实事求是啊！他跑到父亲的书房，向父亲请教写字到底有什么诀窍。王羲之略微思考之后，把儿子带到后院，在那里储存着十八个大缸，是王羲之平日用来研墨洗笔的水。他对儿子说：“从此之后，我就把这十八个大缸传给你了。要说写字的秘诀，其实就在这十八缸水里面。你用完这些水，自然就会懂了。”

此后，王献之就用缸里的水研墨写字，日复一日，缸里的水越用越少，终于，一年之后，他完了那些水。王羲之这才教给他行书和草书的写法。有了楷书的坚实基础，王献之练习别的字体也能举一反三，触类旁通，所以进步神速。

王献之长成之后，博采众家之长，并且敢于突破桎梏，勇敢创新。他写的字飞舞风流，不亚于他父亲的字。后人把他们父子合称为“二王”。

古往今来，一个成就卓著的父亲，很难生出大有作为的儿子。因为儿子总会被父亲的光芒所掩盖，或者干脆以此为借口，失去拼搏向上的志向，而王献之依然刻苦习字，实在是难能可贵。从王献之练字的故事中，我们可以看出，无论一个人的出身有多么高贵，父母有多大成就，都不是他应当依附的。要有所成就，必须依靠自己，去努力学习，突破藩篱，发挥潜能，这样才可能做到青出于蓝而胜于蓝。

宗悫乘风破浪

宗悫(què)，字元干，是东晋末期到南北朝初期南阳涅阳（今河南邓州）人。

宗悫的叔叔宗炳是一个很有学问的人，而且为人十分清高，不愿意去做官，就在家里潜心做学问，教育子弟们读书。宗悫从小就跟着叔叔读书。

在教宗悫读书的过程中，宗炳发现，宗悫对于自己所推崇的儒家经典并不是十分喜爱，相反常常抱着一些法家和兵家的书爱不释手，他非常不满。有一次，他问宗悫："你长大之后想干什么呢？"

宗悫想了想，朗声说道："愿乘长风，破万里浪。"宗炳听了之后很不高兴，他以为宗悫的志向是做官，因而语带讽刺地对宗悫说："你以后如果不能大富大贵，就是败坏我们家族了。"

宗悫看叔叔误会了他，于是解释道："叔叔，侄子并非贪图荣华富贵，只是想做一名带兵打仗的将军，舍身沙场，为国立功！"

当时的人都认为熟读经典，然后谋取功名才是正道，没想到侄子竟然有着这样豪迈的志向，宗炳惊诧不已，思索再三，对宗悫说："你小小年纪，却志在国家的安定，十分了不起。然而，做一名武将不是那么简单的事情，你一定要好好努力啊！"

得到了叔叔的肯定和支持，宗悫十分高兴。从此之后，除了读书习字之外，宗悫每天都要练习武术和射箭。听过东晋著名的北伐将领祖逖闻鸡起舞的故事之后，宗悫就以祖逖为榜样，每天早晨鸡刚打鸣就起床练习舞剑。每天晚上别人都睡下了，他还趁着月光练习武艺。

亲友和邻居不明白宗悫为什么这么苦练武功，把他当成了不务正业、顽皮好斗的孩子。宗悫也不计较别人的闲言闲语，只管自己勤奋练习。几年之后，他终于练就了一身好功夫。

宗悫十四岁的时候，哥哥宗泌结婚了，娶亲的那天，新娘子的嫁妆足足装了三辆大车，宾客们提着贺礼络绎不绝地登门祝贺，场面十分隆重热闹。没想到，他家被盗贼盯上了。当天夜里，宾客散去，大家都睡下的时候，盗贼手里拿着刀枪棍棒等凶器，突然翻墙进入。

他们抓住了一个下人，逼问他存放嫁妆和贺礼的房间在哪里。这个下人鼓起勇气大喊一声"有贼"，就被那些凶狠的强盗们打晕了。家里人听到喊声，从睡梦之中醒过来，一时之间惊慌失措，不知如何是好。

就在这时，只见宗悫提着一把明晃晃的大刀，毫不畏惧地夺门而出，一个箭步冲到强盗面前，大声叫道："住手！"

强盗看来者只是一个小孩子，根本没把他放在眼里，叫嚣着继续向房屋走去。宗悫反身一挡，摆开架势，用尽全力和强盗们拼杀开来。十来个强盗竟然敌不过一个宗悫，一会儿工夫就逃得不见人影了。

宗悫以一当十、勇斗歹徒的故事传开之后，亲友四邻都为以前对他的误会心怀愧疚，从此认定宗悫是一个文武双全、前途无量的小勇士。

宗悫长大后，得到了征北将军刘义恭的赏识，跟着刘义恭从军作战。在多次平定叛乱的战斗中，他都能机智地制定战略，勇猛地攻破敌军。孝武帝即位之后，宗悫历任左卫将军、豫州刺史等职。在他出征之前，皇帝专门下车鼓励安抚，为他壮行。他死后被朝廷加封为"征西将军"。

宗悫从小就能看到国家分裂的现实，而立志平息战乱为

国效力，这样远大的志向，实在是难能可贵。宗悫用它的实际行动完成了他"乘风破浪"的伟大理想，得以青史留名。读了宗悫的故事，我们应该培养自己爱国家、为国家的光辉理想，不做只为自己着想的狭隘之人。同时，我们也要看到，理想的实现，必然依赖于勤学苦练，否则，理想就只能流于空想。

吉翂击鼓救父

南北朝的时候，南朝梁有一个少年名叫吉翂(fēn)，他是冯（píng）翊（yì）郡莲勺县（今陕西渭南）人。

吉翂十一岁那年，母亲就被病魔夺去了生命。吉翂悲痛万分，很多天都不吃不喝的，人瘦了一大圈。父亲看他太过悲伤，流着眼泪说："翂儿，你母亲丢下我们父子二人去了，但我们活着的人还是得好好活着啊！"吉翂这才振作起来，从此，父子二人相依为命。

天监年间（502—520），吉翂十五岁。他的父亲在做吴兴原乡县令的时候，被奸臣诬陷，说是犯了贪污罪，将要被押送到当时的京城建康（今南京）接受审问。

吉翂知道父亲为官清廉，从不贪污受贿，一定是被冤枉的。看到父亲将要被带走，吉翂又着急又难过。他追到路口，大声喊冤，求押解的官员为父亲申冤，在场的人无不感动落泪。但是按照司法程序，父亲还是被带走了。

吉翂小小年纪，却很有主意。他向亲戚邻居借来了路费盘缠，也向建康赶去。没想到一到建康，就听到了一个惊天噩耗，父亲已经被判了死刑。

吉翂擦干眼泪，来到皇宫，用力敲响登闻鼓①，向皇上请求代替父亲受刑。

---

① 登闻鼓：古时统治者在朝堂之外悬鼓，供臣民击鼓申冤。

梁武帝听闻一个少年竟然敢敲响登闻鼓，暗中怀疑他是受人指使，就让廷尉卿蔡法度严加盘查，一定要问清楚是何人指使的。

蔡法度让人把吉翂带到公堂之上，拿来了各种刑具摆在他面前，然后厉声审问道："你一个小孩子，竟然胆敢惊动皇上，还说什么代父受刑，难道真的不怕死吗？快点从实招来，是谁指使你这么做的？"

吉翂毫不害怕，义正词严地回答道："大人，我虽然年纪小，但也知道死的可怕。我要代父受刑，只是不忍心见父亲被奸人陷害。我是完全自愿的，并没有谁指使我。"

蔡法度看威逼不成，又开始利诱："我看你小小年纪就丢掉性命实在可惜啊。你还是招供吧，如果你父亲真的是被冤枉的，我们会放了他的。"

吉翂说："你信也罢，不信也罢，这的确都是我自己的主意。希望大人将我下狱，放了我的父亲。"

蔡法度见吉翂软硬不吃，只得将他也抓起来，将审案的经过如实报告给梁武帝。梁武帝感叹道："这孩子真是难得的孝子啊！"于是下令重新调查吉翂父亲的案子。几天之后，官府认定吉父无罪，释放了父子二人。

吉翂和父亲还没有回到家乡，吉翂击鼓鸣冤愿代父受刑的事就在当地传开，恰好被丹阳的县官王志听到了。王志和吉翂的父亲以前曾经一起为官。他被吉翂的孝行和勇气感动，想要把他当作"孝廉"荐举给朝廷。

王志来到吉翂家里，说明来意，没想到吉翂根本没有当孝廉的打算。王志诚恳地劝道："吉翂啊，你小小年纪，如果当了孝廉，以后肯定会前途无量啊！"

吉翂拒绝说："王大人，谢谢您的好意，不过，如果您真以为我会高高兴兴地当这个孝廉，您就是小看了我吉翂。父亲被小人诬陷，做儿子的尽力去营救父亲，这是理所应当的事情。倘若我答应了这个推举，那就是拿父亲的危难买我自己的名誉。我并不是为了谋取名利而这样做的，如果接受了您的好意，那才是奇耻大辱。"

王志细细一想：吉翂在敲响登闻鼓的时候，恐怕早就把自己的性命抛到了九霄云外，哪里还会在乎名誉呢？唉，我竟然不如一个小孩子光明磊落啊！于是把荐举的事作罢。

后来，由于吉翂德才兼备，十七岁的时候，皇上就下令让他做了州里的主簿和万年县的县令。

李密牛角挂书

　　隋朝有个少年叫李密，他被安排在隋炀帝的宫中当侍卫，因为年纪小，又生性活泼，对宫中事物很好奇，所以值班时总是左顾右盼的。隋炀帝看见他东张西望，觉得他一定不是稳妥老实的人，就找个理由免了他的职。

　　李密觉得非常懊悔，立志发奋读书，将来一定要成就一番大事业。他回到家之后，不再像以前那样贪玩了，每天勤学苦读。一开始，他确实有些坐不住，看了一会儿书就犯困，要不然就被窗外的虫鸣鸟叫吸引。为了克服困难，他就站着读书，专心致志地阅读，周围发生任何有趣事也一眼不看，渐渐地就养成了走到哪里都要带一本书的习惯。

　　有一次，他外出求学，因为没有马，他就骑着家里的老黄牛出发了。李密为了抓紧时间学习，就带上了昨晚没看完的一卷《汉书》。他把书挂在牛角上，一边走一边看。

　　正巧，越国公杨素从旁边经过，看见这个少年骑着牛在路上慢慢地走，牛角上还挂着书，觉得非常有趣，就停了下来，问："这是哪位书生啊，这么刻苦用功？"

　　李密看得入神，竟没发现身后有人，听到问话才停住。他回头一看，是一位神采奕奕的先生，李密恭敬地回答："我叫李密。"

　　"你在看什么书?"杨素问。

　　李密回答说："我看的是《汉书》中的《项羽传》。"

　　杨素就问他为何喜欢看《项羽传》，李密说自己非常仰慕项羽，希望能像他一样成就大事业。杨素觉得李密很有抱负，和他聊了好长时间。

　　回到家，杨素对自己的儿子杨玄感说："我今天在街上遇到个叫李密的孩子，他既有学问，又有才能，而且胸怀大志，比你们兄弟几个强多了。以后你们有什么要紧的事情，可以去找他商量。"杨玄感是隋朝的贵族将领，隋炀帝第二次征讨高句丽时，他想趁机起兵，李密为他献了策略。

　　后来，隋朝末年天下大乱，李密成为农民起义队伍瓦岗军的首领，称"魏公"。他率领军队多次打败隋朝的军队，威震天下，而李密牛角挂书勤奋苦读的故事也被后人广为传诵。

孙思邈分药

孙思邈(miǎo)，是我国唐朝著名的医学家和药学家，被后人称为"药王"，很多人奉他为"医神"。

孙思邈自幼聪明过人，读书也很用功，每日能背诵一千多字的诗歌或文章。他读的书非常广泛，诸子百家的著作，历史类书籍，还有佛学方面的书他都喜欢读。西魏的大将军独孤信称赞孙思邈是"圣童"。

可是，孙思邈小时候身体不好，经常生病。有一年，爆发了一场全国范围的大瘟疫，孙思邈年纪小，抵抗力差，也不幸感染了瘟疫。他高烧不退，吃不下饭，每天卧床不起，眼见着人就这么消瘦下去。母亲非常担心，请了很多看病的先生来家里给孙思邈看病，每位先生都开了不少汤药。为了给他看病，家里几乎花掉了所有的钱，本就不富裕的日子更加艰难了。

虽然喝了很多汤药，孙思邈的病情却不见好转，这场瘟疫已经夺走太多人的性命了。母亲伤心不已，每日在孙思邈的病床前哭泣。

就在母亲绝望之时，一个云游四方的看病先生敲开了他们家的门，交给孙思邈母亲一个纸包，告诉她这是最后一包药，用小火煎好趁热服用，或许还能救孩子一命。母亲接了药，还在疑惑中，孙思邈从床上勉强爬起来，给这个先生磕了个头，感谢他的救命之恩。母亲也连忙道谢，先生挥了挥手就离开了。

先生走后，母亲马上开始生火煎药，她用扇子不停地扇着炉火，眼睛一刻也没离开过药罐这可是儿子救命的汤药啊！母亲就这样在炉火旁看了一个时辰，药终于煎好了。

母亲把乌黑的汤药倒进碗里，双手捧着这碗救命的药，她把全部的希望都寄托在这碗药上了。正在这时，隔壁的大婶哭着跑了进来，哽咽着说："我家孩子怕是不行了，大嫂，我可怎么办啊！"

孙思邈听到这话，艰难地睁开眼，说："大婶，你别着急，我这儿刚好有一碗汤药，你拿回去给孩子喝吧，或许能救他一命。"

大婶看到孙母手中的汤药，说："这怎么行啊，这也是你救命的药啊！"

"我没事，我还能撑很久，你快拿去救人吧！"孙思邈说。

母亲见状，擦着眼泪，把汤药送到大婶手中，说："你快拿去吧！再晚怕是救不回来了。"

大婶接过汤药，心里也很难过，她犹豫了一下，拿起桌子上的一个空碗，把汤药倒进去一半。然后拿着半碗汤药，感激地走了。

正是这一碗汤药，救回了两个孩子的命。这件事给年幼的孙思邈留下了深刻的印象，他想，如果天底下有更多的好医生，不是能救回更多人的性命吗？一场瘟疫就夺走了这么多生命，所以一定要好好学习医术，将来可以医治更多的人。

从此，孙思邈勤学苦读，还到民间搜集药方。晚年，他隐居到五台山专心写医书，直到头发花白也没有停止。

　　孙思邈一生著有八十多种医学著作，其中《千金要方》和《千金翼方》最为著名，被后人称为我国最早的两部临床医学的百科全书，对我国医学的发展产生了深远的影响。孙思邈也因为医术高超、医德高尚，成为人们爱戴的"药王"。

玄奘早慧入佛门

玄奘，俗姓陈，名祎(huī)，是唐代著名的僧人，中国佛教史上最伟大的翻译家之一，唯识宗的创始人之一。陈祎少年早慧，立志皈依佛门，弘扬佛法。他历经艰难抵达天竺，求取佛经，并记旅行见闻，撰写了《大唐西域记》，此书为研究中国西北地区、印度以及中亚等地古代历史地理提供了重要资料。明代吴承恩小说《西游记》中的唐僧就是以他为原型的，而这位现实中的唐僧比神话中的本领要大得多。

效"曾子避席"

陈祎少年时聪明早慧，在他八岁那年，父亲给他和几个哥哥讲《孝经》"开宗明义章"中"曾子避席"的故事。父亲说："古时候没有椅子，他们吃饭念书都是席地而坐的。有一次，孔子给弟子们讲课，他问了一个问题让曾参来回答：'先王有大德使天下和顺，百姓和睦，上下没有怨恨，你知道是怎么做到的吗？'曾参赶忙站起身，毕恭毕敬地回答：'我曾参不聪明，怎么会知道呢？'"之后父亲又解释说："古人都席地而坐，避席就是站起身的意思。按照古代的礼仪，老师问问题，弟子应该离开坐席起身回答，这表明对老师的尊重。"

听完父亲的解释，陈祎突然从椅子上站了起来，整理好自己的衣服，站在一旁听讲。父亲和几个哥哥都很诧异，陈祎就解释说："曾参在接受老师的教导时能够离开坐席，虚心恭敬地听讲，我现在正在接受父亲的教导，怎么可以安然坐在椅子上呢？"父亲听了之后很感慨："陈祎如此聪明早慧，真是孺子可教啊！"

父亲把陈祎效仿"曾子避席"的事告诉了族人和邻里，他们都夸奖陈祎聪明懂事，将来一定能有所成就。从此之后，父亲更加悉心培养陈祎，不仅教给他古代文化知识，还讲了很多先贤孝敬父母、忠君报国、勤奋好学的故事，这些都对陈祎的成长产生了重要影响。

立雪背经

在父亲的教导下，陈祎勤学苦读，有不懂的问题都向父亲请教。可是，在他十岁那年，父亲就不幸去世了，家里的生活也陷入了困境。聪慧的陈祎并没有放弃学业，而是渐渐地养成了自学的好习惯，而此时的他也对佛经产生了浓厚的兴趣。

陈祎的二哥陈素十六岁时就到洛阳净土寺当了和尚，法名"长捷"。陈祎常常借去净土寺找哥哥，在门外偷偷听僧人诵经。他还把哥哥带回来的经书反复阅读。其中《涅槃经》和《摄大乘论》两部，他用一个本子把其中的经文逐字逐句地抄录下来，然后不断背诵、思考。

陈祎想和僧人一样诵经，又怕打扰家人休息，他就把读经、背经的地方选在了"师训亭"。这里本来是老师教导、训诫学生的地方，现在却成了陈祎最好的诵经场所。

冬天，漫天的雪片就像被风吹起的柳絮，洁白轻盈，铺天盖地。陈祎为了让自己的头脑更清醒，就站在"师训亭"外的一块空地上背诵经文。他时而拿着经书大声朗读，时而蹲在地上用小木棒在雪地里写字。母亲见他读书如此刻苦，非常心疼，就给他送来斗篷，劝他回家休息。陈祎却说："站在雪地里读书可以驱散困意，使我头脑更清醒，而且这也是对我毅力的磨炼。"后来，人们发现，陈祎站过的地

方竟然留下了两个深深的脚印。

皈依佛门

陈祎经常到净土寺去找哥哥，有时会在寺里住上几天。他很喜欢寺院的氛围和生活，每日还可以和哥哥一起研读佛经。

有一次，陈祎来到大雄宝殿，跪在佛祖造像面前许愿说："佛祖，弟子一心向佛，希望能够皈依佛门。"站在一旁的哥哥听到了，就问他："弟弟，你真是这样想的吗？愿意一生与古卷青灯为伴？"陈祎看着哥哥，坚定地点点头。哥哥说："你年纪还小，不能出家，我明天一早去请求方丈，让你在寺里做个童行如何？"陈祎高兴地答应了。

所谓"童行"，就是指在寺庙里做杂活的人，没有得到官方认可，算不上真正的僧人。虽然如此，但是童行的身份使陈祎有了更多接触佛学的机会，为日后皈依佛门打下了基础。

在陈祎十三岁时，隋炀帝下令度僧二十七人。度就是渡的意思，是举行仪式渡俗人离开生死苦海，出家为僧。陈祎因为年龄不够，所以没能入选，但"度僧"当天，他还是去观看了。仪式结束后，陈祎不无沮丧地走在路上，刚好碰到了主持此事的大理寺卿郑善果。因为陈祎在净土寺是小有名气的才子，郑善果认出了他，就问他为何沮丧，陈祎就把自己想要出家为僧的心愿说了出来。郑善果就问："你出家是为了什么呢？"陈祎认真地说："继承如来的业绩，光大佛法。"一个十三岁的少年竟然有如此远大的志向，令郑善果钦佩不已，便破格录取了他，从此，陈祎皈依佛门。

他先后向佛学名家慧休、道深、道岳、法常、僧辩、玄会等人学习，对佛学有了更深的认识和理解，他发现国内各个佛教学派众说纷纭，难有定论，于是决心到佛教的发源地天竺①去求取真经。虽然这

---

① 天竺：古印度的别称。

一想法没有获得唐太宗的批准，但陈祎仍然坚持不懈，历尽千辛万苦到达天竺，学得佛学真谛，成为一位伟大的僧人和佛学家。

　　鲁迅先生曾经说过："我们自古以来，就有埋头苦干的人，有拼命硬干的人，有为民请命的人，有舍身求法的人……虽是等于为帝王将相作家谱的所谓'正史'，也往往掩盖不住他们的光耀，这就是中国的脊梁。"玄奘少年立志，后来历尽千辛万苦去天竺求取真经，他正堪比那"舍身求法"的民族脊梁。

骆宾王七岁咏鹅

　　唐高祖武德二年(619)，也就是唐代建国的第二年，在义乌一个风景秀美的小村庄里，诞生了后来被誉为"初唐四杰"之一的骆宾王。他年少聪慧，五六岁时已经能背诵很多诗文了。我们熟悉的那首《咏鹅》的诗歌，就是他在七岁时创作的。

　　这一天，骆宾王家里来了客人，全家人都在忙着接待，可是骆宾王一大早就和伙伴们出去玩儿了，到了该吃午饭的时候还没回来，母亲就叫人去找他。

　　过了好一会儿，骆宾王兴高采烈地跑回家，滔滔不绝地向母亲讲述他今天发现的池塘。说那里有成排成排的柳树，柳枝长长地垂到水面上，池水如何绿得可爱，又有很多水鸟在湖面上嬉戏。他讲得高兴，连家里来了客人都没发现。母亲赶忙打断他，叫他向客人问好。

　　这几位客人，是骆宾王父亲的朋友，他们早就听说骆宾王聪明过人，就想考考他。一个客人说："听说你年纪虽小，已经会写诗了，就以刚才你看到的'鹅'为题，作诗一首如何？"

　　骆宾王回想着刚才在池塘看到的画面：绿得像翡翠一般的湖水，羽毛洁白的鹅，用鲜红的脚掌拨弄得湖上涟漪一片，还不时地伸长脖子朝天空中鸣叫几声。骆宾王仰起头，高声朗诵道："鹅、鹅、鹅，曲项向天歌。白毛浮绿水，红掌拨清波。"

　　客人们都很惊讶，没想到一个七岁的儿童能有如此才华，都说听了这首小诗，仿佛看见一群白鹅在眼前游过，它们还在池塘中鸣叫、嬉戏。虽然开头一句并不对仗，但是这首诗创造的意境很美，是难得的好诗。就这样，骆宾王七岁咏鹅的故事就流传开了，而那首《咏鹅》也成为每个小朋友都会背诵的儿歌。

骆宾王后来不断钻研，创作了更多优秀的诗篇，在当时名气很大。他与杨炯、王勃和卢照邻并称为"初唐四杰"，他也是"四杰"中创作诗歌最多的人。他们一改初唐注重形式美的诗歌风格，在诗歌中加入了更多现实内涵和丰富的情感，使诗歌更为真实感人，为后人留下宝贵的精神财富。

王勃作《滕王阁序》

　　王勃是我国唐朝初年著名的诗人，与杨炯、卢照邻、骆宾王并称为"初唐四杰"。王勃的一生极为短暂，二十九岁就去世了，但他少年时期便表现出过人才华，让后人赞叹不已，也因他的英年早逝感到惋惜。

九岁指瑕《汉书注》

　　王家有兄弟三人，王勔(miǎn)、王劢和王勃，其中王勃年龄最小，兄弟三人都勤奋好学，很有才华，都能写得一手好文章。王勃六岁时，已经能写出结构完整的文章了，而且文采飞扬，字里行间有一股豪迈之气。父亲看过之后很满意，称赞道："你们三兄弟真是我们王家三棵宝树啊！"

　　长到九岁的时候，王勃已经阅读了大量的史书、经书和诗文集。一天下午，王勃在书桌前阅读《汉书注》，这是唐初大学问家颜师古对《汉书》进行注解的一本书，是一本比较难的学术性著作。这么深奥的书并不适合儿童阅读，但王勃聪明博学，虽然年纪小，却已经能读得明白了。

　　只见他伏在桌上认真阅读，还拿出一个小本子，把自己的感想记下来。看到自己觉得有问题的地方，他就停下来，到书房去查资料，然后抱着一大摞书放到书桌上。为了证明自己的想法，他一页页地翻看着那些厚厚的古书，丝毫不怕辛苦。等到晚上，他就拿着小本子和哥哥、爸爸一起探讨，向他们请教自己不懂的问题。就这样，经过一个月的努力，王勃把自己的小本子整理成了一本书，名字叫《汉书注指瑕》。

有一天，父亲王福畤的朋友来家里做客，王家三兄弟都很有礼貌地陪着客人聊天。其中一位客人说："听说你有个儿子写了一本《汉书注指瑕》，不知是哪一位啊？"

父亲就介绍说："是我的小儿子王勃写的。"说着，拿出这本书请两位客人指教。

他们看了之后，对王勃称赞不已："小小年纪竟有如此才华，能指正大学问家颜师古的错误，将来一定会有出息，真是个小神童啊！"

巧作《檄英王鸡》

沛王李贤听说王勃很有才，就把他召到自己的府中，给了他一个沛府修撰的职务。其实，这只不过是一个闲职，大部分时间，王勃都是陪着沛王玩耍。

当时社会上很流行斗鸡、斗蟋蟀的娱乐活动，沛王也很爱玩儿。有一次，沛王邀请了英王来府上斗鸡，他们二人把平日里养得霸气十足的大公鸡抱了出来，在院子里摆开擂台，准备斗鸡。

在斗鸡开始之前，沛王李贤提议说："为了给咱们这次比赛助兴，各府出一个人，即兴创作一篇加油鼓劲的文章，大家说好不好？"众人齐声说好，沛王就派府上的才子王勃来写。

只见王勃沉思片刻，一气呵成了一篇骈体文《檄英王鸡》。此文大赞沛王的斗鸡"昂首而来，绝胜鹤立；鼓翅以往，亦类鹏抟"，夸它昂首阔步、威风凛凛的样子，既像仙鹤立在了鸡群中，又像大鹏鸟将要展翅飞翔。而形容英王的斗鸡则是"岂必命付庖厨，不啻魂飞汤火"，"倘违鸡塞之令，立正鸡坊之刑"，说它毫无战斗力，应当被送到厨房或市场，供人吃肉罢了。

沛王获得了这次斗鸡比赛的胜利，又得到王勃咏诗夸赞，高兴极了。可是，这件事被唐高宗李治知道了。他看了文章后，很生气地说："两位王爷斗鸡，身为编修的王勃，不仅不劝他们不要玩物丧志，还写出这样的檄文加油助威，这样的人真是留不得！"就这样，王勃被赶出了沛王府。

其实，王勃只是做了诸王斗争的替罪羊，但他的文采和才气却是被人们认可的。

传说王勃年少时要作诗的时候，先是躺在床上蒙头大睡，过了一会儿猛然醒来，像是得到了灵感，提笔飞快写下诗篇，而且往往又都是杰作。他的怪异举止让人称奇，也有人猜测他是装睡觉，实际上在起床写诗之前，已经在被窝里把腹稿打好了。

千古绝唱《滕王阁序》

王勃十四岁那年，他的父亲在外地做官，有一次，他去探望父亲，路过南昌的时候，当地一个姓阎的都督刚刚将滕王阁修葺一新，正在举行宴会庆祝。他听说王勃是个有才的少年，就邀请他参加。

宴会上，都督说："感谢各位今天的到来，滕王阁现在已经装修一新了，不如请在座的有才之士写一篇序文，也算是对这件事的表彰吧！"

其实，阎都督早就安排自己的女婿写了一篇序文，想借这次宴会让他表现表现。都督就命人拿着纸笔让在座的文人写，让了一圈，大家都推辞说自己文采不好。等让到王勃的时候，他却爽快地答应了。

都督心里很不愉快，就说自己要更衣，气呼呼地到里屋去了。王勃沉思片刻，就挥笔写了起来，只见他开头写道："豫章故郡，洪都新府。"下人马上把这一句报告给都督，都督不屑地说："也没什么了不起嘛，还不是老生常谈。"

过了一会儿，仆人又来汇报："王勃又写了：'台隍枕夷夏之交，宾主尽东南之美。'"这一句既写出了南昌城的地理位置，又巧用《诗经》中的典故称赞在座的各位都是各地的英雄才俊。阎都督听了，默不作声，心里暗暗称奇。

就这样，仆人把王勃所写的词句一一报告给都督听，当说到"落霞与孤鹜齐飞，秋水共长天一色"这一句时，他终于按捺不住了，从屋里走出来，称赞道："真是佳句啊！凭你的才气，将来一定能名垂千古！"

《滕王阁序》是骈文中难以超越的经典，展现了王勃非凡的才气。其中，"落霞与孤鹜齐飞，秋水共长天一色"一句对仗工整，文辞华美，也成为难得的佳句。

少年王勃凭借过人的才华成为文坛的一颗新星，在"初唐四杰"中占有重要位置，他改变了六朝以来一味华丽的风格，创作了更多清新而有内涵的作品，为我们留下了可贵的精神财富。

韦嗣立自捶护兄

唐朝的时候有一个叫韦嗣立的人，他有一个异母的哥哥叫韦承庆。韦嗣立小时候就懂得要友爱兄长，虽然他们不是一个母亲所生，但他处处为哥哥着想，兄弟二人的感情很好。

韦嗣立的母亲不喜欢韦承庆，总是找理由鞭打他。有一次，母亲又在鞭打韦承庆了。韦嗣立看到了，连忙扑到哥哥身上，用自己的身体护着哥哥。母亲一把拉开他，继续鞭打承庆。

韦嗣立就脱下自己的衣服，抱着哥哥，说："母亲，你别打哥哥了，我愿意替哥哥受罚。"母亲不理他，仍旧鞭打承庆。

韦嗣立叫来一个仆人，说："你来鞭打我吧，既然不能代替哥哥，我就陪哥哥一起挨打。母亲打哥哥多少下，你就打我多少下。"仆人哪里敢打，只是拿着鞭子不敢吭声。韦嗣立就把鞭子夺过来，自己鞭打起自己来。

母亲见韦嗣立小小年纪，对异母的哥哥这样亲近爱护，被感动了，从此再也不鞭打韦承庆了。

当时的人对韦嗣立友爱兄长的故事称赞不已，夸他和晋代的王览一样。王览也有一个同父异母的哥哥王祥，母亲每次打王祥时他都护着哥哥，后来王祥在社会上很有名望，母亲想用毒酒害死他，王览知道了，就来抢酒喝，母亲急忙把酒打翻，从此母亲感悟了。人们认为韦嗣立和王览一样，都是友爱兄长的典范。

后来，韦嗣立做了莱芜这个地方的官，由于他幼年时就有这样友爱兄长的品行，深得武则天的信任，就让他代替死去的哥哥做了高官。

　　兄弟友爱，是中华民族的传统美德。韦嗣立小小年纪，愿意代替哥哥受罚，受罚不成，就自己鞭打自己来陪伴哥哥。他的确是敬爱兄长的好榜样，优秀的好少年。

李白梦笔生花

我国唐代的大诗人李白，小时候是一个贪玩调皮的孩子，不喜欢学习，上课时趁老师不注意就偷偷溜出去。

在李白的故乡有一座山，因为特别像大象的耳朵，所以人们称其为"象耳山"。山上有一个小学校，父亲就让李白在那里读书，希望他在安静的环境下好好学习文化知识。

可是，有一天，老师正在认真地讲课。李白手托着下巴，听着窗外的小鸟唱歌，老师讲了些什么，他完全不在意。这时，教室里飞进来一只蝴蝶，李白被蝴蝶吸引住了，看着它落在桌子上，又贴在墙壁上，然后飞出了窗外，李白的目光也跟着蝴蝶飞到外面去了。他趁老师不注意，一个箭步蹿出了教室，跑到外面玩儿去了。

李白沿着山路往下走，走着走着，他来到一条小溪旁，看见一个老奶奶在大石头上磨着一样东西。

他很好奇，蹦蹦跳跳地凑过去，只见老奶奶拿着一个小铁棒在磨啊磨，他不解地问："老奶奶，这是什么东西啊？"

老奶奶磨得很专心，竟然没发现身边的李白，听他这么一问，她抬起头看看李白，笑着说："这是铁杵啊，是用来舂米的。"

"既然是舂米的铁棒，那你为什么要在石头上磨它呢？"李白更加好奇了。

老奶奶又笑了笑，说："我要把它磨成一根绣花针，用它来缝补衣服。"

这回李白也笑了，说："这么粗的铁棒，怎么可能磨成一根针呢？您一定是在逗我玩儿呢！"

老奶奶认真地说："只要我肯下功夫，一个月不成就磨一年，一年不成就磨十年，总有一天我会把它磨成一根绣花针的。古时候有个叫愚公的人，他就是靠自己的努力把山夷为平地的。我怎么可以因为有困难就退缩了呢？"说完，老奶奶又认真地磨了起来。

老奶奶的坚持与毅力感动了李白，他想，一个老奶奶都能不怕困难，这样执着地完成自己要做的事，我怎么能这样整天玩玩闹闹不好好学习呢？

"谢谢您，老奶奶！"李白一边说，一边掉头往山上跑，悄悄地回到自己的书桌前，拿起书，和同学们一起认真地朗读了起来。

从此之后，李白每天都刻苦认真地学习，再也没有逃过课。每当遇到困难的时候，他都会想起那个要把铁杵磨成针的老奶奶。

李白就这样每天勤学苦读，一天晚上，他梦见自己在桌子前认真地写字，忽然感觉自己的笔特别的沉重。他抬头一看，在他的毛笔上，竟然出现了一大朵洁白的莲花，像玉石一样美，还在闪闪发光。李白很高兴，拿起笔在纸上写了起来，顿时，纸上出现了无数朵含苞待放的莲花。李白把莲花捧在怀里，一口气跑到附近的池塘，把它们轻轻地放在了池塘里。刹那间，莲花铺满了整个池塘，一朵一朵全都绽放了，在微风中还轻柔地摆动着。李白见莲花开得可爱，伸手去摘，忽然惊醒了，发现这原来是一场梦。后来，这个故事就演绎为成语"梦笔生花"。人们用它形容一个人才情横溢，文思敏捷。这个故事也从侧面反映了李白勤奋刻苦的精神，正所谓"日有所思，夜有所梦"。

从此之后，李白思维更加敏锐，读书更加刻苦，最终成为一个举世闻名的大诗人，为人们留下很多感人的诗篇。

也许有人会觉得，把铁杵磨成针是多么愚蠢的做法，买

一个绣花针不就可以了吗？其实，重要的是培养一个人不畏惧困难的勇气和持之以恒的毅力。铁杵磨成针的故事告诉我们，做任何事情都不应该害怕困难，只要你肯努力，一定会取得成功。

王维智擒偷瓜贼

王维是我国唐代著名的诗人、画家，他也精通佛学和音乐，是一个多才多艺的文人，他的诗与孟浩然齐名，被人合称为"王孟"。少年王维聪明机警、勇敢过人，曾帮助邻居智擒偷瓜贼。

邻家有一位特别善于种植瓜果的老人，他种的西瓜尤其好，又大又红，香甜爽口。王维小时候乖巧可爱，他常到种瓜的老爷爷家玩儿，老爷爷没有子女，对王维也是格外好。

这一年夏天，西瓜又丰收了，老爷爷留下了最大最好的西瓜给王维，其余的打算第二天拿到集市上去卖。这天夜里隐约听见地里有"沙沙"的响声，他以为是田鼠在作怪，就没理会。第二天天刚亮，他起床一看，地里的西瓜少了一半，空留下很多瓜蒂，西瓜地被人踩得乱七八糟。

老爷爷瘫坐在地里，难过极了。王维见状赶忙安慰他说："爷爷您别难过，这贼偷了西瓜一定会拿到集市上去卖的，我陪你去集市把他抓出来！"

就这样，王维陪着老爷爷来到了集市上，他们看到几个卖西瓜的摊位，其中有一个卖西瓜的小贩不是当地人，那人正在高声叫卖呢！老爷爷一眼就认出了那是自己的瓜，他气得冲上去抓那小贩，高声喊："快抓贼啊！偷西瓜的贼！"人们听到喊声都围了过来。那小贩死活不承认，气势汹汹地反问："你凭什么说是你的瓜啊？"老爷爷说："我自己种的瓜，我会不知道！"小贩大声喊："没证据就别瞎说，小心我到衙门告你打人!"两个人就这样扭打起来,互不相让。

见情况不妙,王维心想,得赶紧想出个办法。忽然,他灵机一动,转身就往回跑。他一口气跑回西瓜地里,捧着一把散落在地上的瓜蒂回来了。他挤进人群里,一边喘着粗气,一边说:"爷爷,我有办法证明西瓜是你的了。这是我从你地里拿的瓜蒂,如果这瓜是你的,那尾部一定能和这瓜蒂连上。"

小贩见势不妙,就恶狠狠地瞪着王维说:"哪里来的小孩,你要是敢胡说,我饶不了你!"王维并没有被小贩吓住,拍拍胸脯说:"我不会冤枉你,我就是来主持正义的!"说着,他就拿瓜蒂一一比对西瓜底部,这几根瓜蒂全都找到了吻合的西瓜。

在事实面前,偷瓜贼无话可说了,县官命他把西瓜全部还给老爷爷,并且打了四十大板作为惩罚。王维也因为机智勇敢的行为,受到当地百姓的称赞,他智擒偷瓜贼的故事也被人们传为佳话。

王维小小年纪遇事沉着冷静,在得知老爷爷丢瓜之后,能第一时间想到偷瓜贼的去向;在与偷瓜贼争执不休时,他能想到搜集证据证明西瓜的主人。面对偷瓜贼的威胁恐吓,王维勇敢地站出来讲明真相、主持正义。他的智慧与勇气令人佩服。

颜真卿学习书法秘诀

颜真卿是我国唐代著名的书法家，出生在当时的首都长安，在他三岁那一年，父亲就去世了，是母亲和舅父把他抚养长大的。

小的时候，颜真卿家里很穷，只能满足基本的穿衣吃饭，母亲没有闲钱给他买些小玩具、小文具之类的东西。可是，颜真卿又非常热爱学习，每日早起晚睡地读书，同时对书法产生了浓厚的兴趣。母亲既高兴又有些为难，高兴的是自己的孩子这样勤奋好学，又为买不起笔墨纸砚而难过。年幼的颜真卿非常懂事，他知道母亲的难处，没有吵闹着向母亲要文具，而是自己想办法。他找来一个小桶，灌了半桶水，然后挖了些黄土放进去，搅拌均匀之后就是半桶黄土水了。他又拿了一支别人不用了的毛笔，蘸着这自制的"墨水"，在院子里的矮墙上练字。颜真卿的书法基础，就是用这些简陋的文具打下的。

为了在书法技巧上有更大的进步，颜真卿就向当时著名的书法家褚遂良学习，得到了他的指导。后来，他又拜在张旭的门下继续学习书法。张旭是唐代著名的书法家，各种字体都很熟练，尤其擅长草书。张旭性情豪放、饮酒无度，人人都叫他"张疯子"。唐文宗曾称李白的诗歌、裴旻的剑舞和张旭的草书为"三绝"。

在得到张旭的指导之前，颜真卿的书法学习可以说是处于一个艰苦的探索阶段，所以，他很希望得到大师张旭的指点，想要尽快学到大师的书法秘诀，能在书法学习中摸清门路，形成自己的风格。

可是，出乎颜真卿意料的是，在拜师之后不久，张旭并没有传授

他什么书学诀窍，而是拿出了一些名家的字帖给他读，简单地讲了讲字帖的特点，留给颜真卿的任务也就是临摹这些名家字帖。除了临摹字帖，老师张旭经常带着他到各地爬山看景、游水踏春，还常常去看戏、去赶集。回来之后，还是让颜真卿继续临摹名家字帖，要不然就是看他自己挥毫走笔，对于书学的秘诀还是只字未提。

就这样，几个月的时间过去了，颜真卿仍旧没有得到老师的书法秘诀，他有些失落又有些着急。终于有一天，他决定要主动向老师求教书法秘诀。

颜真卿壮了壮胆子说："老师，学生有一事相求，请老师传授我书法的秘诀。"一边说着，一边因紧张和激动涨红了脸。

张旭看了看他，平静地回答道："书法的学习，一要'工学'，也就是要勤学苦练；二要讲究'领悟'，要从自然万物之中受到启发。这些道理，我不是告诉过你很多次了吗？"

颜真卿听了老师的回答，以为这是老师不愿传授秘诀才这样推脱的，于是又向前走了一步，施了施礼，再次恳求老师："老师，您刚才说的'工学'与'领悟'，这道理学生都明白了，现在我最需要学习的是您行笔落墨时的诀窍，希望老师能指教。"

张旭仍旧耐心地教导颜真卿说："我是因为看见了挑担子的人在拥挤的集市中争路而考察到笔法之意，看见了公孙大娘舞剑器的高超技艺而获得了落笔的神韵。书法的学习，除了刻苦练习、用心观察和在生活中领悟外，也就没有什么诀窍了。"颜真卿低下了头，反复思考着老师刚才的一席话。

之后，张旭又给他讲了晋代大书法家王羲之教儿子王献之学习书法的故事，正是因为练尽了十八缸水，王献之的书法才突飞猛进，最后与他的父亲并称"二王"。最后，张旭一改刚才和缓的语气，严肃认真地说："如果说学习书法有诀窍的话，那这个诀窍就是勤学苦练。你要记住，不下苦功夫的人，是不会取得任何成就的。"

张旭的教导让颜真卿深受启发，在以后的日子里他更是勤奋刻苦，对待名家字帖的态度也更端正了。认真临摹之余，他还到各地旅行，从自然山水中获得灵感，最终悟出了书学真谛。他一改初唐书法风格，创作了笔力雄健的"颜体"字，成为一代书法大师，为后人留下宝贵的财富。

　　书法学习的秘诀是"工学"和"领悟"，其实这也是做人的道理。就像张旭说的那样，不下苦功夫的人，是不会取得任何成就的。所以，我们要做一个勤奋好学的人，既要认真学习，又要反复练习。当然，也不要忽视了"领悟"的重要性，我们要到大自然中去、到生活实践中去体会人生的道理。只有做到了"工学"和"领悟"，我们才会像颜真卿那样，成为一个有成就的人，一个对社会有贡献的人。

杜甫七岁咏凤凰

公元712年的一天，在河南府巩县（今河南省巩义市）瑶湾诞生了我国最伟大的现实主义诗人，他就是杜甫。杜甫一生忧国忧民，具有高尚的人格，他诗艺精湛，在我国古典诗歌中的影响非常深远，后人尊称他为"诗圣"，称他的诗为"诗史"。

七岁咏凤凰

杜甫小时候经常生病，不是一个很健康的儿童。由于母亲早早过世，他被寄养在洛阳的姑母家。姑母待他很好，不仅悉心照顾他的身体，还教他读书认字。杜甫读书很用功，也善于思考，经常问问题。

公元717年，这一年杜甫六岁，他跟随家人来到郾城居住，在这里，他观赏到了当时有名的舞蹈家公孙大娘的舞姿。她的舞蹈充满活力，只见她手拿宝剑上下翻飞，杜甫看得目不转睛。父亲称赞她的舞姿像凤凰飞舞，杜甫就问："父亲，什么是凤凰啊？"父亲回答说："凤凰是中国古代的一种神鸟，象征着吉祥安康。它是百鸟之王，它只居住在梧桐树上，是品格高洁的鸟。"从此，凤凰的美好形象就在杜甫心中深深扎根了。

杜甫七岁那年的一天，他在父亲的指导下阅读诗歌。父亲告诉他，诗歌是中国古代文化的精华，好的诗歌是可以表达自己的思想感情的，有感而发的作品最能打动人。晚饭过后，杜甫拿着一首自己写的诗歌来请教父亲，说上次看了公孙大娘的舞蹈，很有感触，这段时间又跟父亲学了写作诗歌的方法，就写了这首小诗作为练笔。

这是一首歌咏凤凰的诗歌，不仅构思巧妙、文采华美，而且杜甫还通过赞美凤凰表达了自己的志向，要像凤凰一样具有高尚的品格。父亲看过之后很惊讶，自己的儿子小小年纪能写出这样壮美的诗歌，而且第一次写诗就以"凤凰"为题，可见他高洁的志向和品格，这是难能可贵的。从此，父亲更加悉心教导杜甫，希望他能实现自己的理想和抱负，成为一个对国家和百姓有用的人。

杜甫七岁咏凤凰的故事很快成为当地美谈。

出入翰墨场

长到十四五岁的时候，杜甫在洛阳已经小有名气了，他经常出入达官贵人的府邸(dǐ)，与他们谈诗论文。

在唐代，洛阳被称为东都，是仅次于首都长安的第二大政治、经济和文化中心，很多大人物在洛阳都有府邸。比如当时的名士崔尚、魏启心，岐王李范，唐玄宗的宠臣崔涤等。杜甫经常出入他们的宅子。

有一次，杜甫到岐王的府上参加宴会，很多名士大官也都在场。会上有人提议大家作诗助兴，于是，人们纷纷研墨写了起来。杜甫也毫不客气，一会儿工夫就写好了。其他人写的都是一首或长或短的诗歌，只有杜甫与众不同，他写的是一篇古赋，洋洋洒洒上千字。

岐王看过之后频频点头，崔尚称赞说："这个少年真了不起，这么短的时间能创作出一篇古赋，而且感情饱满、文采华美，真是难得！"魏启心也夸他："我看他真是班固、扬雄①再生啊！"班固和扬雄都是汉代有名的文学家，扬雄更是以赋著称，魏启心这是夸杜甫赋写得好，可以与大师比肩。在座的各位也对这个非凡少年称赞不已。

---

① 扬雄：也作杨雄，西汉文学家、哲学家。

　　杜甫年少成名，七岁便作歌咏凤凰诗篇，以自己的智慧和才华得到人们的认可。在年龄稍长之后，杜甫就到全国各地去游历，从山水和人文中感悟。后来，他经历了唐代由盛转衰的安史之乱，晚年漂泊西南，一生心系祖国和人民，创作了一千四百多首感人至深的诗歌，为人类留下宝贵的精神财富。

陆羽弃佛从文

　　唐朝有一个叫陆羽的人，他一生对茶充满热爱，精通茶道，用毕生的心血撰著《茶经》一书，被后人称为"茶仙""茶圣""茶神"。

　　陆羽刚出生就被父母抛弃了，是复州竟陵（今湖北省天门市）龙盖寺的智积禅师从芦苇丛里把他抱回来的，发现他时，正有一群大雁用翅膀保护着他。后来，这个小男孩一天天长大，禅师就通过卜卦来给他取名字。他让小男孩摇动卦筒，一支签子抖落在地，刚好抽到的是"渐"卦："鸿渐于陆"，有"大雁渐渐降落在大地上"的意思。禅师就给他取姓为陆，名为羽，字鸿渐。这与当初发现他时的场景不谋而合。

　　寺庙里的生活平淡枯燥，每天不是打扫寺庙卫生，就是诵经念佛，这对一个七八岁的小孩子来说确实很乏味，陆羽总想离开这里，到外面的世界去闯一闯。他多次和师父提起这件事，可是都被拒绝了。

　　这一天，陆羽又央求师父准许他下山。师父没有回答他，只是让他倒一杯茶过来。陆羽赶忙到桌上抓了个杯子，放了一把茶叶在里面，然后拎起水壶倒了满满一杯水，拿到师父面前。师父喝了一口，摇摇头说："这杯茶水温太冷，茶叶太嫩，水倒得又太满，完全没有茶味。你就好像这茶一样，还没修炼到时候，等你把这茶冲好了，咱们再提下山的事吧。"

　　陆羽很沮丧，就在茶园里转悠，琢磨着如何才能把茶冲好。这

时，一个很和蔼的老婆婆走了过来，问他为何这么难过。陆羽就把自己如何想离开佛寺去山下闯荡，师父又如何让他学习冲茶的事一五一十地告诉了老婆婆。老人笑了笑，说："冲茶其实很简单，就让我来教你吧。"就这样，陆羽开始跟老婆婆学习冲茶的技术。

第一天，老婆婆先给他讲了很多有关茶叶的知识。老人告诉他，茶叶如果按季节分类，可以分为春茶、夏茶、秋茶和冬茶；按发酵程度分，又可以分为白茶、黄茶、绿茶、乌龙茶、红茶和黑茶。每种茶叶都有固定的采摘方法、冲泡方法和饮用方法，如果方法不对，那么冲泡出来的茶叶也会寡然无味的。

之后，老人就教他加工茶叶。她让陆羽架起一个大铁锅，等铁锅烧热了，老婆婆就把茶叶都倒了进去，然后用手不停地翻动，一边翻一边教陆羽："茶叶不是刚摘下来就能冲水喝的，必须经过翻炒、发酵，这样茶叶才能有香味。"陆羽一面点头，一面伸手也想试一试，他的手刚伸到锅里就烫得缩了回来。他和老婆婆都笑了。老婆婆就告诉他，做事不能急于求成，要一点一点地学习，做人和加工茶叶的道理都是一样的。

在学会了加工茶叶之后，老婆婆又教陆羽如何冲茶。老婆婆让他把茶壶茶杯都清洗干净，然后开始烧热水。等水烧得滚沸了，就开始教他冲茶。只见老婆婆在杯里放了一点茶叶，不多不少，大约有一杯底那么多。然后，她把热水倒进杯子里，水顺着杯子边缘缓缓流入，让茶叶在沸水里旋转起来，真是非常好看。

学会了所有茶叶方面的知识和技术之后，陆羽就叩谢了老婆婆，既感谢她教会了自己冲泡茶叶，又谢谢她教导自己做人的道理。然后，陆羽又去请求师父让他下山。智积禅师仍旧用冲茶来考验他。这一回，陆羽显得老练多了，他开始生火烧水，水没烧开的时候他就清洗茶具，挑选上好的茶叶，等这些准备工作做好了，水也烧开了，陆羽就用老婆婆教他的方法冲茶，让茶叶在杯子里旋转并且更充分地受热。

就这样，陆羽成功地冲泡了一杯苦丁茶，当他把热气腾腾、请香怡人的苦丁茶端到禅师手中时，禅师满意地点点头，说："这杯茶冲得很好，不知道这茶中的道理你明白了没有？"

陆羽说："师父是想让我明白，做任何事都要考虑充分，每一个步骤都做到最好。清洗茶具教会我要注重细节，而且不要急于求成，等待水烧开的过程就是在培养我的耐心。泡好一杯茶，是对一个人各种良好性格的磨砺。"

智积禅师满意地说："看来你已经懂得很多做人的道理了，你这杯茶火候、味道都很好，你可以下山去看看外面的世界了。"

陆羽高兴地告别了智积禅师，离开了龙盖寺。在山下读书学习之余，他继续钻研茶道，走遍了祖国的名山大川去考察各地的茶叶，研究各种茶叶的采摘、冲泡和饮茶技术。他翻遍所有古籍，又通过自己的实践，最终创作了《茶经》。这本书一问世就风行天下，被当时的人们传诵和收藏，陆羽也因此成为一位优秀的茶叶专家，为我国和世界的茶业发展做出了杰出的贡献。

陆羽通过勤奋刻苦钻研，终于掌握了茶叶各方面的知识和冲泡技术，使自己在这个领域出类拔萃，取得成功。他后来著有《茶经》一书，并因此被后人尊为"茶神"。我们要像陆羽那样，执着追求自己的理想，并且通过勤奋刻苦来实现。

裴度归还宝带

唐代后期，有一个宰相叫裴度，他少年时生活很穷困，常常吃不饱饭，人长得也很瘦小。

有一天，他走在街上，看见一个寺庙里站了很多人，他挤进去一看，原来是一行禅师在给人看相。一行是唐代有名的佛学家。裴度也想让他给自己看看，可是这么多人围着，他又不好意思开口。

等众人都离开了之后，他才走上去，还没等他开口，一行禅师先说话了："你这个人相貌很特别，看相的书中并没有记载你这样的面相是好是坏。不过，我看你目光愁苦，脸上的纹理是竖着的，而且都连到嘴角处了，似乎有饥饿而死的征兆啊！"

裴度听了忙问："我最近是经常忍饥挨饿，不过，也不至于饿死吧。那您再看看，我还有考取功名的可能吗？"

一行禅师摇了摇头，说："怕是今生也没有这样的福气了。"

裴度有些沮丧，就问："我可以做点什么改变我的命运呢？"

"多做善事，断了恶念，别的也没有什么了。"一行回答说。

裴度从寺院出来，心情很低落，觉得自己是一个不祥的人，但除了修身养性，也没有什么别的可做了。回到家中，裴度仍旧每日认真读书，日子一天天过去了，他就渐渐淡忘了这件事。

一个月之后的一天，裴度独自到洛阳的香山寺游玩。一路上树木茂密，鸟语花香，风景非常优美。裴度径直来到大雄宝殿之内，看见殿中有一个女子在佛前跪拜，拜完就匆匆离开了。

裴度也进去拜了拜，刚要离开，他看见栏杆上挂着一个碎花的包袱，包袱绑得不紧，有些松开了。裴度想，这一定是哪个香客的，于是就把包袱打开重新绑了绑。他发现包袱里是非常贵重的物品，有一个玉腰带和两个镶嵌着犀牛角的腰带，三条腰带沉甸甸的，做工很精细，一看就知道是宝物。裴度心想，这么贵重的宝带，谁要是丢了一定很着急，我就在这儿等着失主回来吧。

于是，他就在原地等失主，等了一个下午也没见有人回来，他就在寺院里住下了，第二天一早又回到大雄宝殿接着等。

这时，一个妇女带着个小女孩急匆匆地进来了，四处张望，像是在寻找东西。裴度认出她就是昨天在殿中跪拜的女子，于是走上前，问她是不是在找什么东西。

妇女哭着说："我父亲是洛阳的韩太守，因为被冤枉，现在关在大牢里。这三条宝带是亲戚借给我拿去当铺换钱的，我正等着用这钱疏通说情，救父亲性命呢！可昨天拜完佛，匆匆进城把宝带忘在了寺院，等想起来时城门已经关了。这不，今天刚一开城门我就赶过来了，可是宝带还是没有了。看来，我是救不了父亲了。"说着，哭得更伤心了。

裴度连忙拿出昨天拾到的包袱，问："你看，是这个吗？"

妇人见到包袱非常高兴，打开一看，三条宝带完好无损。妇人感激不已，想拿一条玉带送给裴度作为答谢。裴度哪里肯收，和妇人告别后就回家了。

在回家途中，裴度又碰见了一行禅师。一行禅师惊奇地说："我看你的面相和之前大不相同了，眼神沉稳坚定，嘴角的细纹也发生了变化，已经没有了饿死之兆，反而有当大官的可能啊！"

裴度以为禅师在和他开玩笑，说："才一个月的工夫，大师怎么和之前说的截然相反啊！我听大师说的似乎不是一个人呢！"

一行禅师反问道："这段时间你是不是做了一件大好事啊？"

裴度就把在香山寺归还宝带的事说了一遍。

一行禅师笑着说："这就是了，之前你的面相显示你有饿死的征

兆，可是，你心存善念，做了好事，积累了更多的福气，面相也发生了改变。你眼神不像之前那样愁苦了，而是坚定有神采，从眼神可以看出你的善良高尚。心地善良，自然就会带来好运，命运也就改变了呀！"

此后，裴度做事更加心存善念，很快考取了进士，为官一直做到丞相，还被封为晋国公，为百姓做了很多好事。

　　从佛学的角度来说，裴度是种了善因，所以得了善果。其实，人的命运是把握在自己手中的，不是由面相决定的。只要心存善念，多做好事，你的人生自然就充实了，面色自然就沉稳坚定了。在拾到了稀世珍宝之后，裴度毫不动心，还能替他人担心着急，他的这种良好的品德，是成功的基本条件。

韩愈逆境苦读

　　韩愈是我国唐代著名的诗人，他出生在一个读书世家，高祖、曾祖、祖父都做过朝官或地方官。父亲韩仲卿博学多才，在当地小有名气；哥哥也写得一手好文章，在长安做官时很受人尊敬。可是，在韩愈三岁那年，父亲就不幸去世了，是哥哥和嫂子抚养他长大的。等他长到十岁的时候，哥哥又不幸被贬官到广州一带。那时候，广州是远离政治中心的地区，被认为是蛮荒之地，被贬到那里的人，最后大部分都客死他乡了。年幼的韩愈跟随哥嫂一路颠簸前往广州。

　　他们沿途经过很多城市，既饱览了祖国的名山大川，又领略了各地的风土人情。虽然贬谪他乡的旅途很辛苦，但一路上自然之美与人文之美却在滋养着韩愈的心灵。在途中，哥哥常给他讲古代文人如何在逆境中奋斗的故事，讲左丘明在双目失明的情况下著有《左传》，讲屈原被流放他乡时创作《离骚》，讲司马迁在受到宫刑后顽强写下《史记》，等等。这些故事既安慰了同处逆境中的韩愈，又激发了他勤奋进取、重振家业的雄心。

　　到达广州不久，哥哥就不幸过世了，孤儿寡妇无人照顾，嫂嫂只有带着韩愈千里迢迢返回河阳。

　　在经历了种种磨难与不幸之后，韩愈更加坚强独立，读书也更加勤奋刻苦。他每日天不亮就起床，晚上一直读书到深夜，很快就读完了经书和史书，也熟读了诸子百家的著作。等他长到十四岁时，嫂嫂就鼓励他到洛阳去求学。洛阳是当时的文化中心，那里有更多的文

人，有更好的学习氛围。于是，韩愈就离家前往洛阳求学去了。

到达洛阳之后，他就租了一间茅屋，开始了清苦的读书生活。他从不穿绸缎的衣服，只穿最便宜的布衣。每天只吃两顿饭，剩余时间都用来学习。他早上早早起床进行晨读，晚上点一支小蜡烛继续苦读，常常阅读到深夜。在寒冷的冬季，韩愈为了省钱买书，既舍不得买棉衣，也舍不得生火取暖，就披着薄棉被在书桌前刻苦读书。有时冷得墨水都结冰了，他就用嘴呵气使冰融化，然后蘸着半冰半水的墨汁写字。手冻得僵硬了，他就停下来搓一搓，然后再继续写。

在这样艰苦的条件下，韩愈口中从不停止吟诵经书，笔下从不停止抄写诸子之言。在对前人作品进行学习和深入研究之后，他认为骈体文形式死板，对人的思想和才情是一种束缚，而先秦、两汉有很多散文却是难得的佳作。后来，韩愈发起古文运动，提倡古文，反对骈文，开辟了唐代以来古文的发展道路，为我国古代文体发展做出了杰出的贡献。

宋代大文人苏轼称韩愈"文起八代之衰"，说他的文章胜过"东汉、魏、晋、宋、齐、梁、陈、隋"这前八个朝代的文章，有着划时代的意义。明代人更是推举他为"唐宋八大家"之首。他与柳宗元并称"韩柳"，有"文章巨公"和"百代文宗"的美名。韩愈之所以能取得这样的成就，与他少年时期在逆境中刻苦读书有着重要关系。

白居易咏草

　　唐代中期著名的大诗人白居易小时候就聪慧过人，读书十分刻苦，练字常常把手磨出了茧子，十几岁时就能写出优秀的诗歌了。

　　白居易出生才六七个月时，他的奶娘抱着他在书架前玩儿。奶娘用手指着一个"无"字，告诉他："这个字念'无'。"又指着一个"之"字，说："这个念'之'。"后来，家里人常常抱着他来书架这里，问他哪一个是"无"，哪一个是"之"，他都挥舞着小手准确无误地指认出来。家人非常高兴，认为白居易长大后一定会有出息。

　　在白居易五六岁的时候，他就在母亲的教导下开始学习写诗歌。白居易的母亲是一个很有文化修养的妇女，这一点在那个年代是很难得的。母亲每天早起晚睡，教白居易和他的弟弟白行简认字、读书，把儒家经典的著作和历史书籍，一字一句地讲给他们听。母亲讲解得既认真又有耐心，从来没因为他们学不好就呵斥打骂他们。白居易到了九岁，就已经对写作诗歌的技巧和声韵非常熟悉了。在母亲的教育和启蒙下，白居易打下了良好的文化基础。

　　白居易少年时期正赶上唐朝战乱不断，他十五岁就跟着家人来到江南避难。在这期间，他写了一首诗歌《江南送北客因凭寄徐州兄弟书》："故园望断欲何如？楚水吴山万里余。今日因君访兄弟，数行乡泪一封书。"同一年，又写了《江楼望归》："满眼云水色，月明楼上人。旅愁春入越，乡梦夜归秦。道路通荒服，田园隔虏尘。悠悠沧海畔，十载避黄巾。"两首诗歌都是表达自己对故乡的思念。年仅十五

岁的他，已经能游刃有余地使用诗歌来表达自己的情感了。

贞元三年（787），白居易来到长安，准备参加考试，那一年他十六岁。在唐朝，如果能得到大文人的赏识，在考试前就已经很有名气的话，就会更顺利地通过考试。为了在考试前就成名，很多文人都会拿自己的诗歌给当时有名望、有地位的人看，这种风气叫作"行卷"。白居易来到长安之后，也准备先行卷。

他把自己这几年写的诗歌整理成一本书，想把它拿给著作郎顾况看，希望得到他的赏识。

这一天，白居易起了个大早，他拿着自己的诗歌集来找顾况。敲开了顾况的家门之后，家里的仆人把白居易请到客厅等候。来找顾况行卷的人很多，他们大部分没有什么才华，顾况也就草草接待他们了事。

过了一会儿，顾况从里屋走了出来，见来的是一个少年，并没有特别上心，以为他和大部分来行卷的人一样，所以打算随便应付他一下就是了。顾况接过白居易的诗稿，看到封面上写着"白居易"三个醒目的大字，开玩笑说："米价方贵，居亦不易。"顾况用白居易的名字调侃说，长安城现在大米刚刚涨价，你想在这里立足可不是容易的事。

白居易没说什么，态度谦逊地等着大文人的指点。

顾况翻开第一页，映入眼帘的是一首叫《赋得古原草送别》的诗："离离原上草，一岁一枯荣。野火烧不尽，春风吹又生。"顾况频频点头，说："道得个语，居即易也。"他又用白居易的名字称赞他，能写出这样好的诗，想在长安城立足是很容易的啊！

后来，顾况经常在一些重要场合向别人推荐白居易的诗，称赞他少年有诗才。白居易的名字就这样在长安城传开了。

> 成名之后的白居易仍然刻苦好学，继续写作诗歌。他倡导新乐府运动，认为诗歌应该反映现实生活。他写的诗歌通俗易懂，就连没读过书的老奶奶也能听懂。白居易一生写了三千多首诗歌，他的诗作深受人们喜爱。

柳宗元代写贺表

柳宗元是我国唐朝著名的文学家、思想家，是"唐宋八大家"之一。他出生在唐代宗大历八年(773)，正是安史之乱被平定的第十个年头。柳宗元一生经历了代、德、顺、宪四个皇帝，正是唐朝社会矛盾激化、各种势力斗争激烈的时期。他生长在一个官宦家庭，接受了良好的家庭教育，少年时期就表现出文学方面的才华。

柳宗元的父亲品行好、学问高，柳宗元深受他的影响。但父亲在朝为官，无暇照顾他，因而柳宗元小时候是在母亲的教导下成长的。他的母亲卢氏，出身于当时有名望的大家族，为人聪明有见识，很有文化修养。

在母亲的悉心教育下，柳宗元四五岁就开始读书认字，到了七八岁就能背诵很多诗文了，而且还能自己写一些短小的文章和诗歌。等柳宗元长到十二三岁的时候，他的父亲到湖北、广西等地做官，他就跟着父亲一起去，一路上游览了很多名胜古迹，也看到了战乱后无家可归的百姓。

回来之后，柳宗元就立志要刻苦学习，将来做官为百姓服务。从那之后，他每日勤奋苦读，博览群书，渐渐地，在当地成了小有名气的才子。

有一天，柳宗元家门口停了一辆华丽的马车，从车里走下一个穿着官员制服的人，他说自己姓崔，是御史中丞，是专门来拜见柳宗元的，那时柳宗元只是一个十三岁的少年。一个朝廷的大官要拜见一个小毛孩子，这件新鲜事很快在当地传开了，人们纷纷跑到柳宗元家门口看热闹。

原来，李怀光联合朱泚反叛，唐朝的皇帝被迫逃亡汉中，这一年

的8月，李怀光兵败自杀。崔大人想给朝廷写一封贺信，听说柳宗元年少才高，所以慕名而来，想找他代写。

崔大人在客厅等了一会儿，只见一个身材高挑、相貌英俊的少年从里屋走了出来。少年很有礼貌地向他问好，然后坐在了旁边的椅子上。崔大人见这个少年一表人才，又很懂礼貌，心里很是喜爱，就问他："你就是柳宗元吗？"

柳宗元赶忙站起来，恭恭敬敬地回答："在下正是柳宗元。"

崔大人说："我听说你年纪虽小，却很有才华。现在，李怀光已经被朝廷铲除了，我想请你代我给皇帝写一封贺表，祝贺朝廷取得胜利，你可以完成吗？"

柳宗元向崔大人拜了拜，说："大人过奖了，我并没有什么才能，不过，我会尽力试一试，希望不辜负大人的信任。"

给朝廷写贺表并不是一件容易的事，既要求文辞优美，又要表达出自己的政治见解；既要对朝廷取得的胜利表示恭贺，又不能写出奉承巴结的味道。只见柳宗元沉思片刻，摆开笔墨写了起来。

不一会儿工夫贺表就写好了。崔大人拿在手中细细端详，题目为《为崔中丞贺平李怀光表》，文章观点鲜明，文笔流畅，还表达了自己对这件事的看法，而且行文中既对朝廷表示了祝贺，又没有过分的奉承之意。

崔大人很满意，不住地夸奖柳宗元将来一定能有出息。这件事很快在当地流传开了，人们争着传抄这篇文章，柳宗元也成了家喻户晓的少年才子。

柳宗元没有因为成名早就骄傲自满，而是更加刻苦地读书，他二十一岁就考中了进士，二十六岁又考取了博学鸿词科，这是唐代开设的一门考试，目的是选拔会写文章的优秀人才。柳宗元一生为我们留下了六百多篇诗文，与韩愈一起发起了唐代的古文运动，他的散文写得尤其精彩，说理性强，文笔犀利，是当之无愧的"唐宋八大家"之一。

柳公权戒骄学书法

在唐代大书法家颜真卿之后，又出现了一位楷书大家，他就是柳公权。他的书法方圆兼备，骨力清劲，自成一种风格，被后人称为"柳体"。

柳公权从小就喜爱书法，一开始，他写的字都是歪歪扭扭的，很难看。他就虚心请教老师和父亲，在他们的帮助下，经过一年多的刻苦努力，他的字有了很大改观，在同龄的孩子中算是很不错的了。字写得好了，听到的称赞与表扬也多了起来，渐渐地，柳公权开始骄傲自满起来，也不再那么勤奋地练习了，认为自己写的字已经很优秀了。

这一天，他和几个小伙伴在村头的大树底下举行书法比赛，约定每人写一页楷书，然后互相点评，选出写得最好的。在经过一番比较后，最后结果是柳公权被评为第一名，大家争着传看他的楷书。这时候，一个老爷爷挑着一担豆腐来树下休息。

柳公权就拿着自己的字帖给老爷爷看，告诉他自己写的字被评选为第一名，语气和神态都不无得意。

老爷爷接过字帖，见上面写的是："会写飞凤家，敢在人前夸。"字写得还可以，只是这语气似乎很狂傲，老爷爷就想给他泼点冷水，说："我看你这字写得不好，和我担子里的豆腐差不多，软趴趴的，一点不硬气，好像没有骨头似的。这样有形却无骨的字，也没什么值得夸赞的。"

柳公权一心想听到称赞，结果却被奚落了一番，在小伙伴面前真

是太丢人了。他不服气地说:"你说我写的字不好,那你写个好的我看看。"

老爷爷笑着说:"我一个卖豆腐的粗人,怎么会写书法呢?不过我刚从城里回来,看见那儿有个人,用脚写出来的字比你这个可好多了!不信,你去城里看看吧。"

柳公权不相信,认为老爷爷是为了嘲笑他才这样说的,但还是决定到城里看个究竟。

第二天一早,他带着粮食出发了,直到快中午才赶到城里。在一个酒楼的拐角处,他真的见到了老爷爷说的那个"奇人"。原来,这是一个失去了双臂的老人,他又黑又瘦,赤脚盘坐在地上。只见他用左脚把纸压住,右脚熟练地夹起毛笔,然后龙飞凤舞地在纸上写了起来。柳公权目瞪口呆,忙凑过来看,发现这个"奇人"写的字刚劲有力、潇洒大气,不禁钦佩不已。

柳公权想到自己写的字,和这个老人比起来,简直一个地下一个天上,又想起自己昨天还在到处炫耀,觉得非常惭愧。他"扑通"一声跪在老人面前,说:"我叫柳公权,您写的字真是太好了,我愿意拜您为师,请您教我书法秘诀。"

老人见他这样有诚意,就展开一张白纸,在上面写道:"写尽八缸水,砚染涝池黑;博取百家长,始得龙凤飞。"老人说:"这就是我练习书法的秘诀!"

柳公权看着这几个字,还是不太明白,就说:"老师,我比较愚笨,请您给我解释一下吧。"

老人笑着说:"我从小就失去了双臂,穿衣吃饭全都靠这双脚。后来,我对书法产生了浓厚的兴趣,就试着用脚开始练字。我家有个大水缸,我磨墨写字就用这缸里的水,一直用了八大缸水才练出些成绩。每天练完字我就到后院的涝池里洗砚台,久而久之,半亩大的涝池已经被墨水染黑了。就这样,我已经练了五十个年头了。可是,山外有山,我写的字和别人比还差得远呢!"

柳公权心想,这个老爷爷的字已经写得这么好了,可他还如此谦虚，我之前那样骄傲自满真是不应该啊！一面想着，一面向老人告别，拿着"书法秘诀"回家了。

从这之后，柳公权不再骄傲自满了，他按老人说的方法开始练习，虽然没有大水缸和涝池，但勤奋刻苦的道理在他心里深深地扎根了。他每天早起晚睡地练字，小小年纪，手上已经磨出了一个又一个的茧子。在刻苦练习的同时，他也开始学习各位书法大师的字体。他首先学习王羲之的潇洒飘逸，后来看了所有唐代书法家的字帖，又开始学习颜真卿的清秀饱满和欧阳询的笔力险劲。在广泛吸收前人长处之后，柳公权形成了自己的书法特点，他的字结构严谨，骨力劲健，被后人称为"柳体"。他也真的做到了"博取百家长，始得龙凤飞"，成为一代书法大家。

柳公权的故事给我们这样几点启示：首先，在你取得了一些成绩时，不要骄傲自满、盲目自大，所谓"天外有天，山外有山"，比你优秀的人很多；其次，要敢于承认错误、戒骄戒躁，像柳公权那样，虽然一开始有骄傲的情绪，但看到残疾老人的书法远胜过自己时，能够认识到自己的不足，虚心求教；最后，在得到了"书法秘诀"之后，柳公权能够勤奋刻苦地练习，通过自己的努力成为优秀的书法家，这些都是值得我们学习的。

元稹少作《秋夕》诗

　　唐代中期的著名诗人元稹，字微之，出生在河南洛阳，与白居易齐名，二人共同倡导新乐府运动，后人将他们并称为"元白"。

　　元稹的祖上世代为官，祖父元悱做过南顿丞，父亲元宽曾担任兵部郎中，元稹从小就立志读书为官、继承家业。他四五岁时就在父亲的教导下读书识字、背诵古诗文。他天资聪慧，父亲教的东西很快就学会了。

　　可是，等他长到八岁的时候，父亲就去世了。年轻的母亲只好带着他和几个弟妹到凤翔投靠娘家，他们孤儿寡母的，虽然有了安身之地，但日子过得也很艰难。元稹的母亲郑氏不仅慈爱善良，也知书达理，虽然生活艰苦，但她不放弃对孩子们的教育，总是省钱给他们买书。

　　看到母亲这样辛劳，小元稹也变得更加懂事，知道了书籍的来之不易，他更珍惜读书的机会，也更加勤奋刻苦。他每天天不亮就起床，到山上砍柴补贴家用，也不忘记随身带着一本书晨读。

　　邻居家也是世代读书为官的家庭，所以家里有很多的藏书，元稹常去他们家借书读，邻居见他乖巧勤奋，也欢迎他常来。借到书之后，他就伏在书桌前认认真真地读起来，一边读，一边拿本子把书上的句子抄下来。每抄完一本，他几乎就能把书里的内容背诵下来了。

　　为了节约烛火，他也学习古人到雪地里借着雪光和月光读书。晚上躺在床上，他都要把白天学习的内容在头脑里反复复习几遍。元稹就是这样勤奋刻苦地学习，一日也不肯放松。

一个秋日的夜晚，天气清爽，微风阵阵，元稹读完书到院子里休息。他呼吸着秋日特有的凉风，仰望着满天闪闪的星星，听着或远或近的阵阵虫鸣，忽然有了灵感。他赶忙跑回屋里，写下了《秋夕远怀》这首诗："旦夕天气爽，风飘叶渐轻。星繁河汉白，露逼衾枕清。丹鸟月中灭，莎鸡床下鸣。悠悠此怀抱，况复多远情。"整首诗把秋夜的美丽景致描写得风情灵动，爽朗的天，轻盈的叶，还有明亮的星和欢唱的虫，真是一幅美丽的秋夜图！

元稹勤奋好学的精神，赢得了人们的赞誉，大家见他十几岁就能写出如此优美又具有真情实感的诗歌，都佩服不已，称他为"元才子"。

十五岁的时候，元稹参加了明经科的考试，一举取得成功，成为年轻的进士；后来又参加了其他科目的考试，都取得了优异成绩。元稹二十一岁就开始做官，二十五岁结识了白居易，在新乐府运动中成为倡导者和骨干。后人把他和白居易并举，称为"元白"，他们的诗称为"元和体"。

元稹热爱学习，为了学好知识不怕吃苦，勤勤恳恳，从未停止。哪怕在最艰苦的环境中，他也没有放弃读书，用借书抄读的办法克服困难。他通过自己的不懈努力，终于得到人们的认可，成为了不起的文学家。

李贺"呕心"觅诗句

　　"呕心沥血"这个成语形容费尽心思做一件事，"呕心"和"沥血"这两个词分别出自两个唐代诗人的典故，其中"呕心"讲的就是诗人李贺的故事。

　　李贺出生在唐代中期，是著名的浪漫主义诗人，被称为"诗鬼"。李贺人长得瘦弱单薄，两条眉毛连在一起，手指又细又长，能快速进行写作，七岁的时候就能写一手好文章了。韩愈和皇甫湜不相信，就到李贺家去，让他写一首诗，就以他们两个人的到来为题目。只见李贺拿起笔就写，好像这个题目他早就想好了似的，写好之后自己定了个题目，叫《高轩过》。二人看过之后称赞不已，李贺因此而成名。

　　出名之后的李贺没有沾沾自喜，仍旧认真刻苦地读书。每天天刚亮，李贺就骑上他心爱的"坐骑"——一头瘦弱的毛驴，带着一个小书童，身上背一个旧布袋，高兴地出门去了。

　　他有时沿着小溪散步，有时到大山深处去探险，有时站在大树下面发呆，有时看村里的猫狗打架。李贺时而到大自然中漫步，时而听村里的老人讲故事。你不要觉得李贺每天游手好闲、无所事事，其实，他是在自然和生活中积累诗的素材。

　　他一边走，一边观察，一有什么感想就赶紧写下来放在布袋里。开始的时候，李贺就记一些村里的新鲜事，或者老人们讲的神话故事，记得也不多。渐渐地，写得多了，看得多了，对很多事情李贺也有自己的想法了，小布袋就越装越满了。

有时候纸不够了，李贺就叫小书童摘些树叶或者剥些树皮，然后把想到的诗句写在上面。他的诗都是这样有感而发的，李贺好像一个摄影家，寻觅生活中每一个精彩的片段，把它们收集到自己的布袋中。就这样，他每天都能带一袋子"感想"回家。

晚上回到家，李贺就把白天积累的"感想"倒在桌子上，然后翻阅书籍，认真思考，把这些"感想"整理成诗。他每天写诗直到深夜，有时累得竟然趴在桌子上睡着了，第二天仍旧早起去寻觅诗句。

李贺的母亲看到儿子这样勤奋很高兴，但更多的是心疼，她晚上就煲些汤给李贺补身体，劝他早点休息。有一次，趁李贺不出门的时候，母亲叫自己的婢女把李贺的旧布袋拿过来，从里面倒出来的草稿，堆得像个小山包似的。母亲疼惜地责怪李贺："儿子啊，你这是要累得把心肝都吐出来才罢休哇！"

　　李贺为了写出好的诗句，能够到自然中去学习，到百姓生活中去感受，这样才能写出真情实感的好句子，这样的诗才能有无限的生命力。李贺为了寻觅到好的诗句，真是做到了呕心沥血、持之以恒。我们从李贺身上，不仅学到了作诗的方法、做事的毅力，更应该看到他为了自己热爱的事业甘愿"呕心"的伟大精神。

厉归真学画虎

在我国五代时期，有一个叫厉归真的人。他从小就非常喜欢画画，为了画好老虎，曾经到深山里去观察，和老虎"生活"在一起。为我们留下一段美谈。

厉归真生活在一个美丽的小村庄，他自幼爱好画画，父母就送他到附近的一个小学校学习。第一堂课上，老师就教导大家，要想学好画画，就要多练习，从临摹自己身边的事物开始。

回家之后，厉归真就拿着画板到处转悠，在牛圈里，他找到了自己的"模特"——一头老黄牛。从那之后，每天他都到牛圈去画牛，经过一段时间的临摹，他画的牛已经栩栩如生了，很受当地人的喜爱。

可是，牛是老百姓种田用的工具，当地的有钱人不喜欢把有牛的图画挂在家里，他们更喜欢威猛的老虎，所以，厉归真画的牛很难卖出去。于是，他决定学画老虎。

牛就生活在牛圈里，每天照着临摹就能画好，可是，老虎该如何画呢？厉归真一时不知从何处下笔。于是，他从有钱人家里借来了老虎的图画，还有虎皮，照着这些东西临摹起来。

画好之后，他把画图拿给小伙伴们看，他们七嘴八舌地议论起来，有的说像死老虎，有的说分明是病猫，还有的说从老虎身上看不出威猛，反而多了几分牛的憨厚。一面说，一面乐得合不拢嘴。

厉归真很受打击，他拿着画图去请教老师。老师看了之后，说：

"这虎画得的确不像。"厉归真就问:"老师,怎么才能画好老虎呢?"老师说:"要想画好老虎,就得对它进行观察,模仿它,对它非常熟悉了才能画得好。"

听了老师的一席话,厉归真决定到山里去观察老虎。第二天一早,他就带了粮食上山了,可是,等了一天,也没有一只老虎出现。刚好一个猎人从这里经过,问他是不是迷路了。他就把来观察老虎的事告诉了猎人伯伯,伯伯就告诉他,老虎一般白天在洞穴里休息,到了傍晚才会出来捕食。

于是,厉归真回家拿了个帐篷,趁着天还没黑,在树上搭了个小窝,准备在这儿观察老虎。黄昏时刻,老虎真的出现了,一身黑黄相间的毛皮格外威风,目光如电,吼声如雷,从没见过真老虎的厉归真,此时真有些害怕,但是他并没有被恐惧击退,仍旧坚持了下来。

就这样,他每天傍晚都来观察老虎,看老虎是如何站、如何坐、如何跑、如何叫的,有时候,还能看到老虎捕食的场面。他通过这种方式,和老虎一起"生活",对老虎的生活细节已经非常了解了。越多观察老虎,他越觉得自己之前画的老虎的确是死的,没有一点山林之王的威武。

在细心观察了一个月之后,厉归真再次动笔画老虎。他先从一些基本的动作画起,他画了一些老虎站着的、蹲着的、坐着的和趴着的静态图。画好之后,他拿给老师看,老师说他进步很大,已经有一些老虎的神态了。

之后,他又试着画了一些动态的老虎图,比如老虎走路、老虎吼叫、老虎捕食之类的。老师说:"动态的不容易画,你画得还不错,但是还可以更好一些。你可以试着学学老虎走路、吃食的样子,可能会有帮助。"

在老师的启发下,厉归真晚上到树上去观察老虎生活,白天就自己模仿老虎走路、吼叫、吃食……为了更加逼真,他还向猎人伯伯借了一张虎皮,每天披着虎皮学老虎走路。渐渐地,他就掌握了老虎的生活细节和神态,画出的动态老虎也越来越逼真了。

　　这一次，他又叫小伙伴们来看他画的老虎，再也没人说这是死虎或者病猫了。他们都抢着看厉归真的画，对他的画称赞不已，说他画的老虎跟真的似的。厉归真开心地笑了，他终于通过自己的努力，画出了逼真威武的老虎。

　　从此之后，厉归真善于画老虎的美名就流传开了，村里的富人们都请他为自己画老虎，还有人不远千里来求画。后来，他继续专心练习绘画，成为一位很有名气的画家。

　　所谓"画龙画虎难画骨"，说的是龙和虎的外形容易画，而真正的神态气韵很难刻画。为了让自己画的老虎更逼真更有神韵，厉归真勇敢地到山林中去观察老虎，和它们"生活"在一起，还披着虎皮模仿老虎的动作，最终画出了栩栩如生的老虎。他的勇气和刻苦精神值得我们学习。

吕蒙正破窑苦读

吕蒙正，河南洛阳人。北宋初年宰相，一生三次拜相，是我国历史上第一位真正平民出身的宰相。

破窑立志苦学

吕蒙正小时候家里生活十分困难，后来父母又相继去世。

吕蒙正按照父亲的遗愿变卖了家里所剩无几的东西，换来几个钱，拿起铺盖就去了附近的尼姑庵寄宿。

开始的时候，尼姑们见吕蒙正父母双亡、孤苦无依，都很同情他，就好心收留了他，平时也对他照顾有加。吕蒙正在这里住下后，发现庵里收藏了很多佛学经典，这对求知欲强的他来说，简直是天大的好事。于是他利用在这里寄宿的便利，开始借阅研读佛家经典。这段日子，他积累了不少佛学方面的知识。可是时间久了，尼姑们就不待见他了，毕竟谁也不愿意养一个白吃饭的人。吕蒙正察觉到大家对他的厌恶，也不愿意在这里住下去了。

于是，吕蒙正带着自己的行囊离开了尼姑庵。由于他年纪尚小，又没有亲戚愿意收留他，他只好栖身在洛阳城外一处破窑里。没有生活来源，他也只能独自一人开始了乞讨的生活。白天，他就沿街乞讨。有时候碰到好心人，就能吃顿饱饭，可有时候一连两三天都没有吃的；遇到蛮横不讲理的人轻则遭人白眼，重则拳脚相加。可怜吕蒙

正小小年纪，就体味到了世态炎凉和生活的辛酸。

虽然生活艰苦，可是吕蒙正从来没有放弃过学习。在尼姑庵的日子里，他研读了很多佛家经典，增长了不少知识。住在破窑后，一有时间，他就自己琢磨学问、研究佛学。因此，他的文学功底已经很深厚了。

有一年春节，看见有钱人家张灯结彩，门口贴着鲜红的对联，家丁们忙着杀鸡宰猪准备各种菜肴，孩子们都穿上了颜色鲜艳的新衣服，带着贺礼上门拜访的人更是不断。这番欢天喜地过大年的景象和自己孤苦一人、没有食物充饥、没有衣服取暖的凄惨景象形成了鲜明的对比。他不禁痛恨这个不公平的现实和人心的冷漠，于是有感而发，写了一副对联：

上联："二三四五。"下联："六七八九。"横批仅两个字："南北。"看着这副对联，吕蒙正感觉心里舒坦多了，随即亲手将它贴到了破窑外。

初一早上，路过破窑的人都聚集在门口，你一句我一句地研究着这副对联。有的人看不懂，就怀疑这是因为主人不认识几个字，写来凑热闹的。正在这时，一位给地主放羊的老人走过来，细细地端详着这副对联，感叹道："好文笔啊，你们不知道，这对联是一副缺字联。"

于是大字不识几个的人们，都急切地要求老者给大家讲讲其中的道理。

老人笑着说："你们看，虽说是一堆数字，可这不是连续的数字，缺什么呢？"

"缺一和十啊，这个谁不知道啊！那南北呢？"有人不屑地答道。

"这正是这副对子的巧妙之处啊！缺衣少食，没有东西，正是住在破窑里面人的真实写照啊！"老人感叹地说。

正在这时，一个声音从窑里面传出来："终于碰到了知音啊，我这对子和我这生活是一样的啊，没吃没穿，也只能借卖弄学问来增添过年的气氛了。"吕蒙正边往外走边说道。

贫苦的生活并没有打倒少年吕蒙正，而是更加激发了他学习上进，希望来日可以通过自己的努力出人头地，改变自己的命运。

才学斗权贵

吕蒙正稍长大些后，就靠卖字为生。一次，他经过一位员外的府门外，看见一群人正装腔作势地在那里卖弄文字。打听后才知道，这员外今年喜得贵子，要用重金请人写一副对联。

有位叫倪兴官的人，他父亲是工部侍郎。这个人便得意地写下一联："子当承父业；臣必报君恩。"众人一看，连连赞扬，直夸对子写得出神入化，老员外也十分满意，赶紧吩咐人贴在门上。

这时，一旁的吕蒙正失声大笑："把这种对联贴在门口，简直可笑！"

倪兴官转身看吕蒙正是一位穿着破烂的穷人，就厉声喝道："一个破叫花子，有什么资格品评我的对联？若不快快滚开，别怪我不客气！"大家听后，也都一阵大笑。

吕蒙正不畏他的蛮横，笑着说道："让我滚？你这样的对联，我都可以告你欺君犯上？"

他这么一说，老员外不屑地喝道："那你就给我们解释解释，到底哪里欺君犯上了？若说得没道理，别怪我们送你去见官，告你个造谣生事的罪。"

吕蒙正本来就从心里鄙视这些不学无术的人，于是斥责道："亏你们还敢自称是读书人，这个对联明显地颠倒人伦，目无君父。怎能把君放在臣下，把父放在子后呢？"

吕蒙正的一番话，说得倪兴官哑口无言，低下了头，不敢出声。老员外见吕蒙正果然是个有学问的人，连忙上前笑脸相迎，说道："既然您这么有学问，不如就给我写副对联吧，我一定重重有赏，怎么样？"

吕蒙正不稀罕什么重金，只想教训一下这些目中无人的假学者，脱口就说道:"这个容易,只需要将对联中的字调换一下位置就行了。改成'君恩臣必报,父业子当承'。"众人见识到他的才华,不敢再冒失了。

吕蒙正出身贫苦,少年时代为了生存甚至去乞讨。可是,他仍然立志高远,苦学读书,为自己寻找出路。性格上更是不畏权贵,敢说敢做。步入仕途后,他一路官至宰相。凭的正是他这刚正不阿的品质,以及时刻不忘百姓疾苦、敢于为百姓说话办事的务实精神。

寇准警醒悟学

寇准是北宋时期著名的政治家，太平兴国五年(980)进士，授大理评事，后曾三度拜相。他以刚正不阿著称，在与辽军作战中力主真宗亲征，反对南迁。

寇准出身于书香世家，父亲寇相学识渊博，是五代后晋时的进士，对寇准的学习十分关心。寇准刚开始识字的时候，就每天伏在父亲的书案前，专心地看父亲写字作画。很多字他都不认识，所以总缠着父亲一定要读出来。那股爱学习的劲头，他父亲甚是喜爱。

于是，在寇准六岁生日的时候，父亲就送给寇准一套文房四宝。由于家人的鼓励，寇准学习的劲头更足了。他每天都要坚持读书习字，且有一定的标准，不达到要求他是不会睡觉的。正因为这样苦学，寇准的学识长进很快。

一天深夜，大家都睡觉了。母亲一觉醒来，发现寇准屋里的蜡烛还点着，本以为是他忘记吹灭蜡烛了，没想到寇准竟然还在那里认真地看书。母亲可是心疼坏了，就劝说他早点睡觉，可是寇准坚持要看完才肯休息。母亲拿他没办法，只得作罢。他勤学到这种程度，父母都很欣慰。可是，哪个为人父母的不担心孩子的健康呢？为了他能早些休息，母亲想出了一个好办法。

之前寇准房里的蜡烛都是随便使用的，此后，母亲规定他每晚只能点一支蜡烛。这可愁坏了寇准，他只能努力提高白天的学习效率。一天晚上，他一支蜡烛燃完了，只得睡觉。突然发现仆人们住的房间

还有烛光，这让他有了好主意。于是，他和仆人们商定，只要不影响他们休息，寇准就可以先在他们的屋子里学习看书。等他们睡下后，寇准再回到自己的房里点那支蜡烛。这个方法果然奏效，延长了他的学习时间，他多看了好多书。

不久母亲就发现了这件事，但想到寇准如此用功也是好事，就假装不知道，没有阻拦他。寇准一直保持这种学习状态，小小年纪写字作画都像模像样，这也让父母很骄傲。

可惜好景不长，寇准的父亲因病去世，命运给年幼的他重重的一击。他开始变得不爱学习了，每天都和小伙伴们沉浸在研究花鸟鱼虫、飞禽走兽这些事情上。母亲见了很是担忧，怕他误入歧途，而虚度了大好时光。于是，她下决心要想个办法帮寇准重新开始学习。

一天，寇准和一群小伙伴从外面归来，嘻嘻哈哈，怀里抱着一只刚捉到的小鸟。一进门，母亲就把他拦住了。只见寇准弄得一身泥土，满脸黑灰，没有一点读书人的样子。母亲严厉地斥责道："自从你父亲走后，你就这样不成器，整天不务正业，真是白费了他在世时对你的一片期望。眼下咱们家里的条件也是一天不如一天了，你我孤儿寡母今后如何生存？你是个聪明的孩子，就算不为母亲，也要为自己的将来打算打算。"

母亲见寇准低下了头，继续说道："本来我以为你是个聪明懂事的孩子，这些话是不用我啰唆的。可我见你近日来的表现着实令人寒心啊！恐怕你父亲在九泉之下也不会瞑目的。"母亲边说边拭着泪水。"你看，你就好像这秤砣。"说着母亲随手将旁边放着的秤砣从秤上摘下，扔在地上，刚巧砸在寇准的脚上。"离开了秤，它还有什么功用？只能做别人的绊脚石，终有一天，会被人抛弃。"毕竟，寇准是懂事的孩子，他被母亲的举动彻底惊醒了。他跪在地上向母亲认错，并发誓一定会发愤苦学，不令母亲失望。

从此以后，寇准比之前更加努力学习，他常为了赶进度不分昼夜地苦学，终于在他十八岁的时候考中进士，开始了自己的仕途生涯。他为官期间清正廉明，不畏权贵，遇事有自己独到的见解，因此非常受人敬仰，三十三岁就当上了副宰相。由于寇准直言敢谏，宋太宗非常欣赏他，并将他比作唐朝的名臣魏徵。宋太宗曾欣慰地对大臣们说道："我得到寇准，像唐太宗得到魏徵一样。"寇准当时在朝中的作用可见一斑。

　　寇准年幼的时候，生活可谓一帆风顺，在父母的鼓励与支持下，能鼓起劲头学习。然而，在家庭遭遇变故时，他差点荒废了学业。他在警醒后，加倍努力，成为一代名臣。由此可见，人的一生难免有做错事、走错路的时候。关键是能否像寇准一样，从自己的挫折中吸取教训，重新找到自己前进的方向。

范仲淹喝粥苦读

范仲淹是我国宋代著名的文学家、诗人，他喝粥苦学的故事一直被传为佳话。

范仲淹从小就喜欢读书，刻苦学习。为了励志苦读，他常去长白山上的醴(lǐ)泉寺寄宿苦学。醴泉寺是范仲淹家附近藏书较多的地方，这对于求知欲高的他来说无疑是个好去处，因此，他十分珍惜难得的机会，昼夜苦读。

范仲淹只身来到寺里学习，有时一住就是一两个月。身上的银两快用光了，他并不惊慌，只是每天喝粥度日。寺院里的僧人见他如此艰苦，就劝他先回家取够了银两再来，他则风趣地回答："吃不饱不要紧，只是肚子挨饿罢了。要是读不完这些书，我的精神可要挨饿了，那才是大事。"僧人们听了，十分佩服他这种好学的精神，也就不再劝他回去了。

就这样，很快范仲淹就把家附近的书籍都读了，为了学到更多的知识，他决定去当时有名的应天府书院去求学。应天府书院是宋朝四大书院之一，这里藏书达到数千卷。而且，这里聚集了许多知名的学者，学习之余，还可以互相切磋学问，增长见识。基于这些，范仲淹离开了家乡，只身来到应天府求学。

应天府的环境果然名不虚传，来到这里后，范仲淹见到许多自己都不曾听过的书，又结识了很多饱学之士。因此，他一刻也不曾浪费，马上投入到学习之中，昼夜不停地苦读诗书。

　　当时的应天府是免费求学的，但是吃饭的问题还得靠自己解决。范仲淹知道自己的经济条件有限，所以只能靠喝粥来维持生活。最困难的时候，他每天只能喝一碗粥。于是，他把粥分成四份，早晚各两份。这样艰苦的条件，让很多人都不忍心看下去了。

　　一次，范仲淹的一个同学看到他这种困境，马上叫人送来一桌好饭菜。谁知，第二天来的时候，见桌上的饭菜范仲淹一口都不曾动过。同学不解地问原因，范仲淹深深地鞠了一躬，说道："我已经吃惯了粗茶淡饭，这些饭菜固然美味，但是我一旦吃了，恐怕就再也喝不下这粥了。"同学听了这话也感觉确实有道理，就不再勉强他了。

　　范仲淹就是在生活条件十分拮据的情况下，靠喝粥度日，立志苦学，后来考中进士。皇天不负苦心人，我们要从小就努力锻炼自己克服困难的品质。

晏殊诚实受重用

晏殊，字同叔，北宋著名文学家、政治家。他以文学和政治闻名，而关于晏殊少年诚实的故事，却很少有人提起。

晏殊从小就机敏好学，五岁能诗，七岁能文，在当地很有名声，被人们称为"神童"。当时的江南安抚张知白知道此事后，极力举荐他进京参加科考。第二年，十四岁的晏殊入京参加考试，一起考试的还有来自全国各地的近千名考生。晏殊腹有诗书气自华，从容应考，面对考题可谓援笔立成。这种学识与胆魄受到宋真宗的赏识。

在第三天的考试中，晏殊一看题目是自己之前做过的。于是，他请求为他另换题目。这一举动更是让人称奇，平常人进入殿试后，哪个不希望自己能表现得好，若碰到自己熟悉的题目那更是心中暗喜，怎会像晏殊这样请求换题目呢？然而晏殊这样解释："考试就是要检验一个人的真才实学，若是曾经做过的题目，那自然已经有了充分的准备，表现的自然不是真实的水平。这样对别人就是不公平的。"

正是晏殊的才华加上他这种诚实的品格得到了真宗的赞赏，于是，他小小年纪就被授予秘书省正事的官职，并留他在秘阁读书深造，希望将来成为国家的栋梁之材。

此后，晏殊更加珍惜这个难得的学习机会，勤奋努力，在办理公事上也表现得稳重得体，令朝廷其他官员佩服。那时正值天下太平，宴饮之风盛行。朝廷的大小官员经常成群结队地到郊区美景处游乐宴饮，或者在京城或自己家里举行各种宴会。这既可以联络官员之间的感情，也能互相切磋诗文，宴饮娱乐。

可是，晏殊那时的条件不是很好，没有足够的钱出去和官员们游乐，只好和几个兄弟在家里学习诗文、研究学问。这件事被皇帝知道了，大赞晏殊是个勤俭朴实的人，不贪图享乐，是个真学者，还提倡官员向他学习。一些官员也背地里议论纷纷，说晏殊假装清高，只顾研究书本，而不知道与人交往。

不久之后，太子宫中要选一个辅佐太子读书的官员。这个人需要每天陪太子学习，并给太子讲解疑问。可以说，这个官员的言行及人格品质直接影响到太子的思想。所以，此人必定是学识和人品都要好的人。众官员本以为会层层选拔，没想到皇帝直接钦点了晏殊。虽然皇帝的理由很充分，可还是有许多人心中不服。

接到圣旨后，晏殊并没有高兴，而是在面圣谢恩的时候，勇敢地对皇帝说出了实情："其实，微臣并不是不喜欢宴饮游乐，只因现在家里经济条件不好，没有足够的钱出去游乐，所以只好和兄弟们在家讲习诗文。为此，臣也深感遗憾。若是有钱，臣也会出去宴游的。"

听了这番话，皇帝更对晏殊刮目相看了，极力称赞他的诚实和勇气。众官员也心服口服，他们知道了晏殊果真是一个质朴诚实的人，并对之前对他的种种误解感到内疚。从此，晏殊在朝廷上树立了威信，人人都很尊敬他。

后来，晏殊得到皇上的重用，官至宰相。但他并没有因为位高权重而一味地享乐，而是注重提拔一些有才的贤良之士。如韩琦、富弼、范仲淹、王安石等都是经过他的栽培、引荐最后得到重用的。

韩琦连任仁宗、英宗、神宗三朝宰相；富弼虽身为晏殊女婿，但晏殊只是任人唯贤，不避讳富弼与自己的亲属关系，而是一心为国家选择有能力的人，至于其他人的议论，他都置之不理。后来，富弼也官至宰相，可以证明晏殊的判断是对的。所有的猜疑自然不攻自破了，这其中也体现出了晏殊在举荐人才时的诚信品质。

　　无论是考试还是为官，晏殊都时刻诚信行事。考试时，没有因为换题而落榜，为官时也没有因为自己说明贫穷的情况而受到皇帝的怪罪，反而因他诚实的品格最终赢得了大家的尊敬。这足以说明诚实做人的重要性，有时我们也许因为害怕被别人知道真相而破坏自己的形象或丧失机会。其实，如果我们像晏殊一样用自己真诚的心去对待别人，让他们看到真实的自己，才能增加彼此的信任。

包拯立志学断案

　　包拯是我国宋朝时有名的清官，当时人都称他为"包青天"。他为官清正廉明，官至开封府知府，办案时更是不避亲朋，不畏权贵，多次弹劾朝廷大臣。

　　他出身于官宦世家，受家庭氛围的影响，年幼的他就立下了长大后做一名清官的志向。

　　一次，他和姐姐谈及了自己长大后要做个好官的事，姐姐见包拯像大人一样地说话，还这么严肃，就禁不住取笑他，质疑他能否做个好官。

　　想不到，包拯昂起头，自信地说道："只要我现在多学些关于审案的知识，培养自己判断推理的能力和缜密的思维，肯定能做到。"见姐姐还是将信将疑，他不服气地说："你既然不相信我，可以随便考考我，我现在已经积累了不少办案的知识了。"

　　姐姐听后，觉得也是个好主意，于是决定第二天在这里考一考包拯，来一次模拟审案。

　　第二天，姐姐事先找来了十个小朋友，让其中的一个吃了一个鸡蛋。她心想：鸡蛋吃到肚子里了，看你怎么能查得出来。

　　然后姐姐叫来包拯，对他说："这十个人里，有一个吃了鸡蛋，你帮我把他找出来吧，找对了，就算你赢。"说完就站到一边，静静地观看包拯怎么查案。

　　包拯看看几个人的嘴角，又让他们张嘴看了一下，没有发现什么

明显的证据。这时，一边的姐姐心想：原来他也就这两下子，没有什么高招啊！

只见这时，包拯给每人一碗清水，自己也拿着一碗，让大家漱口，把漱口水吐在包拯手中的水碗里。

这十个人按照包拯的吩咐，站成一排。从一边起每个人开始漱口，并把水吐在包拯手中的碗里。每吐过一个人，包拯就认真地观察水中的颜色。直到第四个人的时候，水中出现了鸡蛋黄的颜色。这时，包拯又换了一个清水碗，把后面的六个人都依照同样的办法做完了。

最后，包拯信心十足地对姐姐和在场的人宣布："第四个人就是吃了鸡蛋的人，因为只有他的漱口水中有蛋黄的残渣。"

这时，在一旁的姐姐心悦诚服地说："弟弟果然有办法，长大了肯定是一个廉明的清官。"从此之后，包拯更坚定了做一个清官的志向，努力学习审案的知识，不断丰富自己。稍大些后，他就跟着一位县令学习断案，其中最有名的就是焚庙杀僧一案。

事情是这样的，附近一座寺庙起火，一个和尚死在了门口。县令带着包拯来到现场，让他检查现场。包拯仔细地观察了和尚的尸体，又在现场找到了一个写有"孙"字的木匠用的墨盒。

于是，包拯胸有成竹地来到县令面前报告："大人，我断定和尚是被一个姓孙的木匠所杀，并放火焚尸。"

县令听他这么肯定，就追问其判断的依据。于是，包拯把县令引到尸体跟前，指着尸体的鼻子说："鼻子里一点烟灰都没有，可见人死的时候还没有失火。再看这个墨盒，是木匠用的，出现在现场实在可疑，想必是那凶手慌乱之中丢了自己的工具。因此，我判定凶手很可能是一位姓孙的木匠。"

于是县令就叫人去查看，果然在本地找到了一个姓孙的木匠。可是，他却怎么也不承认自己杀人。就在大家一筹莫展的时候，包拯心生一计，他请求县令将此事交给自己来办理。县令见他如此有信心，也想顺便检验一下包拯办案的能力，就把此案交给他审理了。

一天夜里，包拯叫来三个人分别扮成死去和尚和牛头马面的模样，来到木匠住处。和尚口中念道："孙木匠还我命来……"木匠吓得连滚带爬地蜷缩在墙角。这时，牛头马面则上前抓起孙木匠就走。他们将孙木匠带到了预先就已经装扮好的假阴曹地府。

"孙木匠，你快快招来，为何杀害和尚？否则就别怪本官不客气了！"由包拯假扮的阎王爷厉声喝道。

孙木匠看看四周阴森森的样子，早已吓得不知所措。连忙磕头认罪，把事情的原委都招了出来。

就这样，少年包拯充分发挥自己的判断能力，足智多谋，巧妙地破获了这起看似没有头绪的案子。他年纪轻轻就这样有本事，让县令和当地百姓都十分佩服。

少年包拯，立志做清官，并认真学习各种审案的方法和技巧，积累了丰富的知识。长大后他果然不负众望，成为我国历史上的一代清官。为官之时，他审理了很多大案要案，并且廉洁公正，不畏权贵，不包庇亲人，为百姓除害，最终成了名垂青史的"包青天"。

欧阳修抄书勤学

欧阳修，字永叔，号醉翁，庐陵人，是我国北宋著名的文学家、政治家，"唐宋八大家"之一。

欧阳修四岁的时候，父亲就去世了，母亲郑氏把他抚养成人。他小的时候家里很贫穷，没有钱供他上学。所以，母亲就担起了教他读书的任务。由于没有钱买笔和纸，聪明的母亲就准备好一些沙土，铺在地上当纸，再找来芦苇秆做成毛笔大小，这样教学工具就齐全了。

欧阳修很喜欢读书习字，这些简陋的工具，丝毫没有减退他学习的热情。另外，母亲还教他一些有名的文章，叫他自己练习背诵，以丰富他的知识。懂事的欧阳修就这样一字一句地跟母亲学习，从来不叫苦不喊累。

经过他的坚持和努力，不到十岁的时候，他就已经认识很多字了，比上了学堂的小朋友认识的字还多。这时的他已经不满足于简单地识字背书了，而是希望涉猎更多的书籍，以学得更丰富的知识。可是，家里条件不允许买各种书籍，于是，他开始自己想办法。

欧阳修有个朋友很富裕，家里有很多书，但是这个朋友总是读不太懂，经常来问欧阳修一些问题。这天，欧阳修正在家里专心练字，这位朋友拿着一本书又来找他了。

朋友不好意思地说："又打扰你了，我遇到了一个问题，怎么都想不明白，你能不能给我讲解讲解呢？"说着朋友将书递了过去。

欧阳修接过书，眼前一亮。这正是他梦寐以求的书，一直苦于无处借读，今天可算见到了。突然，欧阳修有个想法冒了出来。

他激动地说："请教问题可以，我现在有一个想法不知道你能不能同意？"

朋友说："你尽管说吧，我能做到的一定尽力。"

欧阳修说："我特别喜欢读书，可是你也知道，我的家庭条件有限，母亲哪有闲钱给我买书。平时我读的书都是和亲戚朋友借来的。所以，我想以后你能多借我些书读吗？"

朋友一听，爽快地说："我还以为是什么大事情呢，没有问题！你一直都这么帮助我学习，耐心给我讲解，我当然愿意借你书了。一会儿你去我家，看看哪些书没有读过，只要你需要的，我肯定借给你。"

欧阳修听了，高兴地说："太感谢你了，能读到更多的书，这一直是我的梦想啊！"

"客气什么，你书看得多了，懂的才会更多，才能更好地给我解决问题啊，你说是不是？"朋友打趣地回答。

从此以后，朋友每次来问问题，都会带来自己喜欢的书。欧阳修充分利用这个条件，把借来的书仔细地阅读、背诵，有的还抄录下来，自己收藏。

少年欧阳修虽然家境贫寒，可他从不抱怨，而是自己寻找成才的路。他用芦苇当作笔练字，抄书苦读。欧阳修经过刻苦学习，终于能博古通今，成为宋代古文运动的领导者，为文学的发展做出了贡献。从困境中找出路，从苦难中找乐趣，这是我们应该学习的。

韩琦石上练字

　　韩琦，相州安阳（今属河南）人。北宋时期著名的政治家、军事家。他与范仲淹共同防御西夏，被人们合称为"韩范"。

　　他家祖辈都是做官的，韩琦出生时，他的父亲韩国华任泉州刺史，家里的条件虽不富裕，但也衣食无忧。可是，韩琦三岁的时候，父母双双过世，几位哥哥将他抚养成人。

　　韩琦年幼就失去了父母的疼爱，但他立志好好读书，长大做一个有用的人。韩琦十分喜欢读书写字，可是家里很拮据，没有足够的钱买纸和笔。他更明白哥哥抚养自己生活的艰辛，不好意思开口提要求。所以，他刚会写字的时候只能自己想办法解决这个问题。

　　没有纸和笔，韩琦每日就想方设法找到替代品。一个烈日炎炎的午后，韩琦在树下乘凉。这树下有一块大石头，年头久了就变得光滑了。韩琦坐在上面，想着自己刚学会的几个字。这时，一位挑水的人从他身边走过，水桶里的水因为摇晃溅到石头上。由于天气太热了，很快水就干了，水的痕迹也消失不见了。

　　韩琦看到这一幕，心想：要是我有一张这样的纸，天天用它练字，该有多好啊！突然，一个念头在脑间闪过。对了，我可以用笔蘸水在这石头上写字啊！

　　说做就做，韩琦赶紧跑回家，端来一盆水。他本来想拿毛笔来蘸水的，可是想到在石头上写字，毛笔一定磨损得很快，于是就打消了这个念头，实在没有办法就用树枝代替了。

于是，韩琦带着自己的"笔墨"来到了树下。他开始把树枝做成毛笔的大小，蘸着水在石头上开始写起字来。果然奏效了，字写上去，不一会儿就干了，他又可以写下一个。

很多人从这里经过，都会过来看两眼。可是，韩琦从来都不爱和人闲聊，因为他得抓紧时间练字。

从此，只要有时间，韩琦就来石头上练字。有时烈日当空，天气闷热，只要动一动就出一身汗。这时，很多人都会选择在家里避暑。可是韩琦是不会歇着的，他顶着烈日，拿上自己的工具就开始练字，常常写得满头大汗。过路的人劝他回去，他都不为所动。

一时间，韩琦石上练字的事在乡里传为美谈，人们都被他勤学苦练的精神所折服。

无论严寒酷暑，韩琦从不放弃自己的练字机会。有时他嫌树枝写出的字不好看，干脆就用手在石头上一笔一画地写起来。

功夫不负有心人。天圣五年(1027)，十九岁的韩琦考中进士，名列第二。他做官的时候，敢于直言，为百姓说话，为正义说话，很多官员都很敬佩他。尤其在治理蜀地的时候，方法得当，成绩不小。并且，他和富弼等人积极参与政治改革，这就是历史上有名的"庆历新政"。军事上，他善于带兵，和范仲淹共同对抗西夏的时候，也为北宋立下了汗马功劳。

韩琦聪明好学，不怕困难，最后取得成功的人生历程告诉我们：只要努力，就会离成功近一些，再努力就会更近一些。他那种坚持不懈，刻苦练字的劲头，正是我们应该学习的。

王拱辰诚信中状元

王拱辰，原名王拱寿，北宋开封府咸平（今河南省通许县）人，著名诗人，在仁宗、英宗、神宗三朝为官，是我国历史上有名的"诚信状元"。

他自小家境贫寒，父亲去世后，由母亲将其抚养长大。他的母亲操劳家务，担起生活的重担，带着四个孩子勉强度日。

由于王拱辰是长子，所以他很小的时候就知道和母亲一起分担生活的担子。有时看见母亲干活太辛苦了，他就抢着干。母亲休息的时候，他就给母亲揉腿捶背，仿佛一个小大人的样子。对待弟弟妹妹，他又完全是一个大哥哥的形象了，帮助他们学习，讲解他们不懂的问题。小小年纪他就懂得孝顺母亲，照顾弟妹，令母亲很是欣慰，乡亲们也都对他赞不绝口。

王拱辰很喜欢读书，而且非常刻苦。他经常是天不亮就起来，先帮助母亲做些家务，然后就开始读书。有时时间不够用，他甚至半夜醒来也要打开书看上几眼。虽然条件艰苦，但是王拱辰从未抱怨过，一直坚持自己的追求。他的好学精神，也感染着弟弟妹妹们。

经过多年的努力，王拱辰十几岁的时候就已经能写一手好文章了。于是，在家人的鼓励下，他参加了乡试和会试，而且成绩都很优秀。宋仁宗天圣八年（1030），年仅十七岁的王拱辰举进士第一，他有幸到京城参加仁宗亲自主持的殿试。这对于贫苦出身的他来说，无疑是改变人生的大好机会。

　　殿试的时候，王拱辰的文章立意新颖，文笔出众，又有自己独到的见解，被试者中无人能及，于是他顺利地被皇上钦点为状元。

　　第三天，按照常规，考中前三名的书生都要在皇宫的大殿上被召见。皇上当着文武百官的面宣布了考中的名单。其他两个考生听到自己的名字，都赶紧跪下磕头谢恩。

　　可是，王拱辰却做出了出人意料的举动。他不但没有谢恩，反而说道："陛下，小生不能当这个状元，请把状元判给别人吧。"

　　大殿上的人都被他的话给镇住了，一时都没有缓过神来。科举考试能中状元是多么荣耀的事情啊，怎么还要不做状元了呢？这可真是天下奇闻啊！大家都好奇地想弄个明白，一时间大殿上鸦雀无声。

　　皇上也被王拱辰的话弄得一头雾水，就询问其中的原因。王拱辰拜了一拜，回答说："陛下，能成为状元是普天下每个寒窗苦读人的梦想，我也不例外。可是，这次考试的题目我曾经做过，答起来必然顺畅。我在这方面占了优势，这对其他的考生来说是不公平的。所以，我若是做了状元，就是个不诚实的人。家母从小就教育我要做个诚实的人，我长这么大从来都没有说过谎话，怎么能因为功名而违背自己做人的原则呢？因此，请皇上收回成命，另立他人为状元吧！"

　　听了王拱辰这番话，在场的人无不被他这种诚实的品质所折服。皇上更是特别看重他这一点，于是说道："你说的这些，朕都能理解。可是，你之前做过考题，恰好证明了你对于考试的重视，用功之深。更可贵的是，你在成为状元之后，还能主动地把这些情况如实地说出来。拥有你这种诚实高尚品质的人不配做状元，还有谁配做这个状元呢？"

　　就这样，王拱辰成为我国历史上赫赫有名的诚信状元。在他做官的五十五年中，勤勤恳恳，为国为民操劳政务，从不敢懈怠。正因为他的状元来之不易，他才更加珍惜，并用自己的政绩回报世人对他的信任。公元1042年，辽国使者两次向宋提出领土要求，他都据理力争，使辽国使臣理亏，不敢轻举妄动。

　　王拱辰尽心尽力辅佐皇帝治理国家，并在关键时刻捍卫国家的尊

严，是一个名副其实的状元。

　　在这个故事中，我们看到了王拱辰少年时的孝顺好学，更看到了诚实品质在个人成长中发挥的重要作用。可见，对每个人来说，从小培养自己高尚的道德情操都是很重要的，因为这是每个成功者身上必备的品质。

司马光卖病马

　　司马光是我国北宋著名的政治家、史学家、文学家。他为人机智勇敢，诚实守信，深受时人和后代的景仰。

　　司马光之所以成为一个诚信的人，我们还要从他小时候说起。在他五六岁的时候，有一次，他和姐姐拿了些胡桃在院子里吃。可是两个人谁也不会给胡桃去皮，他们想尽了各种办法，怎么也弄不掉胡桃的皮。后来，姐姐有些不耐烦了，就找个借口回屋里休息去了。

　　司马光不甘心，就一个人继续研究。这时，家里的一个婢女见司马光拿着剥不开皮的胡桃正在着急，就教给他个好办法。只见婢女端来一盆热水，然后把胡桃全都放进去泡一下，这样很快就把皮都去掉了。

　　终于成功了，司马光扫视四周，见并没有外人，心想：这下可以在姐姐面前显摆了。于是就嘱咐婢女不要把这件事告诉姐姐。

　　过了一会儿，姐姐过来找司马光，看到已经去了皮的胡桃，她十分惊讶，就追问道："谁这么厉害，把皮都给剥下来了？"

　　司马光拍拍胸脯说："当然是我了。"

　　其实，这一幕都被躲在一旁的父亲看在眼里。听了司马光的话，父亲走出来，厉声问道："到底是谁剥的皮？"

　　司马光一下子就被吓到了，他没料到父亲竟然看见了。他知道自己不应该说谎，现在谎言被揭穿了，他只好硬着头皮承认自己说谎了，并保证以后不再犯这种错误了。

这件事在司马光童年的记忆里留下了深刻的印象，他把这件事记录下来，立志做一个诚信的人。

后来，司马光果然成为一个诚实守信的人。广为人知的就是他诚信卖病马的故事。

司马光有一匹枣红色的马，颜色纯正，也很温顺听话，只是由于患了肺病，每到夏天的时候就发病。这年冬天，司马光想把这匹马卖掉。他吩咐管家一定把马有病的事告诉买家。可是，管家为了把马卖掉并没有把这件事告诉那个买家，心想只要司马光事后不追问也就过去了。

可没想到，司马光见马卖掉了，立刻问道："可告诉买家那马夏天有肺病的事？"管家见瞒不住了，就实话实说了。司马光立即叫管家带着他找到了那个买家，他当面说了马有病的事，并向买家道了歉。

管家甚是不解，问道："别人卖马，只道自己的马好，怎能说自己的马有病呢？"司马光笑道："咱们卖的不光是马，还有做人的诚信啊！"管家听了，也深为司马光的诚实所感动。一时间，司马光诚信卖马的故事在当地传为美谈。

司马光从小立志诚信，长大后无论为官还是做人都时刻以此严格要求自己，并取得了很大的成就。

文学上，司马光主持编纂了我国历史上第一部编年体通史《资治通鉴》。在这部书中，他对历史上的重大事件都做了详细的描述，追究其产生发展的前因后果，给后代人研究历史提供了真实可靠的资料。

做官上，司马光更是清廉至极，甚至不得不典地葬妻。

司马光一生诚信做人，表现在生活上，更体现在他的史书中。从而使他的人生更具光彩，使他的史书更有价值。而一个人在一件事情上诚信容易，难的是一辈子诚信，司马光这种精神是值得我们每个人学习的。

王安石寻得生花笔

王安石，是中国历史上杰出的政治家、思想家、文学家，"唐宋八大家"之一。

王安石出生于一个地方官员家庭，从小就聪明好学。他少年时期为了获取知识，经常四处求学。王安石寻得生花笔的故事就发生在他曾经求学的书院。

杜子野先生正是书院里的老师，王安石来到这里之后，开始立志苦读。

一天，王安石读到《开元天宝遗事》，里面记载了李白梦见自己的笔头长出一朵美丽的花。从此之后，李白开始才思敏捷，文章更是写得挥洒自如，后来成为人们敬仰的一代大家。

年少的王安石读到这里，不禁想到：要是我也有一支这样的笔，还用这么费力地四处求学、刻苦读书吗？于是，他拿着书来找杜子野先生。

王安石给先生鞠了一躬，然后急切地问道："先生，您听说过生花笔的事情吗？"

杜子野先生一听就明白了，王安石是把这些奇闻逸事当真了。他笑着回答道："听说过啊！怎么，你也听说了？"

"那到底有没有呢？这书上记载李白就曾经梦见过自己笔头生花。可是，我从来没有看见过谁的笔头有花啊？"

杜先生假装看看门外，然后压低声音对王安石说："别说你，就

是我也没有看见过笔头有花的。不过，这生花笔是有的，只是我们这肉眼看不见罢了。"

王安石继续追问道："先生，那生花笔果然像传说中的那么厉害吗？谁要是有了它就可以变得文思泉涌，写出好的文章来？"

杜先生听了王安石的话，心中顿觉好笑。心想：这孩子是想成为有才学的人想得都要痴迷了，天下哪有不劳而获的事情。不过，看着王安石那认真的表情，杜先生突然心生一计。

杜先生对王安石招手，示意他走近，然后在王安石的耳边轻声说："其实，我已经搜集了很多支笔了，就是不知道哪支是生花笔。我看你这么好学，又急于想学有所成，就把这些笔都借给你，你自己从中找到那支传说中的生花笔吧。"说着，从一个书柜里拿出了一大捆笔交给了王安石。

王安石接过笔，激动地问道："敢问先生，我该怎么找到这支笔呢？它有什么特征啊？"

先生淡淡地笑着说："生花笔从外表看来和普通的笔没有什么两样，只有在你用它写字、写文章的时候才会发现它的不同。"

王安石听了这些话后，幡然醒悟，并郑重其事地向先生许诺道："先生放心，学生回去后一定不会辜负您的厚望，定会拿出铁杵磨成针的毅力，一定要找出这支生花笔。"

于是，王安石兴冲冲地抱着一捆笔回到自己的房间，开始寻找这支生花笔了。

为了尽快找到这支笔，王安石除了上课就是在自己的屋里，从不出去和同学们玩儿。一天放学后，王安石又急匆匆地要回去了。一个同学拦住王安石说他们要举办一个诗会，希望他可以参加。没料到王安石想都没有想，干脆地回答道："不好意思，我这几天很忙，没有时间参加了，大家见谅。"说完就径直向自己的房间走去了。

大家见此情景都很疑惑，一位同学提议说："这王安石搞什么名堂，总是神神秘秘的？不如我们去他屋里看个究竟吧！"其余的同学也都很好奇就纷纷响应。于是，大家一起来到了王安石的住处。只见王安石已经拿出笔和纸在那里练上字了。他一笔一画认真地写着，连大家来到他的门口都全然不知。

大家一看，这也不是什么重要的事情啊！一位同学就说："王安石原来你在练字，那就直接和我们说好了，还神神秘秘地做什么？"

"就是啊，还因为这个不参加诗会。不就是练字嘛，什么时候不可以！"刚才请王安石参加诗会的同学也不满地说道。其他同学也开始指指点点，一片唏嘘之声。

王安石这才知道同学们来了，赶忙把大家让进屋里来，见大家都误会他，连忙解释说自己正在寻找那支传说中的生花笔。书上记载只要有了这支笔，就不怕写不出好文章来。他一本正经地给同学们解释，可同学们听了都面面相觑，以为他在说笑话，就哄笑着离开了。但他并不因为大家的不理解而动摇信心，王安石仍然坚持着自己的信念，继续练习。笔写秃了一支又一支，每写坏一支，他都很开心，因为他认为这离成功又近了一步。

这天，王安石写到了深夜，终于写到了最后一支笔。拿着这支笔他突然感觉文思如泉涌，好像真的找到了生花笔。于是，他写出了一篇文采飞扬的文章。写完后，他看着自己的笔，终于明白了一切。

第二天，王安石拿着写好的文章和一大捆写秃了的笔来到老师这里。老师见状说道："看来你是找到了。"

王安石向老师深深地鞠了一躬，说道："学生感谢老师的教诲，从此必定会勤学苦练。"

正是凭着这种寻找生花笔的精神，王安石刻苦学习，长大后写出了许多治国安邦的好文章，有所成就。这种锲而不舍的精神，值得我们学习。

沈括山上求真知

沈括是我国北宋时期著名的科学家，他精通天文、数学、化学、气象学等多门学科，是个博学多才的人。

沈括出生在浙江钱塘（今杭州），从小就喜欢读书，特别善于思考，对学问尤其较真，总是会有这样那样的问题。

一次，他读到"人间四月芳菲尽，山寺桃花始盛开"就十分奇怪，心里纳闷：这是怎么回事呢？按照这诗上说的，别的地方的桃花都落了，山上的花才开，这是真的吗？为什么山上的桃花开得晚呢？他心里产生了一系列问题，打算弄个明白。

于是，他跑去一位同学那里询问，这位同学听了之后，也被问住了，也不知道答案。于是劝他不必那么追究，等见到老师问问自然知道了。

可是，沈括还是不肯罢休，于是去请教老师，刚巧老师家里没有人。没有弄懂这个问题，沈括就是不死心。他回去找来了两个小伙伴，和他们说了事情的经过，并对他们说："我打算去不远处的山上看一看，这个季节和诗中的季节相符。此时去，刚好能弄明白这其中的奥妙。你们能不能陪我去看个究竟？"

两个小伙伴都了解沈括的个性，不弄明白他是不会心安的。正好也想去山上看看美景，就答应了他。于是，沈括开心地拥着两个小伙伴出发了。

他们三个有说有笑地来到了山上，这时正是四月天，阳光明媚。

午后本来应该很暖和的，可是来到山上竟感觉有些凉飕(sōu)飕的。

"这山上会不会有什么不对的地方呢，怎么有些冷？你们感觉到了没有？"一个伙伴突然说。

"是啊，我感觉也冷了。比山下要冷得多啦！快点看看有没有桃树吧，没有的话，我们就下去吧。"另一个伙伴补充道。

其实，小沈括早就已经感觉到了，只是一直在观察四周，寻找桃树，没有说而已。听伙伴们一说，他就安慰道："没有事，再坚持一下，我记得不远处就有一排桃树了。快点吧，我们就能找到答案了。"

说着，他们几个人都不约而同地加快了脚步，小沈括在前面带路。走了不远，一排桃树就出现在眼前。几个小伙伴高兴地直奔过去。这里的桃花果真是刚刚开放，有的还是花骨朵。

看到这些，两个小伙伴真是高兴极了，一边欣赏桃花，一边说："诗中写的真是对啊，你不亲眼看见了，谁会想到呢？山下的花都要落尽了，这里的果真才开啊！"

沈括疑惑地说："可这是为什么呢？书中这样写，现实也确实是这样，为什么会出现山上山下桃花不一起开放的现象呢？"

"你们想想，这里比我们山下的气温是不是要低很多。而且，我们是越往上走越冷，这就说明高处的气温低。桃树开花肯定需要一定的温度，山上高，所以同一时期气温也比山下要低。当然要等山下花开过之后，山上的花才开了。"沈括有条有理地讲述着。

沈括就是一个凡事都要弄明白的人，对学习知识上的事从不马虎。这样才养成了他严谨的学习习惯，为他长大后从事科学研究奠定了坚实的基础。

他这种认真严谨的学习精神在他后来的学习道路上也有体现。如后来他为了测量北极星的精确位置，可以说是废寝忘食。

他每天晚上都守在仪器旁边观察北极星的位置和变化，并记录下来。白天他还要整理研究成果，准备研究需要的设备，翻阅相关资料。就这样，他坚持了三个多月的时间，经过反复论证，终于得出了令他满意的结论：北极星并不是在正北极，而是在离北极还有一度多

的位置。这个结论对天文学的发展起到了重大的推动作用。

沈括一生中，始终保持自己对学习认真和严谨的态度。经过不懈地努力他写出了《梦溪笔谈》这部伟大著作。书中涉及了天文、历法、地理、科学等各方面的知识，并对当时的科学技术情况进行了如实地描述，为我国科学研究事业做出了巨大的贡献。

沈括的成功与他善于发现问题、勤于思考是分不开的。这告诉我们，在学习中一定要注意多动脑、多思考，对不懂的知识一定要理解透彻，只有这样才会学到真知识、掌握真本领。

苏轼立志"读尽人间书"

苏轼，字子瞻，号"东坡居士"，世称"苏东坡"，眉州眉山（今四川眉山）人。北宋时期著名的文学家、政治家，他与其父苏洵、弟弟苏辙一起合称为"三苏"，三人与另五位散文家合尊为"唐宋八大家"。

公元1037年的冬天，苏轼生于眉州眉山。苏轼的父亲苏洵，人称"苏老泉"，《三字经》里提到"二十七，始发愤"的就是他。苏洵受古人珍惜时间、刻苦读书的影响，感觉自己也应如此，于是从二十七岁开始发愤读书。

苏洵读书很用功，对自己的要求也很严格。有一天，他翻阅自己的手稿，发现文章写得实在是不好。于是，他就将自己百余篇手稿全都拿到院子里烧了。苏洵这种严谨的治学态度，对苏轼的影响很大。

苏轼八岁到十岁之间，父亲苏洵进京赶考，落第之后又去了江淮一代游历，所以苏轼这一时期的教育都是母亲来承担的。母亲很注重对孩子品行的教育。

一天，母亲像往常一样给兄弟二人读书。两兄弟平时最喜欢母亲给他们讲各种历史故事了，所以，两个人早就坐到自己的位置上，认真地听了起来。

这天，母亲讲的《范滂传》，内容是后汉时期，朝廷政局混乱，政权都落到了宦官的手里。宦官怂恿皇帝，极力打击朝廷中的正直之士，一些不支持他们的官员纷纷遭到毒手。另外，他们还利用手中的

权力牟取私利，巧立名目，大肆搜刮百姓的钱财，弄得百姓生活苦不堪言。一些文人儒士见朝政混乱，民不聊生，纷纷起来反抗宦官。有的人不惜冒着生命危险，上书揭露他们的恶行，希望朝廷惩治宦官，重振朝纲。当时的这些正义之士时常遭到奸党的迫害，有的遭受皮肉之苦，有的因此而丧命。范滂正是这里面的一员，他宁愿自己牺牲，也不忍心连累别人，而他的母亲更是支持他这种大义凛然的行为。

母亲讲完故事，看着苏轼、苏辙说道："你们听了这个故事，有什么感想？"

苏轼抬头看着母亲，认真地问道："母亲，我长大以后做范滂这样的人，正直勇敢，不畏强暴，你觉得如何？"

母亲说："你如果能做范滂，难道我不能做范滂的母亲吗？"

苏轼听了母亲的话，更坚定了自己的信心，可能从那个时候起，苏轼就有了自己的理想，知道坚持自己的原则。这也是他后来为文为诗豪放不羁，在政治上坚持自己原则的原因。

由于母亲的悉心教导，苏轼少年时读了一些书，又因为聪慧好学，常常得到师长的赞扬。苏轼十岁时，已经能写出很有新意的文章了。他那篇《黠鼠赋》就是个很好的例子。这篇短文描写一个狡猾的小老鼠，掉进一个瓦瓮里。为了逃生，它假装已死，等人们把瓮弄倒在地时，它便急速逃去。故事短小生动，结构完整，又立意新奇。可见，当时苏轼已经有了一定的文学造诣了。

于是，他认为自己已经小有成就了，对自己十分满意。一天，他作了一副对联贴在自己门前："识遍天下字，读尽人间书。"

一位老人听说后，心想：这孩子如此自负，怎么会有发展呢？我一定要好好地教育他一下。于是，有一天，苏轼正在苦读，这位老人就拿着一本深奥的古书前来找他。

苏轼见这么一位老人都知道自己的才华，特地来访，心中不免窃喜。老人见了苏轼，微笑着问道："这位就是传说中'识遍天下字，读尽人间书'的苏轼吗？"

苏轼赶紧谦虚地回答："哪里哪里，那都是大家对晚辈的怜爱而已。"

老人淡淡地一笑，指着门外的方向，问道："那门外的对联可是和传说中的一样啊？"

苏轼听了这话就感觉到老人的来意似乎不是那么简单。忙请老人坐下，并问道："老先生前来不知道是为了什么事情？"

老人风趣地说："你不问我倒是给忘了，你看看，这年纪大了记性就是不行了。"说着把手中的一本古书翻开，指着书中的一个字对苏轼说："你看这个字，我翻阅了很多书，又请教了很多人，都不认识。听说你自称'识遍天下字'，所以特地前来请教啊！"

苏轼看看这个字，果然从未见过。再接过书，仔细地翻看，心中不免一惊。这本书中有许多字自己都不识得，而且连书的名字都没有听说过。

苏轼心中已经明白了老人的意图，他恭敬地合上书，递给老人，说道："今天多谢您的教诲，以前是晚辈不懂事，才疏学浅，以为自己的知识已经足够了，真是井底之蛙了。"老人见苏轼已经认识到自己的不足，就欣慰地离去了。

老人走后，苏轼就将对联改为："发奋识遍天下字，立志读尽人间书。"他用这句话来不断地提醒自己，学习是没有止境的，天外有天，人外有人。

　　从"识遍天下字，读尽人间书"到"发奋识遍天下字，立志读尽人间书"，凭着这种治学态度的转变，苏轼在仕途上取得了功名，并在文学方面有所造诣。他写下了《前赤壁赋》《后赤壁赋》《记承天寺夜游》和《念奴娇·赤壁怀古》等千古名作，给我们留下了宝贵的精神遗产。

刘焕让粥孝母

刘焕是北宋末年有名的好官，以孝敬父母而闻名。

北宋末年，金国与北宋开战。这时刘焕年纪尚小，他住的中山城已经很久没有粮食供应了。为了能够活下来，人们就寻找各种吃的东西充饥。有的人为了食物还发生争吵打斗的现象。

刘焕的家里也没有粮食了，这些天来母亲每逢做饭的时候都很难受。看着年幼的刘焕正是长身体的时候，却吃不饱，他的母亲别提有多难过了。

这一天，刘焕的母亲用糠麸煮了粥，希望能让孩子吃顿饱饭。可是，到了吃饭的时候还不见小刘焕回来。于是，他的母亲就端着粥来找他。

母亲知道，刘焕最喜欢听大人们讲历史故事和国家时事了。果然，出门不远处就看见刘焕坐在一群人旁边，入神地听他们讲金国与宋战争的事情呢。

母亲怜爱地叫他："快吃些粥吧，都什么时候了。"

刘焕高兴地说："您先吃吧，我听起故事就不饿了。"

母亲微笑着责怪道："我早就吃过了，你赶紧过来吃吧，今天特意给你做的粥，可香了。"边说边闻着，好像真的很香似的。

刘焕这时摸摸自己的肚子，笑呵呵地说："这么说来，我还真饿了。"

说着就跑了过来，他接过粥碗，看见里面连汤带水一大碗。都是用糠麸做的，没有什么米，所以不怎么稠，不免有些失望。可是，他抬起头正好遇到母亲慈爱的眼神。心想："母亲特意为我做了这碗粥，我怎么能不知足呢？"于是，他也闻了闻粥，开心地说道："今天的粥果然很香！"母亲听了也开心地笑了。

刘焕端起碗刚要喝，这时，他突然想到：母亲肯定没有吃粥！母亲这么爱我，我没有吃，她怎么会先吃了呢？她是为了让我吃饱才说自己吃过了，我又怎么能自己吃呢？

于是他端起碗，咕嘟咕嘟喝了些清汤。然后，用衣袖抹了抹嘴唇，假装打了个饱嗝，拍拍肚子，满足地说道："今天的粥真好喝啊，我喝饱了，好久都没有这么饱了。"说着把碗递给了母亲。

母亲接过碗，只见多半碗都是粥，清汤被刘焕喝了。母亲责怪地说道："你这是做什么，快都吃了，这不是浪费粮食吗？"

刘焕调皮地回答道："有母亲在，怎么会浪费呢。您帮我喝了吧，儿子今天实在是太撑了，吃不下了啊！"说着转身回到人群中，继续听故事。

看着儿子的背影，母亲的眼泪不住地流下来，掉在那碗粥里。嘴里轻轻地呼出："我儿果然孝顺哪！"一些乡邻知道了这件事，都夸赞小刘焕是个孝顺懂事的好孩子，将来肯定有出息。

刘焕不仅孝顺也很爱读书。他稍年长的时候，家里就送他去私塾读书了。由于战乱频繁，取暖物资很匮乏。一个寒冷的冬天，由于刘焕家里的经济条件不是很好，也没有很多钱买足够的炭来取暖。所以，他在家里都冻得瑟瑟发抖。

为了取暖，很多人就找些能烧的东西点火取暖。一日，他路过一堆干粪点燃的火堆，可能是因为味道太难闻了，所以没有人在这里取暖。

刘焕一看，这是学习的好地方啊，又暖和又清静。于是，他拿来书本，蹲在火堆旁，认真地读起书来。

他越读越起劲，全然不顾干粪燃烧散发出来的气味。路过的人都为他的这种好学精神所感动。

　　刘焕这种孝顺的品质，受到大家的称颂。他长大以后做了一名清廉的官员，在家乡一带很有名气。

李清照典衣买书

李清照，号易安居士。宋代著名的女词人，被公认为婉约词派的代表，更有"千古第一才女"之称。

她出生于书香家庭，父亲李格非，进士出身，是苏轼的学生。母亲是状元王拱辰的孙女，很有文学修养。在这样家庭环境的熏陶下，李清照也喜好读书做文章。

李清照家里有很多藏书，从识字起她就开始接触各类著作。再加上本身的爱好，她对书有着特殊的感情。每当碰到一本喜欢的书，就爱不释手，昼夜翻读，不看完是不会甘心的。有时，在别人家看到了自己喜欢的书，总是想方设法借来。若是遇到特别喜欢的书，看过后也要自己买一本收藏。因此，她经常去逛书市，而且每次都会挨个书摊仔细翻看，总是希望能找到自己喜欢的书。碰到感觉不错的书，她当时就把书中有用的地方看了，或是直接买下，回去再认真研究。

这年初春，李清照像往常一样去书市看书，希望能发现些有价值的书。这天她穿了一件亲戚送的新裙衫，翠绿的颜色和当时的节令刚好相配。穿上它去书市，李清照感觉自己的心情也好了许多。

由于她经常来这里看书，对这个书市的每一个角落和摊位已经很熟悉了，就连常在这里卖书的人她也都认识得差不多了。她照样挨个摊位翻书，每到一处，可以说一本书都不放过。有的摊主为了给她节省时间，干脆就直接告诉她哪本是新来的书。

可是，已经到了中午，李清照仍然没有找到自己喜欢的书，正在叹气，一位摊主告诉李清照说："姑娘不妨去那边看看，今天来了个生面孔，他的书不错，也许你会感兴趣的。"顺着摊主指的方向，李清照看到了一位年长的老者，正坐在一堆书边，不像其他的摊主那样吆喝，而是静静地坐在那里，只管看着书摊。

果然，这里有一些关于金石学方面的书，而且有的书已经失传好久了，李清照也只是在一些书籍的记载中见过名字。尤其是一本名为《古金石考》的书，据介绍这里面记载了好多珍贵的金石学资料，可惜她多方求人也没能找到。想不到今天竟然能遇到这样的好事，真是踏破铁鞋无觅处，得来全不费工夫。

她激动地拿过书就开始翻看，果然，里面的记载十分详细，很多金石知识都是她没有接触过的。于是她赶快询问老者这书怎么卖，没想到老者却反问道："姑娘可是真心喜欢这书？"李清照毫不犹豫地点点头。老者微笑着说："看来姑娘和这书是有缘啊，我这本来是祖传的古书，轻易是不会卖的。只可惜家道败落，现在急需钱财。我只希望这书可以找个珍惜它的人，这也算是对祖上有个交代。至于价钱你就给我二十两吧，解决了我家现在的燃眉之急即可。"

李清照一听，立刻掏出身上所有的钱，可加起来也不到十两。她知道老者若不是万不得已是不会卖这古书的，而且，自己也梦想这本书很久了，今天这个机会一定不能放过。于是，她恳求老人帮她保留这本书，自己马上去筹钱。老人见李清照年纪轻轻就对书如此痴迷，不免被她感动了，就答应她若不回来绝不会卖掉书。

这时天色已经不早了，要回家去取钱又路途太远，可是近处又没有什么亲戚可以去借钱，身上还没有什么可以典当的值钱物件，这可怎么办呢？突然，她把心思放到了自己的新裙衫上。这衣服的面料不错，且做工精致，估计能当个好价钱。于是，她不假思索地向当铺走去。

不到半个时辰，李清照穿着一身单衣出现在老者的面前，手里捧着十两银子。老者疑惑地问道："姑娘这是怎么回事？"李清照就把自己当衣服的经过都告诉了老者，并感谢他为自己保留书。听了这番

话，老人感动得不知如何是好，激动地说："这书是找到它真正的主人了！"说罢，将书交到了李清照的手中。

李清照穿着单衣薄衫走在回家的路上，虽然是乍暖还寒的季节，她也不觉得冷。她紧紧地抱着买来的书，如获至宝。

一代才女李清照少年时候就是这样嗜书如命，为了得到喜爱的书，获得知识，即使倾其所有也在所不惜。难怪她后来在文学和金石学上都取得了很大的成就。李清照擅长书、画，尤其精通诗词，其词婉约而不失须眉之刚毅，闻名词坛，被誉为"婉约之宗"。直到今天，她脍炙人口的词作也深受读者喜爱。金石学上，她和丈夫赵明诚一起专心研究金石文字，在丈夫死后，她殚精竭虑，编成《金石录》一书，填补了我国金石学研究的空白。

才女李清照的成功不光是靠聪明，她那种爱读书、嗜书如命的精神才是铸就"千古第一才女"的关键，也正是我们应该学习的地方。

丁天锡舍命救母

　　孝顺是中华民族的传统美德，也是对每个人最起码的道德要求，宋代诗人丁天锡就是孝顺的典型。

　　丁天锡自幼与母亲相依为命，家里困难，有什么好吃好喝的，他都不舍得吃，总是让母亲先吃。虽然年纪小，但是遇到脏活累活他一定要抢着干。他孝顺是闻名乡里的，邻居们都夸他是个懂事的孩子。他家可谓母慈子孝，日子过得虽然清苦，但是也算幸福。

　　那时，丁天锡家一带常有匪寇出没，每到一处总是要抢光钱财，有时还会残害百姓。当地百姓对匪寇敢怒而不敢言，只得献出钱财以保平安。

　　这一年，匪寇又大肆地前来抢财物，母亲和年少的丁天锡躲闪不及被困在屋内。他们见丁天锡家里没摆什么值钱的东西，就开始自己动手翻了起来，日常用品被翻得到处都是。可是，还没有搜到什么贵重的物品，就威胁他们，扬言若是不交出家里的钱财就将他们都杀了。丁天锡的母亲赶紧将平时积攒下的几两银子交了出来。

　　谁知不交还好，一个匪寇见她拿出银子，更加凶狠起来，举手就将她打倒在地，并怒斥道："好你个不知好歹的妇人，我们本不想动手，可你却如此不老实，还迟迟不肯交出钱财。说，还有什么值钱的，赶紧拿出来，否则别怪我不客气了！"说着就举起手中的棍棒要打。在一旁的丁天锡见状，急忙扑到母亲身上，试图用自己弱小的身躯保护母亲。

匪寇见状，停下手中的棍棒，喝道："快点交出来，不然这棍棒可不让你了！"

丁母已经交出了全部的家当，哪里还有钱财啊！于是跪地哭求道："还请手下留情，我们孤儿寡母的，生活本就无依无靠，哪里有值钱的东西呀！刚才给你的已经是我们全部的积蓄了。求您放过我们吧！"

匪寇已经听惯了这些哭诉，哪里还有耐心，不容分说，拔出腰中的大刀就向丁母砍去。说时迟那时快，柔弱的丁天锡毫不犹豫地又一次挡在母亲身前。见此情景，匪寇的头领马上拔刀拦下了即将砍在丁天锡身上的刀。

其实，连行凶的匪寇也没有想到，这年幼的孩子能有这么大的勇气，竟然会冒死为母亲挡刀。匪寇的首领问道："你这孩子，难道不怕死吗？"

丁天锡仍然挡在母亲前面，坚定地回答："为了保护母亲，我什么也不害怕。"

小小年纪就如此孝顺，竟敢为了母亲而牺牲自己的性命，就连这些自称杀人不眨眼的匪徒也是自愧不如。匪寇首领被丁天锡的孝顺之心深深地感动了，于是放过了他们母子，并把钱还给了他们。从此，这帮匪寇再不到丁天锡家里来搜刮了。

丁天锡舍身救母的事迹很快在乡里传开了，从此，他成了远近闻名的小英雄、大孝子。

> 孝顺是一种美德，也一直是我们每个人的必修课。有时孝顺就体现在生活中的每一个细节，体现在丁天锡救母的一瞬间。给母亲留好吃的、帮母亲做家务。正是平时积攒下的点滴才构成了他后来的奋不顾身。所以对于我们来说，孝顺就是从小事做起。

岳飞习武为报国

　　一提起南宋著名的抗金英雄岳飞，很多人都会想到他精忠报国、誓死抗金的浩然正气，有的人也许还会想到岳母刺字。可是，我们是否会想到在岳飞驰骋疆场、取得赫赫战功的背后，少年时他苦练本领的艰辛呢？

　　岳飞出生在一个贫苦的家庭里。传说他出生时有大鹏鸟在房顶上空盘旋鸣叫，人们纷纷称奇，说他将来必定会光宗耀祖。于是，父母为他取名岳飞，字鹏举。顾名思义，父母希望他将来可以像大鹏鸟一样展翅高飞，鹏程万里。

　　没想到，岳飞刚出生不久，父亲就在水灾中丧生了。从此，岳飞由母亲一人抚养。岳飞从小就聪明好学，不到五岁就能背诵《千字文》了。

　　稍大一些，岳飞想习字读书，他把这个想法告诉了母亲。可是，家里穷得都吃不饱、穿不暖，实在没有钱供他读书习字。这让生活中遇到什么困难都不曾低头的母亲，既为难又伤心。见此情景，岳飞不再催母亲了，而是自己想办法。

　　后来，岳飞就学习古人的办法，拿着柳条在地上练字。正因为他在艰苦的环境中不放弃自己对知识的追求，坚持学习，才有了后来激情澎湃、充满爱国之情的《满江红》和在战场上指挥若定、治军严明的一代名将。

　　像对知识的追求一样，岳飞自幼习武，决心学到精忠报国的

本领。

他自幼就喜欢武艺，看到别人练武功就会像模像样地比画几下子。附近有位叫周桐的人，精通射箭和枪法，武艺高强。岳飞在征得母亲的同意后，就前去拜师。

周桐武艺很高，但他不轻易收徒。岳飞说明来意后，周桐只是淡淡一笑，说道："学习武功是件很辛苦的事，你看看我的徒弟们就知道了。要是想继续留在这里学习就跟着他们一起练吧。"

说罢，岳飞随周桐来到练功的地方，只见六七个少年头顶小碗，都在那里蹲马步。为了拜师学艺，岳飞毫不犹豫地和他们一样，开始蹲马步。

时值夏天，烈日当空。周桐也不叫大家停下来，只是坐在阴凉处看着大家。一个时辰过去了，两个时辰过去了，周桐仍不叫大家休息。他的徒弟们虽说都有功底，可也受不了这烈日的毒晒，有的实在坚持不住，自己停了下来。

岳飞知道这是在考验自己，为了能拜师成功，他打定主意，周桐不说收他为徒，他决不能停下来。就这样，岳飞凭着坚强的毅力一直坚持着。最后，练功场地就只剩下他一个人。这时，周桐的一个徒弟走来劝说道："小兄弟快休息会儿吧，师父就是这样，从不叫停。"岳飞回答道："没事，周师父什么时候收我为徒，我才能停下来。"又过了不知多久，岳飞只觉得两耳隆隆作响，脑子一阵轰鸣就没有意识了。

他醒来的时候，只见周师父在他床边，慈爱地说："从未见过你这样能坚持的孩子，以后跟着我学习武艺吧。"

从此，岳飞开始了他的习武生涯。无论严寒酷暑，他都是最刻苦、最用功的那个。就算练功再累，他都不曾叫过辛苦。经过几年的磨炼，他成长为一个强壮的小伙子，练就了一身扎实的基本功。这时的岳飞拉弓射箭，动作已经十分娴熟，而且他的箭法是众人中最准的，可以百步穿杨。

这年冬天，周桐师父开始教他们枪法。由于大家的基本功都练了几年了，况且箭法都练得不错。所以，师兄弟们都认为这枪法的学习应该也不是问题。周桐看出了徒弟们的心思，给大家演示了一套枪法后，就让大家练习，他则在一旁指点。正是数九寒天，有的人练一会儿就要回屋里歇歇，可岳飞却还像往常一样从不休息，一直在那里边练边琢磨枪法中的奥妙。

第二天早晨，天下起了大雪，大家担心地太滑，不适合练武，就没有起床。岳飞心中还记挂着昨天学的枪法，他自己总觉得虽说招式练得已经八九成了，可在关键的几个招式变换上还是存在问题。他想今天继续边练习边琢磨，见大家不肯去，就独自来到练功场地。

虽然雪很大，但岳飞练功的激情丝毫没有减退。他边回忆边练习，每个招式都认真地练习，遇到有疑问的地方就反复演练琢磨。就这样，他在雪中自顾自地练习着，完全没有觉察到师父周桐在一旁正看着他。

看到岳飞这样用功，他更加坚定了自己的判断。于是，他走上前去，打断了岳飞练功，问道："这枪法练得怎么样，可有什么不懂的地方？"见师父如此关心，岳飞十分感激，正好自己有些地方没有练好，就将心中的疑问都说了出来。

其实，这些都是周桐师父用来考验他们是否认真练功的。听了岳飞的话，周桐师父很是欣慰，就将这套枪法中的几个关键环节演练给他看。从此岳飞跟着师父继续学习枪法，并通过自己的不懈努力，参透了其中的奥秘。后来，他又在此基础上独创了岳家枪法，助他上阵杀敌。

无论是学习知识还是武艺，少年岳飞都勤学苦练。长大后，他上战场杀敌，指挥军队，取得的成功与他少年时期的艰苦奋斗是分不开的。正是少年时代的积累，才塑造了我国历史上的这位民族英雄。这也启示我们，若要成为一个有用的人，必须在少年时积蓄自己的力量，长大后才会有搏击长空的本领。

陆游"书巢"苦读

陆游是我国南宋时期著名的爱国诗人，　　生立志抗金，收复失地，写下了许多激情洋溢的爱国诗篇。

陆游还在襁褓中的时候就随家人逃避战乱，因此，他从小就立志抗金救国。陆游的父亲是一位关心国事的人，每天都和一些爱国志士讨论朝廷的各种政策，每当谈论抗金之事，他们都表现得异常激动。陆游看在眼里，便在心中不知不觉地滋生了爱国情结。从那时起，读书习武，然后上阵杀敌，是陆游心中的理想。

陆游从小就好学不倦，常常把自己关在屋里，昼夜苦读。一次父亲来到他的房间，只见桌子上、床上、地上都堆着书。父亲就质问陆游为什么不收拾自己的屋子，没想到陆游却说："屋里本不适合读书学习，看见床就想着休息，我放些书在床上，躺下了也能看书。桌上地上都是书，眼睛里都是书，脑子还能想别的吗？"父亲听了，觉得有道理，就不再约束他了。

于是，陆游就在自己的书屋里开始刻苦读书了，随着时间的推移，屋子里的书也越积越多。一次，一个朋友来他家里做客，一进他的房间，马上就被眼前的场景给镇住了。因为他屋里现在的书已经堆得连走路都受阻碍了。朋友笑道："果然是百闻不如一见，听说你有读书的嗜好，没想到你的书竟多得要把屋子堆满了，简直成了'书巢'！"陆游一听这个名字，马上就说道："好，那就叫'书巢'吧。我能住在用书筑成的巢里，也是不亦乐乎哇！"

从此，陆游"书巢"读书的故事就传开了。热爱读书的同时，陆游也喜好习武。他从小就以岳飞为自己的榜样，每听到大人们议论岳飞将军如何神勇的事迹，他都会铭记在心间，并立志做一个像岳飞一样精忠报国的人。

陆游聪明好学，而且努力练习，一招一式他都没有半点马虎。无论严寒酷暑，他从不间断地练习武艺。功夫不负有心人，到十七岁那年，他已经文武双全。也正是这一年，岳飞因莫须有的罪名被杀害了。陆游闻讯，悲恸不已，更立下志向，一定要誓死报国，铲除奸党。

从此，陆游开始了他的戎马生涯，希望用自己的实际行动实现报国的理想。在文学上，创作诗歌数量极多，现存有九千多首。他的作品大多收集在《剑南诗稿》《渭南文集》等诗集中，其中，涉及抗金杀敌的军旅生活，爱国之心溢于言表。直至去世，他从未改变过自己的志向，在病床前还写下了那首感人至深的《示儿》："死去元知万事空，但悲不见九州同。王师北定中原日，家祭无忘告乃翁。"表现他的爱国激情。

陆游通过自己的"书巢"苦读，刻苦习武，终于实现了自己报国的理想。同时，给我们留下了宝贵的精神财富。这启示我们，从小树立热爱祖国、报效国家的伟大理想，通过自己的刻苦学习，掌握本领，长大后才能在自己的岗位上建功立业。

许衡不食无主之梨

许衡，元朝时期的大儒，学者称"鲁斋先生"，是我国元代一位百科全书式的学术大师，并官至相位。他为人正直、有原则，无论在什么情况下都能严格要求自己。

许衡小的时候十分喜欢读书，每次读到喜欢的地方，他总是高兴得自言自语，连连称好，为了研读一本好书，他常常废寝忘食。

一次，小许衡从书中了解到，唐太宗以魏徵为镜，严格要求自己。他就心里默默地想到：看来要成为一个成功的人，并不是那么容易的。唐太宗作为一国之君，为了治理好国家，也必须严格约束自己的行为。古人能做到的，我也能做到。从此，小许衡就更加刻苦地学习，并在实际生活中用古代贤人的高尚品行来要求自己。

许衡青年时期，正好赶上蒙古兵进攻金国。他的家乡一片兵荒马乱，很多人开始逃亡。迫于生计，他也和一些年轻人开始躲避战乱。一路上，到处都是战争留下的痕迹，村庄破败，不见有人出入。田地也没有人耕种，长满了杂草。见到这些场景，许衡不禁连连叹息。同时，也在心中立下志向，长大后一定要为国家为百姓做些有用的事，让百姓都能过上安定富足的生活。

这天，烈日当空，他们走了一上午的路，又累又饿，连一口水都没有喝到。逃生的欲望加上赶路的艰辛，每个人都累得大汗淋漓，衣服都湿透了。

有几个年纪小的孩子提议道："咱们找个凉快些的地方，停下来休息一下吧，我们实在是走不动了。"

一个年长些的人擦了擦脸上的汗，指着前面的树林说："就在那里休息吧，再找些吃的来，吃饱了咱们才能继续赶路。"

许衡和大家一起来到树下休息，这时正是中午时分，烈日烤着大地，地面热气腾腾，好像下了火一样，知了也声声叫个不停。这时，大家的心情都异常的烦躁。有的人开始抱怨："没吃没喝怎么办，活活的给热死。"刚静下来的人群又开始躁动起来，都议论纷纷。

正在这时，有人喊道："快看，那里有一片梨树！我们有吃的了！"

"在哪里？在哪里？"人群中炸开了锅。人们似乎找到了生存的希望，都寻找着梨树园子的方向。

原来在树林的后面，有一大片梨树，看来是谁家养的梨树园。虽然离得有些远，但是隐约可见树枝上黄色的梨子。这时，大家拿起随身带的物品，纷纷向梨树园奔去。

只有许衡一个人还坐在树下不动，好像没有看到、没有听到一样。一个和许衡要好的年轻人，发现许衡没有在人群中，就回头找他。见他仍然像什么事也没有一样坐在树下，就好奇地问："你怎么还不走呢？"

许衡淡定地说："去哪里？"

那人笑着答道："你没有听见吗？我们发现梨树园了，去那里摘梨吃啊！你看，就在那边。"那人边说边用手指着梨树的方向。

"凭什么要摘人家的梨呢？"

"因为我们又饿又渴呀！许衡，快走吧，那里没有人看着，我们就是吃一些梨，解决现在的困境，又不是祸害别人的东西。再说了，现在战乱了，梨园的主人都不知道哪里去了呢！"

许衡坚定地说："梨是没有主人了，可是我们自己的心也没有主人了吗？你们这么做，不是古代圣贤的所作所为。虽然现在环境动乱，可是，我们的道德不能也跟着乱呀，对自己的要求也不能随着世道而改变。我是不会去的，宁可饿死渴死也不会去。"

　　年轻人被许衡的这种精神所感动了，久久地说不出话来，两个人都陷入了沉思。看着眼前这动乱破败的景象和不远处摘梨吃的人们，年轻人感叹道："许衡，你说得对，我们的心应该有主人。"

　　许衡小时候就以古代圣贤高尚的品质来要求自己，并以他们为榜样，在现实生活中严格地要求自己的言行。正是在这种精神的影响下，他博览群书、严于律己，长大后成为一代名儒。许衡为官后，更是刚毅不屈、敢于直言，被誉为"元代的魏徵"。

　　从许衡成长的过程，我们可以深刻地看出严于律己在一个人成长中的重要作用。我们要以许衡不食无主之梨的精神严格要求自己的言行，自觉抵制生活中的种种诱惑。

中华伟少年

关汉卿智斗老财主

　　关汉卿是我国元代著名的杂剧作家。他与马致远、郑光祖、白朴并称为"元曲四大家"。

　　关汉卿出生在一个贫苦的农民家庭，父母靠卖烧饼、做豆腐这些小买卖维持生计。环境虽然艰苦，但是他小的时候就很爱学习，喜欢吟诗作对，颇有才气。

　　只可惜生不逢时，他的青年时代正赶上元朝初年。在这个社会动乱时期，一方面朝廷的科举制度一度取消，另一方面一些财主地痞、贪官恶霸横行乡里。出身贫寒的关汉卿根本没有施展自己的才华和出人头地的机会。因此，他从小就对社会上这些恶霸极度愤恨。

　　关汉卿本名关良，字汉卿。据说他的父亲非常敬重忠烈英勇的关云长和张良(字汉卿)，因此为他取了这个名字。果然，关汉卿没有辜负父亲的期望，小的时候就一身正气，疾恶如仇，常常与地主老财做斗争，表现出了智勇双全。

　　关汉卿刚刚十岁那年春天的一个下午，他像往常一样从学堂走在回家的路上。由于刚刚下过一场雨，大地散发出一股泥土的芬芳，刚刚发芽的树木也显得生机勃勃。看着这美好的景色，关汉卿不禁出了神，一不留心就滑倒在泥泞的土路上了。谁知刚好是倒在当地张财主家的门前，张财主和李财主正在那里闲聊，见此情景，不禁哈哈大笑，对关汉卿指指点点。张财主讥讽着说："小小年纪就这么懂得规矩，见到本大爷也知道行大礼了！哈哈哈，快起来吧！"

中华伟少年 / 195

关汉卿从容地站起来，开口道："春风伴春雨，水流满街泥。摔倒大官人，笑煞两匹驴。"

听了这话，两个财主的脸都气红了。那个李财主见关汉卿虽然有点学问，但毕竟是个小孩子，就脱口说道："好啊，你小小年纪就这样出言不逊，今天非得给你点颜色看看。你既然有点才华咱们就和你比试比试，答得出来就姑且放了你，要是答不出来，就别怪我们不客气了。"

张财主听了这个主意觉得不错，也撸起袖子，拤着腰喝道："敢不敢比试啊，现在反悔还来得及。不要等到输了哭鼻子啊，哈哈哈！"

关汉卿回答道："比就比，还怕你不成！不用啰唆了，赶快出题吧！"

李财主早已酝酿好了，脱口说道："骑青牛过关，老子姓李。"关汉卿一听，心想：竟然把李耳老聃给搬出来了，而且这口气还有侮辱我的意味。于是，关汉卿略思量下回道："斩白蛇起义，高祖是刘。"

李财主一听，就没有词了。张财主见此情景，突然想到这孩子的父母都是穷人，不如就拿这个来嘲弄他，于是就眯着眼睛问道："看你这样有才华，不知道你父母都是做什么的啊？"

关汉卿淡淡一笑，不慌不忙地回答道："老父亲肩挑日月街前卖，老母亲手推石磨转乾坤。"

两个财主见这孩子一点也不胆怯，而且对答如流，两轮下来他们没有占到一点便宜，气得吹胡子瞪眼睛。二人开始搜尽枯肠找机会奚落关汉卿，这时，张财主见关汉卿穿了一身青绿色的棉袄，就戏弄道："蛤蟆披绿袄。"关汉卿立刻对道："螃蟹穿红袍。"这句一出，两个财主马上就没话可说了。

本来想用"蛤蟆"来讽刺关汉卿，没想到他却用"螃蟹"有力地回击了他们。螃蟹本来就是横行霸道的动物，再加上李财主穿了一件红色的棉袍。这个比喻既形象又生动，充满了讽刺色彩。

两个财主这下子可真是气坏了，开始在原地踱步，拍着脑袋，苦想起来。张财主突然有了主意，阴笑着说道："二猿伐木深山中，小猴子焉敢对锯。"话音刚落，李财主马上拍手叫好，心想：这下你这小家伙对不出来了吧？

没想到，关汉卿略微思考了一下，马上回对道："一马深陷泥坑里，老畜生怎会出蹄。"这个对得简直是天衣无缝。"对锯"与"对句"，"出蹄"与"出题"这两对词语分别谐音。财主指责他不敢答对子，而他则讽刺财主不会出题，可谓针锋相对，还击得很有力。

两个财主见自己使尽了浑身解数仍然占不到便宜，还被关汉卿一顿讽刺，尴尬到了极点，于是两人就灰溜溜地回家去了。

关汉卿以自己的才学和勇气，写出了《窦娥冤》《救风尘》这类反映人民疾苦、痛诉社会黑暗的剧作。

关汉卿正直、勇敢，坚决同社会黑暗势力斗智斗勇的精神值得称道。他后来写出了《窦娥冤》这样反映百姓冤屈，最后正义得以伸张的作品，不仅有力地讽刺社会的黑暗，更给现实中苦难的人们带来希望。我们应该学习关汉卿这种精神，努力学习，掌握本领，做有益于社会的事。

郭守敬复制"莲花漏"

郭守敬，我国元朝时期著名的科学家，精通数学、天文和水利等。

他的祖父郭荣是金元之交一位很有名望的学者，精通天文历法，尤其擅长水利技术。郭守敬从小就跟在祖父的身边，所以对各种科学知识都非常感兴趣，这也为他的成才提供了必不可少的条件。

从他刚刚懂事起，就每天跟着祖父学习各种知识。祖父发现，郭守敬虽然年纪小，但是对于知识的渴望却是非常的强烈。有一次，祖父给郭守敬出了一道有难度的算术题。一方面，想考验一下他对知识的扩展能力；另一方面，想看看他是不是有克服困难的决心。

一个时辰过去了，祖父对他说："行了，我看时间差不多了，算不出就算了吧，明天我给你讲解。"

郭守敬让祖父先去休息，自己继续研究起来。最后终于解出了这道难题。

祖父不但教郭守敬读书，也喜欢领着他去观察各种自然现象，在现实中检验学到的知识。这养成了他自己动手学习的好习惯。

郭守敬特别喜欢自己制作各种学习器具，所以，当别的孩子满街跑着玩耍的时候，他正对照着书本，认真地做着自己喜欢的小器具。

这种喜欢自己动手研究的精神，使得郭守敬在学习中积累了丰富的制作经验，掌握了科学研究的实践方法。在他十五六岁的时候，就成功复制出了"莲花漏"。

一天，郭守敬在翻阅书籍的时候偶然得到了一幅"莲花漏"的图样。莲花漏是一种计时器具，相当于古代的漏壶。它是北宋著名的科学家燕肃在漏壶的基础上经过改进而制成的。它的内部结构比漏壶要复杂得多。

由于书上的记载和解说有限，郭守敬又对这个图样十分着迷。于是他把图样拿来，凭着自己多年来分析图样的经验开始研究起来。

通过反复临摹图样，他终于明白了"莲花漏"的制作原理。

原来，这个器具是由几个部分组合而成的。上面是几个能漏水的水壶，这几个水壶的高度保持不变，水面的高度就不变。这就保证了往下面流水的速度是不变的，所以一定时间内，下漏的水量是一定的。人们就可以通过水量的多少清晰地判断出时间了。

这些说来容易，其实就仅凭那一幅图样，能把这其中的原理研究得如此清楚，对一个十五六岁的孩子来说是十分难得的。

郭守敬长大后，成为一名精通天文地理的科学家，在西夏治水和修运河等工程中都立下了大功。他还主持编撰出我国历史上施行最久的历法——《授时历》，并在天文、水利等方面，创造出十六项世界第一。人们为了纪念他的功绩，将月球背面的一座环形山命名为"郭守敬环形山"，将小行星2012命名为"郭守敬小行星"。

郭守敬的成功告诉我们，一个人从小就应该养成爱思考、勤动手的好习惯。学会刻苦地钻研知识，把知识从书本中真切地应用到实际中，这样才会不断提高自己的学习能力，长大后才能做一个像郭守敬一样为国家人民造福的人。

黄道婆学习纺织技术

黄道婆，是我国宋末元初著名的纺织家。她出生在松江府附近纺织业兴盛的乌泥泾镇（今上海市徐汇区华泾镇），用自己的努力演绎了非凡的一生。

痛苦的童年

宋末元初，世道动乱，贫苦人民生活在水深火热之中。黄道婆家里迫于生计，把十二岁的她卖到了地主家做童养媳。

在地主家她过着非人的生活，白天她要下地做农活，晚上还要织布赚钱。每天天刚亮她就被叫起来，烧火做饭，伺候公婆，然后下地干活，直到太阳落山了，她才敢回来。如果她稍起得晚了，或是干活回来得早，惹公婆不满，就会遭到毒打，并且不给她饭吃。

在那段时日里，唯一能让她静下心来的，就是织布。刚开始的时候，她并不喜欢织布。只是迫于公婆的逼迫，才在每天干活之余认真学习织布的基本功和各种技巧。黄道婆聪明伶俐，经过学习，无论什么样的线，到了她的手里，通过巧妙的搭配都可以织出各种布来。

在这个过程中，她渐渐地觉得织布是一件很神奇的事。而且，看着自己织出的布，她第一次感觉到了成就感，感觉到自己的生活原来是有意义的。就在这个时候，黄道婆暗下决心，一定要努力学习各种纺织技术。

从此，黄道婆就开始有意识地向当地的纺织能手请教，虚心学习她们的纺织技巧。很快，黄道婆就把当地的纺织技术掌握得差不多了。她听人说海南地区的纺织很有特色，就开始渴望能到海南当地去学习。

一次，公婆和丈夫怀疑她不好好干活，就把她毒打了一顿，关进了柴房。这对她来说已经是家常便饭了，她望着窗外的夜空，心想道：自己有手有脚，每天都不停地干活，完全可以靠自己养活自己，为什么要在这里受苦呢？突然，她萌生了去海南的想法。于是，她偷偷地撬开窗户，逃了出来。之后，她几经辗转来到了海南。

发奋学艺

黄道婆来到海南岛南端的崖州，即现在的海南省三亚市西北崖城。热情的黎族人民接受了她，并帮助她学习纺织技术。她逃离了噩梦般的生活，现在终于有机会实现自己的梦想了。于是，她开始努力学习当地的各种纺织技术。

黎族的棉纺业很发达，各种工具和技术更是先进。为了早日掌握这些技术，她每天起早贪黑不知疲倦地学习着。由于语言的障碍，黄道婆学习的时候遇到了很多麻烦。为此，她还刻苦学习当地的黎族语言。

在学习过程中，每遇到一个难关、一个新工具，黄道婆都像着了迷一样，刻苦钻研，不肯休息，直到弄懂为止。黎族人被她这种执着精神所打动，毫无保留地将他们的技术知识都传授给了她。

就这样，黄道婆始终坚持着自己最初的信念，并为之努力奋斗。经过三十年的努力，她终于掌握了黎族人所有纺织工具的使用方法和先进的纺织技术。

后来，黄道婆回到家乡推广纺织技术，经过她的努力，家乡的棉纺业开始蓬勃发展起来。一时间，乌泥泾生产的被、褥等棉织品，开始远销全国各地。很快，乌泥泾松江一带迅速成为全国的棉纺织业中

心。到了19世纪，松江的纺织品更远销海外，可谓"衣被天下"。

综观黄道婆的一生，童年时期，凭借自己的机智勇敢从痛苦的生活中挣扎出来。此后，她通过艰苦奋斗，不仅实现了自己的人生价值，还造福乡里。我们可以看出，困境并不可怕，只要我们坚定自己的信念，并为之奋斗，一定会打造出一片属于自己的天地。

王冕荷塘练画

王冕，元朝末年人，从小就聪明好学，后来成为我国历史上著名的画家和学者。他从小立志苦学的故事，一直激励着很多人。

荷塘练画

王冕出生在一个普通农民家庭，一家人以种地为生，勉强维持生计。他从小就喜欢读书，可是由于家里条件实在不好，没有钱供他上学。

到了七八岁的时候，王冕就担负起放牛的任务了。每天早晨他都牵着黄牛去野地里，晚上才能回来。

一个午后，王冕带着老黄牛去荷塘边饮水。只见满塘的荷花开得正盛，映着阳光，分外娇艳。微风吹来，水面荡起微波，荷叶随波轻轻摇摆，互相碰撞。粉红的荷花好像知道有人来了，也似乎在向王冕点头示意。

王冕一边看着老牛喝水，一边想到：这么美的花，这么美的景，要是能把它画下来，就可以经常看到了，那该有多好！于是，他开始琢磨着怎么才能练习画画。

要画画，首先得准备笔墨纸砚啊！于是他把牛拴在旁边的树上，开始在四周寻找材料了。王冕见池塘边有一块光滑的石头，心里合计：这里光滑平坦，就当作纸吧！他又找来一些树枝当作笔。就这

样，他的工具齐全了。

王冕就用树枝蘸着池塘里的水在石头上画了起来，感觉自己真的就像一个小画家一样，心里乐滋滋的。开始他画得一点也不像，而且石头上的水一会儿就干了。于是，他干脆就在地上用树枝画了起来。他每画一笔都要抬头对照着池里的荷花，就这样认真地观察、模仿荷花的姿态。

不知不觉就到了天黑，王冕赶紧牵着老黄牛回家去了。第二天，王冕又早早地来到这里，继续练习。就这样坚持了好久，才初见成效，他画的荷花越来越像了。

这时，他就想用真正的纸和笔来画画了。虽然他知道自己的家里条件不好，但是他仍然鼓起勇气专门画画给父母看，希望他们给自己买纸笔。果然，父母很支持他，用家里不多的钱给他买来纸和笔，他终于可以在纸上画出属于自己的画了。当小王冕画出第一幅画的时候，他高兴得手舞足蹈，拿着画给父母看，父母看后既骄傲又高兴。

母亲鼓励他说："虽然咱们家里困难，但是你自己一定要努力，不管条件多么艰苦，一定要坚持自己喜欢做的事。"

母亲的话让王冕十分感动，他含着泪说："我一定会坚持的，不会让你们失望。"从此，他就更加努力地画画了，为了省纸，他大多时候仍然在地上练习。

佛殿读书

王冕不但喜欢画画，也喜欢读书。他八岁的时候，有一次放牛路过学堂，听见里面朗朗的读书声，禁不住停在外面，静静地听先生讲书。

也不知道过了多久，他才发现牛不见了。他这下可着急了，四处寻找都没有找到。最后，他只能垂头丧气地回家，准备好挨打了。

到了家里才知道，原来牛自己回家了。父亲看他才回来，也不好好地放牛，就打了他一顿。还是他母亲在一旁劝说，父亲这才住手了。其实王冕也知道，这牛是家里最重要的财产，没有了牛，家里就没法种地了，那还靠什么吃喝。于是，他并不忙着解释，也不叫冤喊屈。

还是母亲问了其中的原委，知道王冕这么爱学习就劝说他父亲，别怪罪他了。父亲知道后既心疼又无奈，摸着王冕的头说："孩子啊，别怪父亲，家里的情况你也知道，实在是供不起你读书。你实在爱读书，就自寻出路吧，我们也不会阻拦你。"

过了几年，王冕就离开家里，去附近的一个寺庙自谋生路。白天的时候，他在寺庙里做些杂务，寺庙给他提供三餐。

解决了自己的温饱问题，王冕开始琢磨着读书的事情。他白天干活的时候总是把书揣在身上，一有空闲就会拿出书来读。可是这根本读不了多少书，他开始觉得时间不够用了。但是寺庙里的灯油是有限的，像他这样的小杂役哪里有灯油晚上看书呢！为了这个事情，他很是苦恼。

夏天的一个晚上，天气闷热，王冕睡不着，就独自一人在屋外闲走。放眼望去，寺庙里一间间屋子都熄灯了。突然，他发现大殿里还有一丝亮光。于是，就拿起书直奔大殿走去。

大殿里一片寂静，只有大佛前面的长明灯还亮着。小王冕看到这个情景，高兴极了，再看看四周，一个人也没有。他灵巧地爬上大佛盘坐的腿上，摊开书，正好可以借着长明灯的光亮看书。他心中真是无比欢欣，开心地喊道："我有地方看书喽！"

从此，王冕每天晚上都会来到大殿里读书。在这盏佛灯下，他读了不知多少的书，为他以后成为著名的学者奠定了坚实的基础。

王冕在佛殿苦读书的事情很快就传开了，一个叫韩性的学者听说后，主动找到王冕，收他为徒。从此，王冕开始了正式的学习生活。长大后，王冕成为一个知名的学者，而且擅长绘画，有人推荐他去做官，被他婉言谢绝了。王冕没有追求功名，而是一心做一个追求学问的人。

　　王冕虽然生活条件不好，但是凭着自己的努力和坚持，积累了丰富的知识，锻炼了自己的意志品质，并实现了自己的理想，他身上这种对知识苦苦追求的精神永远值得我们学习。

刘基听歌悟学

刘基，字伯温，青田县南田乡（今属浙江省文成县）人，人称"刘青田"。他是元末明初杰出的政治家、军事家和文学家，通晓经史、天文和兵法等。在文学史上，他与宋濂、高启被称为"明初诗文三大家"。

刘基的父亲是个博学的人，四十多岁时才得到刘基这个宝贝儿子，因此，对刘基十分重视和宠爱。为了让刘基得到好的教育，长大后能出人头地，他把自己的全部精力都倾注在对孩子的培养上。所以，我们可以说刘基的童年是幸福和美好的。

刘基从小就聪明好学，而且学习速度极快，超出普通的孩子，据说他读书有"一目十行"的能力。十二岁的时候，刘基就考中了秀才，在他的家乡传为美谈，人们都称他为"神童"。这些荣誉也给年幼的刘基心里埋下了骄傲的种子。

十四岁的时候，刘基入府学读书。老师给他们讲授《春秋》，这是一部十分难懂的儒家经典，对于初学者来说就算背诵下来，也不理解书中的意思。但对于刘基来说，就不见得如此了。

渐渐地，老师发现了一个奇怪的现象，别的同学都在那里苦苦背书，只有刘基一人在那里若无其事地闲看。老师就质问他为什么不背诵，于是，为了惩戒他就要求他立刻背出来，否则就罚他抄写十遍。结果却出人意料，刘基不仅能把文章都背诵下来，而且连其中的意思也能按自己的理解阐述出来。

老师很是惊讶，就怀疑他是不是曾经看过这部书。刘基看出了老师的想法，就说："您可以随便拿一部书来，我看上两遍都可以背出来。"

老师半信半疑地拿出两篇刘基从未见过的文章，他看过之后，果然能背诵。

有一次，他在一家书店看到一本天文书，由于内容十分吸引人，他就一口气读完了这本书。最奇的是他竟能从头至尾背诵下来，店主听说后十分惊奇，就要把这部天文书送给他做个纪念。谁知刘基却说："这本书对我已经没有用了，我已经把书装在心中了。"刘基聪明好学、知识渊博，很快就成了远近闻名的"小神童"。既然学问来得如此容易，刘基就不再珍惜眼前的学习机会，变得越来越骄傲了，渐渐地就不把学习当成一回事了。

有一天，刘基不爱读书，就偷偷地溜出学府去溪边玩。突然他听见一阵动听的歌声，很是吸引人，就向歌声传来的方向走去。

只见一个浣纱女边洗纱边唱着悠扬的歌。她的面前堆着如山的棉纱，可是，她却不急不躁头也不抬地洗着。

刘基很是纳闷，就问道："这么多的纱你洗得过来吗？"

可是，浣纱女就像没有听见刘基的话一样，还是那样洗着纱。

刘基心里觉得怪怪的，就不再问了。他仔细观察着浣纱女，见她并没有什么特别的地方，只是神情十分恬淡。突然，浣纱女的歌声变得异常的清晰了，那歌词是：

"天下没有浣纱女，人间哪有衣暖身。没有百温不厌者，哪有高深学问人？铁棒磨针为至理，问君攻书可专心？"

刘基听着这歌声，再看着浣纱女一直不停地洗纱，突然被这情景深深地触动了，心想：她唱得对啊！李白那样智慧过人还如此好学，只因这天下的知识本是无穷无尽的，我竟不知道这个道理。就算自己再聪明，恐怕也不能超过李白，更不能穷尽天下学问。何况现在自己这样不珍惜时间读书，还投机取巧，逃学出来玩，多让父亲失望，让乡亲们失望啊！想到这儿，刘基拜别浣纱女，回学堂去了。

以后的日子里，刘基不再恃才而骄，而是开始通宵达旦地读书，比别的同学付出了更多的努力，老师和同学更对他刮目相看了。后来，他凭借自己的才能成为当时学界数一数二的贤才，并辅佐朱元璋完成帝业，在明朝创建的过程中立下了汗马功劳，成为明朝的开国元勋。

刘基从神童成长为国家栋梁，其中他的聪明天赋既帮助了他，又差点害了他。若不是他能及时醒悟，克服恃才而骄不重视学习的缺点，恐怕就不会有后期这个响当当的历史人物了。从这个故事中，我们可以领悟出这样一个道理：每个人的天赋是不一样的，有的擅长写，有的喜欢画，有的可能像刘基一样记忆力超人。可是，不管在某一方面怎么突出，如果只靠先天条件，而后天不抓住机会，努力发展自己的天赋，那么只能成为另一个仲永了。

施耐庵侠义救茶农

施耐庵是我国元末明初著名的小说家，他根据民间流传的"宋江起义"的故事，写成的长篇小说《水浒传》，具有非常高的文学价值。

元朝末年的一天，江苏太湖边上一户姓施的人家喜得贵子。作为一家之主，施元德抱着刚刚出生的儿子，心里别提有多高兴。他看着满脸纯真的婴儿，决定给儿子起名为施彦端，希望儿子将来能够好好读书，考取功名，不要像他一样整日靠摆渡为生。这个小婴儿——施彦端就是后来我们所熟知的大文豪施耐庵，耐庵是他的别号。

读书做文章的小才子

等到施耐庵长到五六岁时，便每天和母亲一起送父亲到湖边摆渡。一次，施耐庵送父亲去摆渡时，路过一座小学堂，里面传来了小伙伴们朗朗的读书声。施耐庵非常羡慕他们，就恳求父亲送他去学堂读书。父亲摸了摸空空的口袋，为难地摇了摇头，施耐庵难过地低下了头。

施耐庵知道自己家里生活条件不好，父亲摆渡也非常辛苦，从那以后，他再也没有向父母提起上学的事。只是从此以后，每天早晨送父亲到湖边后，他就悄悄地坐在小学堂的外面，默默地记着老师教书的内容。后来，父亲看到他读书心切，心里不忍，就到处向亲戚们借钱把他送进了学堂。

施耐庵非常珍惜这来之不易的读书机会。他学习特别认真刻苦，加上他天资聪明，老师教过的知识，他很快就掌握了。老师提出的问题，他总是对答如流。他读过的经书和史书，大部分都能够整篇背诵。

施耐庵不仅记性好，写文章的能力也很强。有一次，村里的一位老爷爷去世了。按照当地的传统习俗，这位老爷爷的亲人要找一位有学问且文笔好的人来给老爷爷写一篇祭文。于是，老爷爷的儿子就去请当地文笔最好的李秀才。可是，李秀才家中有事，过了好久也没来。老爷爷家里的亲人等不及了，有人提议再找一个文笔相对好的人来写。这时，村里的一位邻居说道："一直听学堂老师夸奖施家小儿聪明有文采，何不让他试试？"

施耐庵的父亲听说后，急忙带着施耐庵来到老爷爷家。施耐庵不慌不忙，略加沉思后才下笔。他刚写完，李秀才就赶了过来。人们连忙把施耐庵的文章拿给他看。李秀才看完认真地点评道："这篇文章写得很流畅，只是有些地方写得有点孩子气了。不知此文出自哪位才子之手？"大家忙指着施耐庵说："就是你眼前的这个小才子。"

李秀才看着施耐庵特别吃惊，高声称赞道："小小年纪就能写出这么流畅的文章，将来肯定大有作为。"施耐庵的父亲听到李秀才对儿子的赞扬，心里非常高兴。

行侠仗义的小英雄

施耐庵不仅书读得好，文章写得好，为人也是相当的仗义。小小年纪就好打抱不平，行侠仗义。他从小就喜欢听老人讲那些民间流传的故事，尤其是那些有关历代兴亡和战争的故事。他特别崇拜那些武艺高强、行走江湖、重义气的英雄，他也时常学着这些大英雄，读书之余就练习武艺。若是遇到老百姓遭受冤枉，他一定会出手相救。

相传有一回，施耐庵正在一座茶山上游玩，听见大家正在议论有一个恶棍要霸占一位老农的茶园，老农被逼无奈正打算自尽。施耐庵

急忙赶了过去，看见老农正准备跳水自尽。他连忙上前拦住老农，问道："老伯，遇到什么事情这么想不开？受到委屈可以到官府评理呀！"老农伤心地告诉他，自己的茶园被恶棍霸占去，找当地的头领评理，没想到却受到了一顿毒打！施耐庵听完后，特别气愤，给老农出主意，让他去官府告状，并亲自帮老农写好了状子。那个恶棍本来就是个欺软怕硬的人，生怕施耐庵把事情闹大，就派人过来求情。施耐庵坚决让他把茶园归还老农，那个恶棍最终只能同意了。为此，恶棍和他的家人恨死施耐庵了。

恶棍有个儿子特别痛恨施耐庵。有一次，他瞅准机会，带着一帮恶少，埋伏在施耐庵每天上学必经的路边。等施耐庵放学走过来时，他们就一拥而上，把他拦下。恶棍的儿子恶狠狠地对他说："你让我们家丢了茶园，还让我父亲丢了脸，我今天就要好好教训一下你，看你以后还敢不敢多管闲事了！"

说完，恶棍的儿子一声令下，那些恶少将施耐庵团团围住，动起手来。面对如此形势，年仅十三岁的施耐庵毫不畏惧，只是微微冷笑，摆起架势，左挡右踢，没有几个回合就把那群恶少打得抱头鼠窜。从那以后，施耐庵更坚定了为老百姓打抱不平的决心。

施耐庵从小就喜欢跟随父亲去茶馆、书场听说书人讲书。他尤其喜欢听梁山好汉的故事。不知从何时起，他就产生了一个想法，要把梁山众英雄的故事，编成一本完整的书，让大家都能知晓。于是，他就开始到处收集资料，为后期写作做准备。

曾有朋友劝施耐庵说梁山好汉都是官府要打击的对象，为他们写书，必定会受到牵连的。但是，施耐庵毫不在意，态度坚定地说："这些好汉伸张正义，为民除害，理应受到称赞。"

正是因为施耐庵本来就是一个行侠仗义的人，所以他才会冒险为梁山好汉著书立说。我们也应该做一个正直的人，努力用我们自己的笔来描绘世界的真善美。

宋濂冒雪求学

　　宋濂，字景濂，是我国元末明初很有影响力的大学者。他一生都特别刻苦努力地读书，在学术上的造诣很高。

　　宋濂小时候，家里特别穷，根本买不起书。可是他特别喜欢读书，只好向别人借书看。在当时，很多有钱人家都会收藏很多书籍，可是却轻易不借给别人。为了能够读到自己喜欢的书，宋濂每次都向那些富家子弟求借，并跟他们约好期限，按规定还书，从不拖延。就是因为宋濂非常守信用，到了规定的时间按时还书，大家都非常愿意把书借给他看。

　　有一次，宋濂好不容易从同班一位富家公子那里借来一本自己心仪已久的书，说好了十日之后归还。这本书带回家后，宋濂越看越爱，一刻也舍不得放下。他最终决定把这本书抄下来。宋濂白天上学，只有晚上有时间抄书。可是离规定还书的日期越来越近了，宋濂还差很多没抄完，他只好点灯熬油地写。当时，正值隆冬腊月，天寒地冻的，尤其是到了晚上，滴水成冰，刚研好的墨汁不一会儿就冻上了。半夜里，母亲醒来看见宋濂还在认真地抄书，看着他那冻得红肿的手，很是心疼，就对他说："人家书主也不等着看这本书，跟他说一下过两天再还也不迟。这么冷的天，还是赶紧睡吧！"

　　宋濂听完母亲的话，当即反驳道："娘，你不是经常教导我，答应别人的事，就一定要做到吗？不管别人等不等着看这本书，既然答应了人家就是要按时归还的。这是信用问题，要是不守信用，别人就

不会再相信我了，也就不会尊重我了，以后怎么可能再借书给我看呢？"母亲听完，高兴地说："儿子，你说得对。做人就是要这样。"

到了该还书的那天，不巧天上下起了大雪，放眼望去，到处都是白茫茫的一片。这么冷的天，路上一个行人都没有，书主以为宋濂不会来还书了。可是，没想到宋濂冒着大雪，把书给送来了。书主特别感动，没想到宋濂如此守信守时。他告诉宋濂以后可以随时来看书，也不再给他设定借书的期限了。

宋濂不仅喜欢读书，当遇到不明白的地方更喜欢刨根问底，把事情搞清楚。由于没有好的老师指点他，很多问题他自己怎么想也想不明白。他决定步行一百多里路，去请教一位名师。

宋濂想要请教的这位老师，可是当时非常有名的大学问家，每天来向他请教问题的人特别多。每次轮到宋濂上前去请教问题时，他都非常有礼貌。他总是很恭敬地站在老师身边，认真地提出自己的问题，并躬着身子倾听老师的解答。他总是特别虚心地求教，老师特别喜欢他，每次都特别认真耐心解答他的问题。为此，宋濂学到了不少知识。

有一次，宋濂在读书时又遇到了一个难题，怎么也想不明白。最后，他决定去请教已经不收学生的梦吉老师。当时，正值冬天，天气特别寒冷。宋濂顾不得那么多，穿上草鞋，背上行李，顶着呼啸的寒风就出门了。可是，到老师家需要翻过两座大山，此时满山遍野都是厚厚的积雪，根本就没有路。宋濂就深一脚浅一脚在雪地里行走。也不知道究竟走了多久，等宋濂来到老师家时，他的两只脚已经冻得没有知觉了。但是，遗憾的是，老师有事出门了，不在家。宋濂只好回家了。

宋濂并没有就此放弃，而是在几天后，又去拜访老师。这次，老师虽然在家，可是明确地告诉他，自己年事已高不再收徒弟了，直接打发他回家了。

一连两次都没有见到老师，宋濂没有气馁。虽然因为天气寒冷，宋濂的脚都冻伤了，可是他还是决定再次去请教老师。母亲见了他那满是冻疮的脚，特别心疼，不禁劝他："孩子，老师已经决定不收徒弟了，你去了不也是白去吗？你看你的脚都冻成那样了，还是先在家养着吧，等天气暖和了，再去请教别的老师也不迟呀！"

宋濂并没有听从母亲的劝说，毅然踏上了拜师求学的风雪路。由于宋濂的脚都被冻伤了，走在雪地里就会格外的痛。他一瘸一拐地走着，双脚慢慢的都没有知觉了。突然，一不小心，他掉到了雪坑里。幸好被经过的路人发现了，把他救了上来。

当宋濂浑身都沾满了雪，摇摇晃晃地走到老师家门口时，恰好被老师看到了。老师被他的诚心感动了，决定收下这个徒弟。老师很认真地解答了他的问题，并教给他读书和学习的方法。看着宋濂虚心学习的样子，老师高兴地说："年轻人，肯刻苦学习，将来一定有出息。"得到了梦吉老师的亲自指导，宋濂的学习进步特别大。

宋濂家境贫寒，他每天吃的都是粗茶淡饭，穿的是一些破旧的衣服。而一同读书的其他同学有很多都是家境富裕的公子哥，他们吃的东西，有很多宋濂见都没见过，穿的更是绫罗绸缎。但是，宋濂一点也不羡慕他们，他并没有觉得自己这样有什么不好。他总觉得有吃有穿就挺好的了，自己现在就应该把所有的心思都用在学习上。

后来，宋濂为了能够学到更多的学问和知识，又去请教了更多的老师。就这样，宋濂长大后，终于成为我国著名的大散文家。

正是因为宋濂诚实守信才有机会读到更多的书，也正是因为宋濂不畏艰难虚心求教，才得到各位名师的指点，学到更多的知识。我们在求学的路上，也应该像宋濂一样，不懂就问，虚心学习，这样才能收获更多的知识。

于谦童年巧对

　　于谦是我国明朝杰出的政治家、军事家和民族英雄。他留下的千古名句"粉身碎骨浑不怕，要留清白在人间"正是他光辉形象的真实写照。

　　于谦出生在素有"天上人间"美名的杭州。于谦家庭条件不错，父亲希望自己的儿子能够读书识字，将来有出息。永乐二年（1404），于谦六岁时，父亲便把他送进了学堂。于谦不仅聪明，学习还从不偷懒。他记性特别好，只要是读过的文章，都能一字不差地背下来，但是他最擅长的还是对对子。

　　有一次，老师因为有要事，要外出去访友，便布置了作业，让学生们自己学习。学生们写完作业，见老师还没有回来，便玩耍起来。同是六七岁的小朋友，于谦自然也嬉闹其中。大家玩得正高兴，就连老师回来了都没有发现。老师见自己不在，学生们都不好好学习，特别生气。老师拿起戒尺，大喝一声："不好好学习，都在乱跑什么？"学生们这才发现老师回来了，一个个都吓得赶紧回到自己的座位上。

　　聪明的于谦看见老师手里拿着戒尺，就知道老师要责罚大家了。他灵机一动，连忙上前对老师说："老师，我们大家都是在完成了你布置的作业后，见你一直不回来，才玩耍的。我们并不是一直在玩。现在不妨让老师来考考我，若是老师出的对子，我都对上了，还请老师原谅我们。要是老师的问题，我没有回答上来，我就甘愿听从老师的责罚。"老师听于谦这么说，也想考考他，便答应了他的请求。老师随即便说道:"我看你们刚才玩的时候,一个个上蹿下跳,一点规矩也没有。那就以此为题,来教育教育你们吧!于谦,你听好了,我的上联是'手攀屋柱团团转'。"于谦听完老师出的上联,暗暗思考了一下,就应答道:"脚踏楼梯步步高。"老师见于谦的下联对仗工整,接着又出了一联:"三跳跳落地。"于谦嘴里小声重复着老师的上联,微微沉思了一下,便回答道:"一飞飞上天。"

老师见于谦两次作答都非常准确,不仅字数整齐,对仗讲究,就连寓意都特别契合,心里特别高兴。"你回答得不错,可见你认真学习了,可以免去责罚。但是其他人不能像你一样正确回答问题,还是要受到惩罚的。"老师说道。于谦见了,连忙向老师求情道:"老师既然原谅了我,也希望老师能原谅其他同学。我们大家都认真地完成作业,也一起犯下了错误。老师不是也经常教育我们,对待事物要一视同仁吗?"老师见于谦这么说,心里越发地看重他。

随着年龄的增长,于谦懂的知识也越来越多,机灵对对子的事情也就时有发生。有一次,于谦穿着一件红色的衣服,骑着马正准备过桥。碰巧的是,桥的对面来了一位太守。太守听说于谦小小年纪就学识过人,就想考一考他,便隔着桥给于谦出了一个上联:"红孩儿骑马过桥。"于谦看了看对面的太守,便随口答道:"赤帝子斩蛇当道。"听完于谦的下联,太守情不自禁地拍手叫绝。

还有一次,于谦同众学者一同游览净慈寺,其中有一人指着大雄宝殿的佛像说道:"三尊大佛,坐狮,坐象,坐莲花。"这个上联既把眼前的景物准确地描述出来,又有着很深刻的寓意。一时之间,大家都陷入了沉思。于谦抬头看了看大家,开口答道:"一介书生,攀龙,攀凤,攀桂子。"众人听了,大为赞叹,都说他果然是一代才子。

于谦聪明机灵,但他从不骄傲,而是不断学习知识来充实自己,长大后成为对国家、对社会有贡献的人。我们也应该多读书、读好书,让自己也成为一个学识渊博的人。

王华机智还金

　　王华，字德辉，是我国明代著名的大学者。他的一生不仅因为博学多才而深受人们赞扬，更因为道德高尚而受到更多人的尊敬。

　　王华出生在浙江余姚。这里风景秀丽，民风淳朴。自小在这里成长的王华，不仅天性聪明机灵，更有着一颗善良的心。周围的人们都特别喜欢他。父母对他的期望也很大，希望他将来能够成就一番事业，所以在王华很小的时候，父亲就开始教他读书识字了。闲暇的时候，父亲还经常教育他做事先做人，人品与文品同样重要。

　　王华六岁时，有一天，他写完作业，高高兴兴地和小伙伴们在河边玩游戏。正当他们玩得开心的时候，有一个人摇摇晃晃地走了过来。大家都感到很奇怪，这个人走路怎么不稳呢？王华胆子比较大，想走到那个人身边去看个究竟。等走近才发现，原来这个人喝醉了酒，浑身都是酒味，自然走不稳路了。

　　只见这个醉汉手里提着一个提囊，东倒西歪地来到了小河边。他把手中的提囊随手放在河边的草丛中，脱了鞋子，跳进河里，在水里洗了洗脸和脚。洗完后，他又摇晃着站了起来，上岸穿上鞋子就走了。因为喝了太多的酒，他都忘了提囊。这时，王华和小伙伴们做游戏热得满头大汗，想到河边洗洗脸。他刚来到河边，就发现了草丛中的提囊。他打开一看，里面居然有很多金子。

　　这下可把王华惊呆了，心想："这是哪来的这么多金子？这提囊是谁的呢？"他猛然间想到刚才那个醉汉手里提着这样一个提囊。他心想：这么多金子不见了，等他发现以后肯定会很着急的。我又不认识他，找不到他，还不如就坐在这儿等着。他发现提囊不见了，一定会回来找，这样就可以把金子还给他了。

王华到河边洗洗脸，就赶紧上来，把提囊放在草丛里，静静地坐在那儿等着。小朋友都叫他过去玩游戏，他就对小伙伴们说他累了，先坐下来歇会儿。眼看着天就快黑了，那个失主一直没有来，王华心里有点着急了。他看着草丛中的提囊，突然想到，要是坏人看到提囊里的钱，肯定会把它抢走的。自己只是个小孩，根本抢不过大人，那可怎么办？望着眼前的河水，他突然想到一个好主意。他悄悄地把提囊沉在河水比较浅的地方，自己又坐在岸上守护着。

这时，天渐渐黑了下来，小朋友们都陆陆续续地回家了。王华肚子也饿了，可是想想那么多金子，失主一定会很着急，他还是决定留下来再等一会儿。果然，没过多久，刚才那个醉汉，神色慌张地朝河边跑来，边跑边四处寻找。王华看清来的正是那个醉汉，就马上迎上前去，问道："您是在找一个提囊吗？"那个人听到后，连声说道："是啊！是啊！那里面有很重要的东西。小朋友，你见到了吗？"王华见他神色急切，知道这个提囊一定是他的了，就赶忙带着他来到河边，把自己沉提囊的地方指给他看。

那个人跳进河里，在王华所说的地方，顺利地找到了提囊，从水里捞出了自己丢失的金子。看着自己的财物失而复得，那个人心里别提有多高兴了，他情不自禁地抱起王华，大呼感谢。他一边摸着王华的头，一边从提囊里摸出一块金子说："你真是个好孩子。今天，帮了我一个大忙，这块金子给你做个小礼物吧！"王华心里谨记着父亲的教诲，坚决不要那块金子。无论那个人怎么说，王华就是不要那块金子。那个失主大为惊叹，没想到王华小小年纪，这么有原则，高兴地称赞道："小朋友，这么小就有如此高尚的道德，将来一定会大有前途！"

俗话说：三岁看大，七岁看老。王华小小年纪就有如此高尚的道德，长大后自然是更加优秀。成年后的王华不仅学识过人，为大家所敬仰，更是有着良好的个人修养和高尚的道德情操，成为大家学习的楷模。

　　拾金不昧是我们中华民族自古就有的传统美德，历来就受到人们的尊崇。王华年仅六岁，就能够做到这一点，相当不容易。他不仅不贪图别人的财物，还机智地想办法为失主看护好东西，我们要学习王华拾金不昧的精神，更应该学习他的机警，争取将来做一个和他一样优秀的人。

唐伯虎潜心学画

　　唐伯虎是我国明代著名的画家和文学家。他是当时有名的"江南四大才子"之一。

　　唐伯虎小时候就特别喜欢画画。父母见他在绘画方面有一定的天赋，打算好好培养他。唐伯虎在九岁的时候，父亲就带他去拜当时著名的画家周臣为师。周老师见唐伯虎很有天分，便认真培养他。两年后，唐伯虎的画功得到了很大的进步。他画的山水、人物、竹子和山石都惟妙惟肖。再加上他喜欢读书，工于书法，经常给自己的画提上诗句，颇为典雅。

　　小小年纪就既能作画又能作诗，大家都称赞他是"小神童"。周围一些有权有势的人，更是喜欢把他请到家里去作画。这下，唐伯虎更觉得自己很了不起了，便目空一切，根本就不把老师看在眼里了。

　　唐伯虎的母亲看在眼里，急在心上。她知道儿子如果就这样下去，一定会一事无成的。为此，她特意想了一个办法。一天，她把唐伯虎叫到面前，语重心长地说："孩子，你现在的绘画本领也就算是刚刚入门，要想成为大画家，还差太多。你待在我们这个小地方就如同井底之蛙，不会有很大的出息。我和你父亲商量决定让你去拜大画家沈周为师。"

　　说着，母亲拿出了早已准备好的行李和一包银子，接着对唐伯虎说："沈周老师绘画水平特别高，你要好好跟他学本领。他家离咱们这儿不太远，我已经跟他说好了，你去拜他为师吧！这次，你可要记

住了，没学成本领，就不要回来见我了。"

唐伯虎早就听说了一代画师沈周的大名，对他仰慕已久，听母亲说自己能拜他为师，心里别提有多高兴。他很自信地向母亲保证，自己一定能够早日学成归来。沈周也听闻唐伯虎在画画方面很有天赋，便收下了这个徒弟，悉心培养他。

不知不觉一年的时间过去了，唐伯虎在老师的精心培养下，画技得到了很大的提高。一天，他偷偷拿起自己刚画完的一幅山水画，和老师的画进行比较。他左看右看，横看竖看，都觉得自己画的和老师的不相上下。他甚至觉得自己有的地方比老师画得还要好。他心想："这回，我可是真正学到知识了，可以回家跟母亲报喜了。"于是，他便把自己的想法跟老师说了。老师听完后，笑了笑，说道："你也出来求学一年了，也该回家看看你父母了。这样吧，明天让你师母准备一桌丰盛的饭菜，为你饯行。"唐伯虎见老师爽快地答应了，心里别提有多高兴。

师母把这顿饭菜安排在了后花园东北角的一间小屋子里。若在平时，没有老师的允许，徒弟们是不能踏进这间屋子半步的。来了老师家一年多，唐伯虎还从来没有进来过。第二天一大早，唐伯虎就高高兴兴地来到了小屋。小屋的门开着，老师和师母都不在，唐伯虎就趁机参观起这神秘的屋子。只见这屋子没有一扇窗户，而四面墙上各有一扇门。他好奇地走过去，顺着门朝外望去，只见屋外景色特别迷人，各种各样的花开的正浓，引得蝴蝶和蜜蜂围着它们飞个不停。不远处还有小桥流水，大小不等的金鱼在水里欢快地游着。看着这美丽的景色，唐伯虎心里想："怪不得老师不让我们来这里，原来他是怕我们看到美景贪玩，不想学习了。"

唐伯虎正看着美景发呆，老师走了进来，对他说："伯虎，你本来就有画画的潜质，又认真学习了一年，现在可以出师回家给你父母报喜了。这一年，你光顾着学习了没怎么玩。若是喜欢，现在就可以去花园好好玩玩。"唐伯虎还是个孩子，本来就贪玩，饭也顾不得吃了，转身就往门外走去。

　　当他转身去推身边的一扇门时，却怎么也推不开。他心想："这扇门关得太牢了，还是去开另外一扇吧。"随即就跑过去开另外一扇门，可是他跑得太急了，一下碰到了门格子上，还是没把门推开。到了第三扇门，他决定稍微用点力，结果门没推开，他自己的头上却撞了一个大包。

　　老师见唐伯虎那狼狈的样子，不禁哈哈大笑。唐伯虎摸着自己头上的大包，再看看墙上的那几扇门，这才猛然间意识到，原来除了自己走进来的那扇门是真的，其他那三扇门都是假的。自己看到的门外那些美丽景色，其实都是老师亲手画上去的。望着老师这些足以乱真的画作，唐伯虎顿时羞愧得满脸通红。他这才知道自己那点本领在老师面前是多么微不足道。

　　从那以后，唐伯虎痛下决心改掉了自己骄傲自大的毛病，潜心跟着老师学习画画。

　　冬去春来，转眼三年时间过去了。这年快到年关的时候，唐伯虎亲自做了一顿饭，来答谢老师和师母对自己的照顾。就在他刚把一条大鱼端上来的时候，一只大花猫跑了进来，想要去吃鱼。唐伯虎连忙去赶它。大花猫受到惊吓想从窗户上跳走，结果它连跳了三扇窗户都没跳出去，只好从门缝溜走了。原来，这三扇窗户也是唐伯虎画上去的。老师见了，特别高兴，对他说："你已经四年没回家了，快过年了，回去看看你的父母吧。"

　　唐伯虎不骄不躁，经过刻苦努力，成为一代名师。我们也要向他学习，凡事不能骄傲，做个谦虚的人。

吴承恩涉猎奇书

　　吴承恩，明代著名的小说家，是我国古代四大名著之一《西游记》的作者。他多才多艺，为我们后人留下了很多宝贵的精神财富。

　　明孝宗弘治十七年（1504），吴承恩出生在淮安府山阳县（今江苏省淮安市）一个清贫的家庭。吴承恩的祖辈世代为学官，到了他父亲这一辈，不幸家道中落了。为了养家糊口，吴承恩的父亲吴锐只好经商，做点小生意来维持家计。但父亲本是个好学不倦的读书人，但凡有时间就赶紧读书。如此好读书的家庭氛围为吴承恩日后的写作打下了良好的基础。

　　父亲吴锐并没有被繁重的生计所拖累，为人性情和善，乐观旷达。吴承恩出生之时，他非常高兴，特意给儿子取名为"承恩"，意在希望他将来能够读书识字，做一个上承皇恩、下泽百姓、流芳百世的忠臣。

　　吴承恩聪颖过人，当学堂里的小伙伴还在学习老师教授的《论语》《孟子》时，小承恩已将它们倒背如流。课堂的知识已不足以满足他的求知欲，他便开始到处搜集一些民间流传的小说、传奇故事来看。没想到小承恩在读这些"闲书"时，视野大为开阔。他尤其喜欢读那些神话故事。书中那些离奇古怪的故事情节，常常让他激动得手舞足蹈。

　　虽然那些神怪故事比起课本来说对吴承恩更有吸引力，可是他从不在课堂上读"闲书"，而是在写完作业的闲暇时间，读读自己喜欢的神话故事。这样，他既学到了老师传授的知识，也开阔了自己的视野，丰富了知识。他时常走街串巷，到处去寻找那些稀奇古怪的民间故事和神话传说。每当读到或者听到一些关于神仙鬼怪、狐妖猴精的故事，吴承恩都异常激动，尽可能地把它们都记录下来。正是吴承恩这种博览群书的好习惯，为他日后进行《西游记》的创作打下了坚实的基础。

巧合的是，有一次，吴承恩无意间找到了一本名叫《大唐三藏取经诗话》的书。他对此书爱不释手。这本书就是描写唐代僧人玄奘去西天取经的故事，里面还穿插一些妖魔鬼怪的神话故事。吴承恩一口气读完后，心里总是觉得不尽兴，认为这本书写得过于简单了。于是，一个大胆的想法就产生了："要是我能够把这个故事重新编写一下，写成一部长篇的神话故事就好了。"

儿时的这个想法一直藏在吴承恩的心里。多年以后，他到处搜集资料，到故事的传说地点去实地考察。经过几年呕心沥血的创作，一部长篇神话小说《西游记》呈现在人们面前。

吴承恩在学好课本知识的同时，还积极主动地去了解更多的课外知识，不仅使自己成为学识渊博的人，还写成文章把知识和乐趣传授给大家。我们也要向他学习，博览群书，做个学识渊博的人。

李时珍"玄妙观"诊病

　　明朝的李时珍，是我国古代著名的医学家和药物学家。他用尽毕生精力，历时二十七年写成药物学专著《本草纲目》。该书内容较之前代相关著述更为丰富，在世界药物学史上占有很重要的地位。时至今日，此书在国际医学界还享有很高的地位。

　　明正德十三年（1518），李时珍出生在湖北蕲州一个小镇（今湖北省蕲春县蕲州镇）。李时珍的祖父和父亲都是远近闻名的医生，李时珍自小就接触着各种各样的药物。父亲李言闻是一个刻苦钻研医学的好大夫，每当外出时遇到好的药材，他都会采回来。这样，久而久之，李家后院就成了一个好大的药草种植地。李时珍自小就和这个草药园结下了不解之缘。李时珍长到五六岁时，更是出奇地喜欢这些药草，整日伴在父亲身边，帮着父亲给药草浇水、施肥。不长时间，他就把整个后院的药草名字都记个大概。父亲见他对药草如此感兴趣，便时常给他讲各种药草的治病功用。李时珍越发用心地钻研起药草，还经常陪父亲去大山中采草药，这样李时珍就能亲眼看到草药在大自然中的生长状态了。

　　日积月累，李时珍的医药知识愈发丰富。随着年龄的增长，李时珍不满足于仅仅对草药的简单了解。在他幼小的心里，希望像父亲那样能够用这些普通的草药来治病救人。他暗下决心，将来长大了也要像父亲那样做个医术高明的医生。他常常翻开父亲的医书，津津有味地读起来。李时珍自小就聪敏好学，《尔雅》中的《释草》《释木》

《释鸟》《释兽》这几篇文章，他都能一字不差地背下来。

"玄妙观"虽说是一座道观，但父亲李言闻一直在此给乡亲们看病，这里也就变成了乡间诊所。李时珍经常来这里看父亲诊病。有一天，李言闻带着大儿子李果珍去病人家中看病，留下小儿子李时珍在诊所里。巧的是，偏偏在这时候来了两个病人。一个暴泻不止，一个火眼肿痛，两个病人都疼痛难忍。李时珍看着他们那痛苦的样子，沉思了片刻，对他们说："父亲带着哥哥去出诊了，估计要天黑才能回来。你们要是信得过我，我就给你们开两个方子，你们先吃吃看，若是还不好就再来找我父亲。"那个拉肚子的病人实在是受不了病痛的折磨，连忙说道："你要是会看病，就赶快给我开方子吧。我已经疼得不行了。"那个火眼肿痛的病人想了想说道："郎中的儿子应该是会开药的。"也便催着李时珍开药方了。李时珍认真地检查了一下他们的病情，很冷静地给他们做出诊断，开了药方。

晚上，父亲回到诊所，看到李时珍写的药方，心一下子提到了嗓子眼儿，连忙问他是怎么回事。李时珍一五一十地向父亲禀报了两位病人的病情，以及自己是根据什么做出的诊断。父亲听完李时珍的话，真是又惊又喜，没想到小儿子居然能为病人治病了。隔天，当得知那两位病人的病情得到控制，并无大碍时，父亲李言闻心里的石头才算落地。

虽说少年时期的李时珍就在医术方面表现出过人的天赋，但是他立志学医之路却非常坎坷。在古代行医是很卑贱的职位，和算命的、看风水的等人一起被看作"中九流"。在当时的封建社会，别说是达官贵人的子孙，就连社会上地位一般的读书人都不肯去做医生。父亲李言闻行医多年，遭受太多官宦贵族的轻视和欺辱。他下定决心，一定不再让自己的子孙去行医，去遭受人们的白眼，而是要好好培养他们，让他们读书做官，来改变李家人的社会地位。李时珍自小就聪慧过人，父亲就把自己全部的希望都寄托在他身上。

李时珍虽然酷爱学医，但是父命难违。年仅十二岁的他，只能放下自己心爱的医书，在父亲的严格管教下，读起那枯燥乏味的八股文

章。十四岁那年，李时珍参加考试，一下就中了秀才。这给了父亲很大的希望，他坚信自己让儿子弃医从文是正确的。可是，李时珍却非常失落，自己离心中的梦想越来越远了。

然而接下来的事情却是父亲始料未及的。在以后的三次乡试中李时珍都落榜了。在现实面前，李时珍更加清楚了自己心里想要的是什么。他下定决心放弃科举考试，一心做个好医生。他态度坚定地对父亲说："爹，孩儿无心科考，一心想做一位医术高明的好大夫，希望你能教我医术，我将来一定不会让你失望的。"父亲见他心意已决，知道自己强迫他参加考试也没什么意义了，就答应了他的请求。从此，李时珍便认真地向父亲学习医术，刻苦钻研医学难题。为了准确地把握草药的功效，他不仅自己亲自上山采药，有时更是亲自尝草药。

李时珍正是靠这种不怕困难、始终坚持自己理想的精神，不断为之努力，才有了后来的伟大成就。在现实生活中，我们也要坚持自己的理想，努力奋斗，做个对社会有用的人。

戚继光学为清廉

　　戚继光，明代著名的军事家，是我国伟大的民族英雄。他南征北战，戎马一生，不仅带领"戚家军"抗击倭寇，保家卫国，更是为后人留下了《纪兵实纪》《练兵实纪杂集》等大量宝贵的军事著作。

　　戚继光少年时和同龄的孩子比起来，能文能武，表现得特别优秀。常人都觉得戚景通有这么好的儿子，应该特别高兴，没有任何忧愁了。而戚景通却认为有能力固然好，可是人品才是立身之本。父亲对戚继光人品的培养教育，让他受用一生。童年的两件小事，让戚继光铭记在心，到了晚年还时常提及。

　　有一次，戚继光和小伙伴们玩耍了一天，傍晚时才回到家。刚进家门，他就看见几个工匠在忙着修理家中的门户。他便跑过去看，只见工匠们把原来的旧门户都拆了下来，又重新安上了新的门户。这些新门户上面都雕刻着非常美丽的花纹，远远看去既漂亮又大气。戚继光摸着这些新门户，特别喜欢。工匠们见了，就逗他玩："少爷，虽说这新的门户庄严大气，可只有这么几扇，未免有点寒酸，跟府上的地位不相符哇！"戚继光听完觉得工匠说的有道理，就跑去告诉父亲。

　　父亲正在书房看书，明白了戚继光的来意后，心里特别震惊。他觉得这可不是一件小事，要好好教育一下儿子。父亲想了想，语重心长地对戚继光说："儿子，虽说咱们家世代为官，但是我们要以国家和百姓的事情为重，不能贪图安逸享受。我们要为国家的安危和百姓

的生活考虑，这样才能做个好官，人们才会爱戴你。如果你这么小就想着享受，爱慕虚荣，讲排场，爱面子，等你长大了，怎么可能做一个对国家和百姓有用的人？怎么可能做个清正廉洁的好官？"聪明的戚继光听完父亲的话，一下子就明白了父亲的良苦用心，心里特别羞愧。

还有一次，戚继光的外祖父送给他一双面料考究、做工精良的鞋子，戚继光见了爱不释手。由于戚家生活一向节俭，戚继光长这么大，还从来没有穿过这么好看的鞋子。他拿着鞋子翻过来掉过去看个不停。母亲明白了他的心思，就说："你这么喜欢这双鞋子，那就穿上吧。"有了母亲的应允，他高兴地穿上鞋子，迫不及待要出去在小朋友面前炫耀一下。他刚走到门口就撞见了父亲。父亲看到他脚上的新鞋子，一下子就明白了他的小心思，厉声喝道："把鞋子脱下来！现在就这么爱慕虚荣，将来还了得呀！有了好的就不要旧的了，这样下去有多少钱够你挥霍的？我还怎么放心让你去做官？"

正是父亲对戚继光的严格教育，才让他铭记做人要勤俭节约，做官要清正廉洁，不能爱慕虚荣。我们从小也要注意培养自己的品格，做一个内外兼修的人。

徐光启种棉花

徐光启是我国明朝末年著名的科学家和农学家。他为人谦和，博学多才，官至礼部尚书，还是文渊阁大学士。他编著的《农政全书》是我国古代农业的百科全书。

公元1562年，徐光启出生在现在上海的一户小商人家庭。那时的上海可不是现在的样子，还只是个乡村，到处都是种满庄稼的农田。虽说徐光启的父母是小商人，可家境并不富裕，还要自己种田来维持生计。

徐光启天性聪明，特别喜欢读书，父亲早早的就把他送进了学堂。徐光启活泼好动，每天去上学时，他总是对路旁的农田充满好奇，特别留心观察周围的农事。就这样，他对农业生产产生了浓厚的兴趣。

有一天放学之后，徐光启蹦蹦跳跳地往自家的田地里跑去。来到田间，他接过父亲手里的锄头，让劳累了大半天的父亲休息一下。徐光启边锄草，边看着自家棉花长势喜人，不禁高兴地对父亲说："爹，今年咱家棉花长得这么好，一定会大丰收的！""嗯，按理说应该会丰收的。我看对面张老头家的棉花长得更大些，去年他家的棉花产量可是全村第一呀！不知道他有什么好的法子？"父亲望着对面的田地感叹道。"哦，就是那个后来才搬到咱们村的老爷爷吧！"徐光启说道。

正当他们爷俩议论着棉花的长势时，那个张老头也扛着锄头来到

地里锄草了。徐光启顿时起了好奇心，连忙对父亲说："爹，我去对面瞧瞧张爷爷究竟是怎么种田的。"说着，他便悄悄地来到张老头的地头，偷偷地观察张老头的一举一动。

只见张老头拿起锄头，一板一眼地锄草，也没有什么不一样的。正当徐光启疑惑的时候，张老头却放下锄头，把一些长得比较小的棉桃都给摘了下来。"啊?! 怎么把棉桃摘下来了呢?"徐光启百思不得其解，于是就跑过去问个究竟。

"老爷爷，你怎么把棉桃都摘下来了呢?"徐光启问道。

张老头抬头看了看徐光启，笑着对他说："你是隔壁徐家的小孩吧? 孩子，那你知不知道为什么要在田地里锄草呢?"

徐光启想了想，认真地回答道："因为小草会吸收田地里的养分，它们把养分都吸走了，棉花就长不大了，所以要把它们锄掉。"

"嗯，回答得很好。我把小棉桃摘掉的道理和锄草是一样的。像这种后来长出来的棉桃，生长期特别短，根本长不成大棉桃。把它们留下来，它们就会和大棉桃争养分，这样大棉桃也长不大了。"老爷爷边说边给小光启做示范。

"哦，这下我明白了，把长不大的小棉桃摘掉，大棉桃就会有更多的养分了。"

徐光启告别了老爷爷，回去把种棉花的秘籍告诉了父亲。果然，按照老爷爷的方法，那年徐光启家的棉花长得又大又好!

徐光启善于观察，爱思考，爱问问题，这为他以后编写《农政全书》奠定了良好的基础。我们也要像他一样，在日常生活中，要学会观察，勤于思考，这样才能学到更多的知识。

唐汝询结绳作诗

　　明末清初时期，有一位大学者叫唐汝询。他一生中不仅写下了上千首好诗，还写了一本《唐诗解》。

　　唐汝询出生在一个书香世家。他的父亲酷爱读书，希望自己的儿子将来能够做一个有学问的人。唐汝询的哥哥们很小的时候就被父亲送进了学堂。唐汝询也不例外。他刚出生时，一双大眼睛明亮有神，浑身上下都透着一股灵气。父亲和哥哥们都特别喜欢他，父亲更是对他寄予厚望。

　　他三岁的时候，父亲就开始教他识字。哥哥们放学回家，也总喜欢读诗给他听。唐汝询天性聪明，很多东西一学就会。在这样的家庭氛围熏陶下，唐汝询把读书识字看成很重要的事情。他学习很认真，父亲和哥哥教的字、读的诗，他每天都会从头到尾复习几遍。就这样，一年多时间，常见的字他几乎都认识了，并且能够背诵一百多首诗。大家听说后都特别吃惊，称他为"小神童"。

　　然而不幸的事情发生了，唐汝询五岁那年得了天花。在古代医学很不发达，天花是很难治愈的疾病，很多小孩都因此失去了生命。唐汝询的病情也特别严重，幸亏抢救及时才脱离生命危险，但是从此以后，唐汝询再也看不见了。一个五岁的孩子，还没来得及好好欣赏这个世界的美丽景色，就失去了光明，这对于唐汝询来说，实在是一个很大的打击。

　　一睁开眼睛就是漆黑一片，唐汝询怎么也不能接受这个事实。他

什么也不做，只是一个劲儿地哭。一开始几天，他饭也吃不下，水也不喝一口，眼睛都哭肿了。看着儿子那消瘦的样子，父亲心里更难过。为了让儿子能够坚强地活下去，他想尽了一切办法。

父亲找来很多古人励志的故事讲给唐汝询听。一天，父亲讲了一个晋国乐师师旷的故事。师旷也是幼年的时候双目失明，但他并没有就此消沉下去，而是重新振作起来，发奋练琴，终成大器。唐汝询听完后，特别受启发。他觉得自己不能一直这样消沉下去，虽然自己眼睛看不见了，可是还有聪明的脑袋和健康的身体。从那以后，唐汝询就开始继续认真学习了。

由于眼睛看不见，不能自己读书，也就上不了学堂了，他便自己在家学习。哥哥们负责每天读诗和文章给他听，他再把自己听到的文章默默地记在心里。白天一有时间，他就反复背诵这些文章来加强记忆。日子久了，需要记的知识越来越多。为了让自己能够更准确地背诵下来，他突然想到了古代人们不会写字时，就用绳子打结作为记号来记事。"那我何不也用这种方法来学习呢？"唐汝询心里想。

说干就干，他找来了很多粗细不等的绳子，练习着在这些绳子上打上不同的结。什么样的结代表什么样的意思，只有他自己心里清楚。这样，哥哥们再给他读文章的时候，他就边听边在绳子上打上不同的结。以后在背诵的过程中，哪个地方忘了，他就摸摸绳子上的结，就能够想起原文是怎么写的了。就这样，唐汝询懂的知识越来越多，他能背下来的诗文，多得都没法统计了。

渐渐地，唐汝询也开始学着自己作诗。他把自己想好的诗句，也用结绳的方法记下来。可是，用这种方法写下的诗，别人都看不明白，只有他自己知道。为了能让别人也能读懂自己的文章，他绞尽脑汁。他最先想到的方法就是用手摸着，在木板或者竹板上用刀子把字刻在上面。用这种方法，唐汝询记下了自己创作的大量的文章。有时候，他也会请哥哥们帮忙，他在一旁把自己的诗文读下来，哥哥们帮他记录。

有一次过年的时候，哥哥们都去外婆家小住了。唐汝询自己一个人留在家里。由于哥哥们都不在家，就没有人给他讲新的文章了，他只能复习以前的功课。可是原来学过的文章，他已经烂熟于心了。闲来无事，他就自己作诗。等哥哥们回来，他就让哥哥们帮他把这些诗文抄录在纸上。

望着这么多诗文，哥哥们特别吃惊，连忙问道："这么多诗文都是谁写的？我们怎么都没有见过？"唐汝询问："你们猜猜看，是哪位诗人写的？"哥哥们看着唐汝询那高兴的样子，才猛然想到这些文章原来都是他写的，大吃一惊。哥哥们都很佩服他，也为他的进步感到骄傲。

唐汝询一生都是这样刻苦勤奋地学习，用"心"去做学问，最终成为一代大学问家。唐汝询这种身残志坚的精神，值得我们好好学习。当我们遇到困难和挫折时，都不能轻易放弃，而是要多动脑筋，想办法解决问题。

阎若璩口吃勤学

阎若璩（qú），字百诗，山西太原人，是我国清代非常有名的考据学家。他一生博学多才，勤奋刻苦，为后世留下了很多优秀的学术著作。

1636年，阎若璩出生于书香世家。他的祖父阎世科是明朝万历三十二年（1604）进士，曾著有《敬刑录》《计辽始末》等书。父亲阎修龄是明朝末年的贡生。父亲以辞章最为出名，写有《眷西堂诗文》《红鸥亭祠》等文章。母亲丁氏也能够作诗写文。如此渊博的家学，让阎若璩从小就置身于一个良好的学习环境之中，受到良好的家庭文化的熏陶。

阎若璩出生在这么好的家庭之中，本来应该是有优于其他同龄人的基础。可是，阎若璩并没有像大家想象的那么聪明伶俐，而是秉性迟钝。他体弱多病，最为要紧的是口吃，长到三四岁了还连话都说不清楚。

到了该上学的年龄了，父母不想让他从小就感觉自己和别人不一样，不想让他感到自卑，就把他当成是正常孩子一样送进了学堂。可是，到了学堂，阎若璩学习特别吃力，老师讲过的文章，同学们都很快就能理解了，甚至聪明的同学学过后就背下来了，可是阎若璩根本就听不明白老师讲的是什么，一本书读上十遍，他也不明白文章的意思。

回到家中，母亲见他什么也听不懂，便拿过他的课本，帮他把文章每字每句都注上解释，然后，母亲再耐心地给他讲解文章。即便是这样，阎若璩还是不能完全理解文章的意思。上课时，老师每次让他起来回答问题，他本来就口吃，再加上反应迟钝，总是不能流利作答。为此，别的小朋友总是嘲笑和欺负他。一些调皮的小朋友还经常学他说话。每当父母看到他受欺负，总是特别伤心难过，为他感到担忧。

虽然自己的先天条件比不上别人，虽然小朋友们总是嘲笑排挤他，可是阎若璩一点也不气馁。他内心深处对读书充满了渴望，总是希望有一天自己也能像其他小朋友那样流利地读书背诗。为此，他总是比其他的小朋友用功。每天老师讲过的文章，晚上回到家中，再让母亲帮着他复习，把不懂的地方都标注出来。新的文章提前预习，并且反复朗读。就这样，慢慢地，他可以像其他小朋友那样流利地把文章读下来，再也不会磕磕巴巴了。可是，他并不满足，他希望自己也能像那些聪明的同学一样，能够流利地把文章一字不差地背下来。为此，他特意想了一个办法。他把书全部拆散，一页一页地熟读，等到自己已经差不多能够把这页背下来的时候，他就用面糊把书页粘住，等到完全把这页上的文字背熟记住的时候，他就把这页书烧掉。阎若璩就是用这种方法逼着自己把整本书都熟练地背了下来。

日积月累，阎若璩一直如此勤奋刻苦，不知不觉中，他掌握的知识越来越多，理解和反应能力也逐步提高。他终于在十五岁的一个冬夜豁然开朗。从此颖悟过人，读书过目不忘。他口吃的毛病也得到了彻底改善，头脑也变得越来越灵活了，很多时候居然也能够做到读书过目不忘了。老师和同学们都对他刮目相看了。

顺治八年(1651)，年仅十五岁的阎若璩就苦心钻研经史，并且颇有建树。阎若璩立志将来做一个大学问家，博览群书。为了能够时时警醒自己，他特意把陶宏景、皇甫谧的名言"一物不知，以为深耻；遭人而问，少有宁日"题在自己书房的柱子上，以此来激励自己发奋读书。

阎若璩多年如一日地刻苦读书，认真思考，终于成为学识渊博的

青年才子。当时，很多比较有学问的人都来结识他，和他切磋学问。这样，也使得阎若璩的学问不断提高，为他日后成为大学问家奠定了基础。

　　阎若璩虽然先天条件不好，不仅口吃而且反应迟钝，但是他并没有自暴自弃，反而是更加刻苦努力，勤奋好学，最终成为一代大学问家。这正是缘于滴水穿石的努力。

万斯同闭门苦读

万斯同是我国清朝初期著名的学者和史学家。我国著名的史学专著《二十四史》就是他参与编撰的。别看万斯同这么有本事，他小时候却是个非常调皮的孩子。

1638年，万斯同出生于书香门第。父亲非常重视对子女的教育，万斯同很小的时候，父亲就开始教他读书识字。万斯同天资聪敏，又特别好学，父亲教过的东西，他不一会儿就记下来了。他还特别喜欢书法，没事的时候总喜欢躲在书房里练字。父亲见他聪明伶俐，又喜欢读书写字，对他寄予很高的期望。

有一次，父亲要检查万斯同他们兄妹几个的学习情况，就把他们几个都叫到书房里，让他们一同默写唐代著名诗人王勃的《滕王阁序》。这篇文章，万斯同已经背得滚瓜烂熟了。只见他研好墨，不慌不忙地铺开纸。做好这一切，他才提笔写起文章来。可是，还没等兄妹们写完，万斯同就站了起来，告诉父亲他已经写好了。父亲很诧异，没想到他能在这么短的时间里把这么长的一篇文章写完，便急忙走过来看个究竟。

父亲拿起万斯同的答卷一看，很惊讶，万斯同不仅用最短的时间一字不差地把整篇文章都默写了下来，而且字迹相当工整，整个卷面非常整洁。父亲摸着万斯同的头，称赞道："文章都默写对了，字也写得很漂亮。不错不错！"父亲还特意把万斯同的这份答卷装裱好了，挂在了客厅里。万斯同见了，很是得意。从那以后，他就变得骄

傲了，也不好好读书了，总是贪玩，父亲布置的文章，他也只是马马虎虎看两眼。

这一天，家里来了好几位父亲的客人，他们都是饱读诗书的大学问家，父亲把他们请到了客厅。其中一位客人一眼就看到了墙上的那幅字，就走上前去观看。他一边看一边不停地点头："这篇文章字确实写得不错，真是一气呵成呀！不知是出自谁的手？"父亲连忙答道："是在下的小儿写的，诸位见笑了。"众人听说这幅字居然出自一个孩童之手，都大吃一惊。

"令郎果然是远近闻名的小才子呀！将来一定会中状元的。"一位客人不禁称赞道。

"哪里，哪里，您过奖了。"父亲谦虚地回答道。

另一位客人提到："不知令郎是否在家？可否出来让我们考考他，刚好一睹小才子的风采呢？"

父亲连忙派人把万斯同叫进了客厅。"小公子，最近都读了哪些书呀？"一位老者问道。望着一屋子的人，万斯同一点也不怯场，朗声回答道："我现在正在读白居易的《琵琶行》。""那你能不能背两句给我们听听呀？"另一个客人接着问。

万斯同心想：背就背，没什么大不了的！"浏阳江头夜送客，树叶红花秋瑟瑟。"万斯同刚背了两句，客人们就哄堂大笑起来。他感到莫名其妙，便问道："你们这是笑什么呀？"其中一个客人好不容易止住笑，告诉他："你背错了，不是浏阳，是浔阳。"

"怎么可能？我背的就是浏阳！"万斯同脸红脖子粗地高声反驳道。

另一位客人微笑地看着他，慈祥地说："万斯同呀！你不仅把'浔阳'背成了'浏阳'，还把'枫叶荻花'背成了'树叶红花'了呀！"

万斯同听完，这下可受不了了，他高声喊道："我的书上就是那样写的。是你们错了，一定是你们故意拿我寻开心！"

"浔阳江头夜送客，枫叶荻花秋瑟瑟。这是多么有名的诗句呀！"

一位客人随口感叹道。

万斯同见大家都认为自己背错了，心里觉得特别难过。他认为自己背的是正确的。望着在座的客人一张张满是笑容的脸，万斯同觉得大家都在嘲笑自己，不由得怒从心中起。他站了起来，"哐"的一下把身边的桌子推翻了，"你们就是故意来看我笑话的，你们戏弄我！"

父亲见他在客人面前如此没有礼貌，特别生气，当即就把他关进了书房。万斯同并没有意识到自己做错了，反而觉得自己受到了莫大的委屈。他在书房里又哭又闹，又是扔书，又是踢凳子的。

"放我出去！放我出去！"万斯同一边用力晃着书房的门，一边大声喊着。可是，父亲就是不给他开门。天渐渐黑了下来，哭闹了一天的万斯同也累了，不知不觉就睡着了。

第二天醒来，父亲并没有把他放出来，而只是叫人给他送一日三餐。他知道，父亲这是把他给关起来了，让自己闭门思过呀！冷静下来的万斯同，突然意识到自己前一段时间看书总是走马观花，说不定真是自己背错了。他连忙去书架上找出《琵琶行》，想看个究竟。

"浔阳江头夜送客，枫叶荻花秋瑟瑟。"书中果然是这样写的。"原来客人们真的没有冤枉自己，是自己错怪了他们！哎！昨天自己太不应该了，做得太不对了，不仅不认错，还当着那么多人的面把桌子都掀翻了，真是太丢人了！"万斯同越想越懊悔。

从那刻起，万斯同决心要好好读书、认真学习，再也不粗心大意了！他每天在书房里除了吃饭和睡觉，其余时间一心扑在读书上。有好几次，父亲亲自来送饭，他都没有察觉到。

当父亲把书房门打开让他出去时，他却对父亲说："父亲，我不想出去了。我发现书里面有很多有用的道理，有很多好玩的地方。"

从那以后，万斯同刻苦读书，终成为一代大学者。我们在日常学习中，也要像他那样读书学习，不能有半点马虎，且能知错就改。

倪瑞璇作诗述愤

倪瑞璇是清代著名的女诗人。她学识渊博，并有着强烈的批判精神。有清代"最著名的愤怒女诗人"之称。这在古代是很少见的。

1702年，倪瑞璇出生在江苏宿迁的一个读书人家。她的父亲倪绍赞是当时的县学秀才。父亲特别喜欢倪瑞璇，常常抱着她吟诗作对。然而不幸的是，在倪瑞璇五岁的时候，父亲就去世了。望着这一家老小，母亲实在是没有能力养活，就只好带着他们去投奔舅舅了。

倪瑞璇的舅舅樊正锡，是当地非常有名的文化人。他非常注重孩子的学习，早早地就给他的儿子们请了老师。等倪瑞璇来到舅舅家时，表哥们都已经读过好几年书了。在古代，重男轻女的思想特别严重，一般只有男孩才有资格进学堂，读书作诗。倪瑞璇天资聪明，很小的时候又受过父亲的熏陶，所以对读书充满了渴望。然而，她家境贫寒，寄人篱下，又是个女儿身，所以想读书的愿望很难实现。

一次，倪瑞璇在外面玩耍，突然听到表哥们的书房里传来了阵阵读书声。她悄悄来到书房的外面，听见老师正在教哥哥们读诗，便被吸引住了。老师讲得精彩，她在外面听得都入迷了，不知不觉一下午的时间就过去了。晚上回到家中，倪瑞璇心里别提有多高兴了。她默默地把白天听到的知识又在脑海里复习了一遍。她心想："这样，我不进学堂也能学到知识，真是太好了！"

就这样，只要一有时间，她就溜到书房外，听老师给表哥们讲课。一次，倪瑞璇正在心里快速地记着老师刚讲过的文章，不曾发现舅舅从外面回来。樊正锡抬头看见六岁的外甥女，居然痴痴地坐在书房的外面，感到特别奇怪，连忙把她叫过来，问个究竟。倪瑞璇望着舅舅，怯怯地说出了自己在这里偷听老师上课的秘密。舅舅心想：一个小女孩，不贪玩居然在这里听老师讲课，是个读书的好苗子。于是决定考考她，倪瑞璇忙把这些天自己听到的，都一字一句地背了下来。舅舅听完，大吃一惊，没想到倪瑞璇如此聪明，便下定决心要把她培养成一个有学问的人。

从那以后，舅舅便亲自教倪瑞璇写字、读书。有了这么好的读书机会，倪瑞璇格外珍惜。她学习非常认真刻苦，从来也不贪玩，一有时间就温习功课。她也不像其他的女孩子那样追求打扮，只是一门心思地扑在了学习上。就这样，倪瑞璇七岁时开始学习古文，八岁时就学着作诗，九岁就能读诵五子书，十岁以后就把舅舅所藏的四书五经、诸子百家和史传杂记都翻阅过。

有一次，倪瑞璇随大人们一起到附近的龙兴寺游玩。这座龙兴寺还是有历史故事的，据说是根据明太祖朱元璋早年为僧的故事修建的。倪瑞璇饱读诗书，对这段历史了解很深，见到这座寺庙，不禁感慨万千，当即写下了一首《过龙兴寺有感》。诗中这样写道："自从秦与汉，几经王与帝。功业杂霸多，岂果关仁义？"大概意思就是说，从秦和汉朝以来，每个朝代的开国皇帝大都是一些没有受过什么教育的草莽英雄，他们夺取江山靠的都是一些小聪明和小手段，统治国家时，一味地胡作非为，根本就不知道什么是"仁义"。倪瑞璇用此诗来抨击时弊，嘲讽历代帝王们只知道争权夺势，不管百姓生活疾苦。

随后，她又再次愤怒地指出："大厦欲将倾，数传得错嗣。奸相忘封疆，权贵与罗织。安然一金汤，遂被诸公弃。"这首诗不仅抨击了皇帝昏庸，不管百姓死活，只是一味地花天酒地，还大胆地斥责那些只知道拍马屁不做正事的奸臣。一个年仅十七岁的花季少女，居然有如此胆识和才情，着实让人感到惊叹。然而这些诗文对于倪瑞璇来说，却只是她创作政治讽刺诗的开始。

在当时，很多官员喜欢在自己在位的时候，就找人给自己树碑立

传。倪瑞璇对这种行为感到特别不满。作为一个弱女子，她不可能干预朝政，也就只能通过作诗来表达自己的愤怒。为此，她专门作了一首诗叫作《德政碑》。诗中这样写道："如何官去今朝始，明日逢人皆切齿？有碑不若无碑好，一日碑存一日笑。"这首诗的意思是："这些为自己树碑的官员，本来就没有什么政德，还非要说自己为百姓做了很多事情，真是不知廉耻。若是真像碑文中写得那么好，为什么他们辞官的时候，百姓都会骂呢？在我看来，这样的假碑还是不要的好，不然这碑存在一日，人们就会嘲讽一天。"倪瑞璇言辞犀利，句句切中弊病，深刻地揭露了那些官员明明不作为却要装出一副政绩卓著样了的丑恶嘴脸。

倪瑞璇长大后，创作了大量的诗文，但是并没有改变自己那大胆而又泼辣的诗风。她的诗大多是写政治时事题材，抨击讽刺官场上的一些歪风邪气。我们应该关心国家大事，更应该像倪瑞璇那样，敢于直抒己见，做一个负责任的主人翁。

曹雪芹学做风筝

"字字看来都是血，十年辛苦不寻常。"这便是曹雪芹创作《红楼梦》的真实写照。曹雪芹是我国清代著名的文学家。他用毕生精力创作的长篇小说《红楼梦》，是我国古代四大名著之一，也是我国古典小说艺术创作的最高峰。

雍正二年(1724)，曹雪芹出生在一个"百年望族"的封建贵族大家庭。曹家世代为官，并与皇家的关系非常密切，地位非常显赫。自小生活在这样的家庭中，曹雪芹享受着寻常人家的孩子见不到的荣华富贵。

曹雪芹作为家中的男孩，父亲希望他能够好好读书，争取早日考得功名，因此对他的学习要求得非常严格。曹雪芹四岁的时候，父亲就开始教他识字。再稍微大些，便教他读书断句，学作八股文。

有一天，曹雪芹读书读累了，便抬起头看着天空发呆。这时，外面传来了小朋友们欢快的脚步声，他们正高兴地放着风筝。曹雪芹别提有多羡慕他们了，他心想："要是我也能有一只美丽的大风筝该多好呀！"可是，他随即又想到父亲那严厉的表情。父亲是不会给他买风筝的，父亲只想让他考取功名。一想到"功名"二字，曹雪芹更加头痛了。他对功名利禄并不感兴趣，不喜欢读那些枯燥无味的书，而一些杂书却深受他的喜爱。他希望自己将来能做个博览群书、有动手能力的人。

看着天空中的风筝随风摇摆，曹雪芹心里别提有多喜欢了。突然，他脑海里出现一个念头："我何不自己试着做一个风筝呢？"说做就做，他叫来身边的小侍从，让他们找来做风筝所需要的纸和竹条。

曹雪芹一边看着天上的风筝，一边认真设计着自己的风筝。他和小侍从们先用竹条做出风筝的骨架，接着再把一张大纸裁成小鸟的样子。随后，曹雪芹又在纸上给这只"小鸟"画上了一双大大的眼睛。

身边的小侍从不解地问道："小少爷，你怎么给风筝画上了这么大的眼睛？"曹雪芹回答说："风筝有了眼睛，才能看清外面的世界，才能看到墙外的美丽的田野！这是我做的风筝，它看到的东西，我也就算是看到了。"

费了好大工夫，一只青色的风筝终于做成了。曹雪芹迫不及待地想将它放到天上去。可是放风筝并没有那么简单，曹雪芹折腾了好半天，也没有把风筝放起来。这时，一名小侍从开门说道："小少爷，放风筝是有窍门的，我们要观察风的方向，根据风吹来的方向，将风筝举起来，然后顺风跑起来，慢慢的风筝就飞起来了。"听完侍从的话，曹雪芹才知道自己的方法是错误的，急忙按照侍从的说法去做。

练习了几次之后，曹雪芹亲手做的风筝才晃晃悠悠地飞了起来。一开始，风筝飞得特别低，而且还飞不稳。慢慢地掌握了诀窍后，曹雪芹的风筝越飞越高，不一会儿，就超过了田野里其他小朋友们放的风筝，曹雪芹高兴得又蹦又跳。

正当身边的侍从们都为曹雪芹拍手叫好时，他却让人把风筝的线给剪断了。大家都不理解他的做法，一名侍从问道："小少爷，这可是你亲手做的风筝，又漂亮，又能飞得特别高，为什么不要了呀？多可惜呀！"曹雪芹听完后，摇了摇头，叹了口气低声说道："正是因为这是我做的风筝，才要把它剪断的。我天天生活在这高墙大院里，没有自由，我的风筝没了线就自由了，它就可以飞到自己喜欢的地方，看到自己喜欢的景色。它看到了，我也就看到了。"

正是因为曹雪芹儿时亲手做过风筝，又深深地了解富家子弟对自由的渴望，他才能在后来的《红楼梦》中，生动鲜活地刻画出大观园里姐妹们放风筝的场景。我们也要多动手，多参与到现实生活中来，这样才能写出好文章。

纪晓岚铁齿铜牙

雍正二年(1724)六月十五日，纪晓岚出生在直隶河间府崔尔庄。对于纪晓岚的出生，世间传说还带有很多神话色彩。相传就在纪晓岚降生的前一天晚上，很多人都看见一个好大的火球从天而降，落在了纪府的房屋上。当人们匆匆赶到纪府去救火时，却发现纪府并没有着火。听到大家的议论声，书房中纪晓岚的祖父纪天申受到打扰，正打算去外面看看究竟发生什么事时，书桌上正在燃烧的蜡烛，突然从烛芯里一连爆出好几朵火花来。在古代，民间流传着这样一种说法"灯花爆，喜来到"。或许是巧合，第二天，纪府就添了一个白白胖胖的男婴。纪天申对这个孙子寄予厚望，亲自为他取名为纪昀，号晓岚。

纪晓岚从小就聪慧过人、才思敏捷，不仅通晓经史子集，还会写诗做文章，但是他最擅长的还是对对联。方圆几百里的人都知道，纪府出了个"小神童"。

等到年纪稍大些，纪晓岚便去参加童生试。主持考试的考官也是个读书人，早在三年前就中过举人。他听说来参加考试的考生，有一个叫"纪晓岚"的，名气特别大，非常有学问。这个考官心想："这么小的孩童，究竟能聪明博学到哪儿呢？说不定是人们夸张了。"于是，他便存心想考考纪晓岚。轮到纪晓岚作答时，考官便故意出了一个上联："十岁顽童，岂有登科大志？"大家听到这个上联，都为纪晓岚捏着一把汗。然而纪晓岚一点也不慌张，他知道考官有意为难自己，沉思片刻，回答道："三年经历，料无报国雄心。"考官听了纪晓岚的回答，知道他是在讥讽自己，心里特别不痛快，却又无可奈何。

特别巧合的是，几个月以后，这位考官被提拔为河间太守。有一天，他外出巡察，刚好路过纪晓岚他们村。这时，有一群年纪相仿的小朋友在玩耍。他们正忙着抢一个球，连太守过来了都不知道。不巧的是，一个小朋友不小心将球踢进了太守的轿子中。太守身边的侍卫见了，大声呵斥这群小孩子，吓得他们呆呆地站在那儿，不知如何是好。

就在此时，一个小男孩站了出来，理直气壮地跑到太守轿前去要球。太守很吃惊，乡野中还有这么大胆的孩子，便打开轿帘，仔细地看了看这个孩子。这才认出这个大胆的小孩就是当年参加童生试的纪晓岚，纪晓岚也认出了太守就是当年为难自己的那个考官。

纪晓岚连忙上前施礼问好，太守望着他，笑着说道："这样吧，我给你出个上联，你要是能对出下联，我就把球还给你。若是你答不上来，那这球就不能给你了。"纪晓岚很自信地说："那就请大人出题吧。"太守看了看眼前的情景，随即便想到一个上联："童子六七人，惟汝狡。"纪晓岚听完上联，灵机一动，上前答道："太守两千石，独公……"却迟迟不肯说出最后一个字。

"独公怎么了？答不上来了吗？"太守看着他那为难的表情问道。纪晓岚笑着摇了摇头，开口说道："最后一个字还要看太守大人怎么做呢。""你做对联，跟我有什么关系？"太守惊讶地问道。"若是大人把球还给我了，那就是'独公廉'；若是大人不还我球，那就是'独公贪'。"

太守听完后哈哈大笑，心里不禁赞叹纪晓岚小小年纪就如此聪慧过人、胆大勇敢，将来必成大器。既然纪晓岚已经对出了下联，太守便高兴地把球还给了他。

纪晓岚机智聪明，面对权威、面对问题时，他都能发挥自己的聪明才智，很好地解决问题。当我们遇到事情时，也要多动脑子、多思考。纪晓岚是我国清代有名的大学问家，他不仅学识渊博，而且为人风趣幽默，由他主持编纂的巨著《四库全书》，是我国的文化宝库。

章学诚以勤补拙

　　清朝有一位非常有名气的大学者，名字叫章学诚。他所编写的《文史通义》共九卷，是我国清代中叶非常著名的学术著作。

　　章学诚并不像其他的大学问家那样，小时候就天资聪颖，读书过目不忘。恰恰相反，他小时候对于读书不怎么开窍，记忆力也很差。

　　章学诚虽然资质平庸，可是父亲还是希望儿子能够多识几个字，多读几本书。章学诚的父亲章镳(liú)，饱读诗书，精于书法，中过举人、进士，曾出任过湖北应城知县。他深知读书的重要性，所以在章学诚刚会说话的时候，就开始教他背《百家姓》。可是，章学诚自小就体弱多病，经常是一天中读书不到一两百句，就因为生病体力不支而中断了。就这样断断续续地读书，一年里，读书的时间全部加起来还不到两个月。

　　到了该上学读书的年龄了，父母便把章学诚送到离家很近的私塾去念书。虽说小时候父亲对他进行过启蒙教育，无奈他经常生病，也没有真正学进去多少。到了学校，他学习就越发的吃力了。别的同学反应都比他快，记忆力也比他好。每次都是其他同学都已经把老师讲过的文章熟练地背诵下来了，可是他连读都没有读懂。

　　章学诚深知"笨鸟先飞"的道理，他学习特别刻苦，从来不贪玩。每天早晨，他总是第一个到学堂。上课时，他总是很努力地去跟上老师上课的节奏，从来也不搞小动作。放学后，同学们都是迫不及待地跑回家玩去了，可是章学诚却一遍又一遍复习当天老师讲过的文章。

回到家中，章学诚就把自己白天还没有弄明白的问题拿着去问父亲。晚上，他还点着昏黄的小油灯学到深夜。为了能够让章学诚更快地赶上其他同学的进度，父亲每晚都陪着他学习，复习检查以前学过的知识，预习第二天老师要讲解的文章。其他亲戚朋友们见了，都摇头叹息着对他父亲说："这个孩子天资平平，将来也不会有什么大的出息的，你还是别费心思了。"

虽然亲戚朋友们的话比较难听，但是章学诚并没有灰心丧气，而是更加坚定自己读书学习的决心。他发誓，一定要把书读好，将来有所作为，给父亲争口气，也要证明一下自己，不要被别人看扁了。从那以后，他每天读书更加刻苦勤奋了。

有一次，章学诚从父亲书房里偶然找到一本《礼记》，便读了起来。读着读着，他看到书上有这样一段话："人一能之，己百之；人十能之，己千之。果能此道矣，虽愚必明，虽柔必强。"这段话的大概意思是说："别人能够一次就学会了的东西，自己要学习一百次；别人学十次就能学会了的东西，自己要学习它一千次。如果真的能坚持这样做，再笨的人也能学会它，从而变得聪明起来，再弱小的人也会变得强大起来。"

读懂了这几句话，章学诚突然觉得这段话非常适合自己。他决定要按照书上说的去做，学习知识时，要比别人多下工夫。他还自己摸索出了一套学习的好方法。

章学诚喜欢研究历史，读了很多古代著名的思想家的文章。他发现那些大学问家在读书的时候都强调要做到"脑勤手勤"。所谓"脑勤"就是在读书的时候要勤于思考，要常问为什么。所谓"手勤"就是每次读书的时候都要勤动手，做好笔记。

就这样，章学诚每次在读书的时候，总是先准备好本子和笔。每当读到精彩的地方，他就把那些优美的词汇和句子抄录下来，等到有时间的时候再慢慢背诵；当遇到他认为不对的地方，他也在本子上记下来，把自己的理由和观点也写在旁边，说明它为什么不对；当碰到自己读不懂的地方，他也随时都记录下来，并加以标记，向有学问的人请教。

　　章学诚刻苦读书，勤于思考，不用说他读过多少书，就他写满的读书笔记就是厚厚的一大摞。他后来所写的历史学著作《文史通义》，里面的很多章节，就是来自他平时所做的读书笔记。

　　章学诚一生主修、参修各类地方史志十余部，并撰写了大量的志评著作。修志的过程也是章学诚史学理论逐步成熟的过程，以其提出较为系统的方志学理论而被梁启超称为中国方志学的创始人。正是因为章学诚勤奋刻苦，再加上他运用好的学习方法，才成就了他后来史学家的地位。

何绍基日练百字

何绍基，我国清代著名的大书法家。他的字体，现在还有好多人在研究学习。别看何绍基长大后取得那么大的成就，可是，小时候的他，特别顽皮。

何绍基出生在道州（今湖南省道县）。在他很小的时候，父亲就被调到北京城里当官，只有他和母亲留在湖南老家。何绍基的母亲双目失明，照顾自己都成问题，就更别提教导他了。因为没有大人经常在身边教导，这下可好了，何绍基便把学习这回事抛到了脑后，一心只想着吃喝玩乐了。

他经常背着母亲，和一群朋友整天游山玩水，喝酒作乐。每当母亲问及学业的时候，他就欺骗母亲，谎称自己读书读得很好。长此以往，他的学业就荒废了。

过了几年，父亲从京城回家探亲，便认真询问了他的学习情况。何绍基自小就特别聪明，父亲对他寄予很大的希望。这次回家，父亲想好好考考他，检查一下他的功课。没想到，何绍基居然一问三不知。很多他小时候就能背下来的诗文，到现在却都不记得了。父亲特别生气，拿起身边的板子狠狠地在他的手掌上打了二十下。

何绍基感到非常惭愧，尤其是当他看到父亲那失望的眼神，心里别提有多难过了。从那时起，他在心里暗暗地下定决心，以后一定要好好读书。

说到做到，何绍基每天都是最早到学堂预习功课。遇到不懂的地方他就画上记号，等到上课的时候再问老师。何绍基尤其喜欢写字，他觉得只有自己练字的时候，整个心才能真正地静下来。他为了能够让自己的书法水平有所提高，就立下誓言，强迫自己每天必须得写够一百个字。后人把他这种做法叫作"百字练"。以前的那些玩伴时常上门来找他出去玩，都被他拒绝了。

白天上学，晚上除了完成老师布置的作业，还要挤出时间来补习自己以前落下来的功课。为了能够保证自己每天都能练上一百个字，何绍基只好缩短自己的睡眠时间。每天早晨，天刚蒙蒙亮，他就悄悄地从床上爬起来，来到书房，自己先研墨，铺上纸，就着昏暗的小油灯，一笔一画地认真写起字来。等到家人起床做饭的时候，他已经写满了好几张纸。晚上读书到深夜，每当读累了的时候，他就展开纸张，写上几页字，让自己的心静下来，头脑清醒了再接着学习。

何绍基为了能够充分利用时间，还特意想出了一个练字的好方法。他让家人帮他做了一个特殊的青布褡裢，这个青布褡裢分为好几层，而且相当结实，他把自己的笔墨纸砚分门别类地放到这个青布褡裢里，每天都背在身上。这样，不论是外出访友还是游玩，只要一有时间，他就会拿出纸笔，写上几个字。

就这样，功夫不负有心人，他写的书法越来越好，得到了一些前辈们的认可。大家听说后，都纷纷来观看。周围的邻居都来请他写对联，还有人专门来向他学习书法的。听到的赞扬多了，何绍基的心里不免有些得意了。

一次，一位朋友请求何绍基为他写亭子的题额。这一天，他便来到亭子里，铺开纸张，望着周围美丽的景色和别致的小亭，何绍基心里别提有多畅快。他提笔一幅题额一气呵成。看着自己的作品，绍基觉得特别满意，他认为这是自己有生以来写得最好的字了。

正当他在为自己的作品暗自陶醉的时候，一位老者走进亭子里。"何公子，果然名不虚传呀！"老者这突然的招呼一下子把何绍基从自我陶醉中惊醒。他连忙转过身来，只见一位精神矍铄的老人，正拄着拐杖站在亭子旁边。

看着老人那睿智的眼神，何绍基觉得他一定是饱读诗书、见多识广的人，便不敢怠慢，很恭敬地把老人请到书桌旁坐下。"晚生这拙字让老先生见笑了。说实话，晚生练字多年，可是一直苦于没有名师指点，总感觉自己写的字不得要领，还望老先生赐教。"何绍基认真地说道。

　　"何公子的字写得的确实漂亮。可是却徒有外表，而没有灵魂。你把名家的字体练到了极致，却没有自己的灵魂在里面。"老者从容地说道。

　　听完老者的话，何绍基恍然大悟。他突然意识到这么多年来，自己在练字的时候只是一味地追求外形上做到与人书法家一致，却从未想到字的神韵和内涵。俗话说："字如其人。"每个人都会有属于自己的思维和风格，写字不也是一样的吗？何绍基幡然醒悟。

　　从那以后，何绍基改变自己的练字方法，每天在勤加练习的同时，更加注重形成自己的个性，创作出独树一帜的作品，使书法作品富有神韵。日积月累，他终于从中领悟了书法的奥妙，创造出了具有自己独特风格的"何体字"。

　　在学习中既要用功还要找对方法，这是我们最应该向何绍基学习的地方。

王士雄治"痧症"

1808年，王士雄出生在杭州的一个医学世家。王士雄的爷爷和父亲都行医。他们为人谦和善良，深受父老乡亲们尊敬。王士雄自小就看着父亲治病救人，再加上他自己先天体质弱，经常生病，所以越发觉得医生是个神圣的职业。虽说王士雄身体不如其他小朋友健康，可是有着父母的疼爱，整个童年过得也特别欢乐。

不幸的是，王士雄十四岁那年，父亲得了重病，卧床不起。他家的生活每况愈下。父亲临终前，拉着王士雄的手，语重心长地说："士雄，你要振作起来，做个有用于世的人！"王士雄流着泪点了点头。

仿佛一夜之间，王士雄明白了自己不再是一个躲在父母怀里撒娇的小孩了，而是要有所承担了。他把父亲去世的悲痛深深地藏在心里，振作起来，决心要做一个有用于世的人。他决定继承父亲的事业，做一个救死扶伤的好医生。

为了能够专心学习，他把家事托付给了舅舅。从那以后，他就开始刻苦攻读医学书籍。他在书房里醒目的位置挂上了一副对联"读书明理，好学虚心"以自省。每当自己不能静下心来读书时，他就抬头看看对联，让自己赶快振作起来。王士雄深知自己底子薄，就格外地用功。他不仅白天不出去玩耍，把自己关在书房里潜心读书，就连晚上也点上油灯，坐在床上看书直至深夜。日子久了，王士雄的床帐顶都被熏黑了。就这样，王士雄苦读医书，掌握了丰富的医学理论知识。

可是，作为一名好医生，光有理论知识是不够的，最重要的是要有丰富的临床经验。王士雄虔诚地拜访当地的名医为师。每当师傅带他出去就诊时，他总是认真观察师傅的诊断方法，学习治病方式。就这样，功夫不负有心人，在师傅的精心指教下，他很快学会了如何给病人诊断治病。

慢慢地，王士雄能够独立去给病人看病了。由于他基础知识扎实，又跟随名医求学，他的医术提高很快。周围的父老乡亲来找他看病，几乎是药到病除。而且，对那些生活贫困的病人，他总是免费看病，人们都特别尊敬他。

一年夏天，同乡有一个叫周鑅（héng）的人，不幸得了重病。请来医生为他看病。医生根据他的病情，诊断的结果是"痧症"，并为他开了"通窍发症"的药方。可是，周鑅吃了这些药，并不见好转，病情反而有加重的趋势。家人又去把当地有名的医生都请来了，希望能够治好他的病。这些名医来看了他的症状之后，得出的结论和先前的大夫的观点都是一样的，都认为他这是"痧症"。可是为什么吃药不见好，大家也给不出明确的答案。

当时的王士雄只有十六岁，他也跟随大家来看病。听完大家的意见，他走上前去，决定好好看看病人的情况。他认真地观察诊断，发现这并不像真正的"痧症"。他又仔细地询问了一下病人的具体情况，认为这种病情跟"痧症"很相似，但却是"阳气虚脱"所致。如果一直按照"痧症"下药，最终必然会危及生命。王士雄分析得头头是道，可是众人见他太年轻，行医没几年，都不敢相信他的话。幸好病人周鑅坚持请王士雄来为自己治病。出乎意料的是，周鑅按照王士雄开的药方吃药，不久病就痊愈了。周围的人听说这件事后，都称他为"神医"。从那以后，来找他看病的人越来越多。他的医术也越来越高明，挽救过很多生命垂危的病人。

王士雄少年时期就成为当地有名的医生，长大后更是成为整个清代都特别有影响力的名医。他对于温病和霍乱等流行性传染病有着独到的治疗方式，曾写了很多有关传染病方面的医学专著，为我国医学事业的发展做出了突出贡献。

　　王士雄成为我国清代很有影响的名医。他不仅医术高明，而且还写下了《霍乱论》《温热经纬》等不少专著，为我国医学事业的发展做出了很重要的贡献。正是因为有了刻苦勤奋的学习和坚持不懈的努力精神，才成就了王士雄完成父亲的遗愿，做个有用于世的人。

林则徐对对联立志

　　林则徐，字元抚，又字少穆、石麟，福建侯官（今福州市）人，是清朝后期的政治家、思想家和诗人，更是清末著名的爱国将领，他在广州虎门销毁鸦片的爱国壮举一直为人们所称道。

　　林则徐小时候学习非常勤奋：每天天刚亮，他就起床读书；每晚读到深夜，他才熄灯睡觉。他很喜欢读《三国演义》，对书中"三顾茅庐""草船借箭"这些脍炙人口的故事都非常喜爱。

　　林则徐看书时很专心，看到入迷时竟能忘了吃饭。

　　有一次，放学回家后，他又像往常一样钻进自己的房间内看书。家里做好了晚饭，林则徐的母亲唤林则徐下楼吃饭，可林则徐没有听见。母亲觉得孩子能用功读书是好事，就想等等林则徐，一会儿再吃。等了一会儿，母亲又去唤林则徐，林则徐还是没听见，母亲就上楼提醒林则徐该吃晚饭了，林则徐说："你们先吃吧，我还没饿。"看到孩子如此认真学习，母亲是既开心又心疼，她嘱咐林则徐别忘了吃晚饭。可一直到家里人都吃完了饭，林则徐还没下来，一直读到深夜他才想起自己还没吃晚饭。

　　第二天的傍晚，父亲在院子里纳凉，林则徐刚好放学回家，一到家就直接往房间走。父亲想起昨晚林则徐忘记吃晚饭的事，看到孩子能勤奋学习很开心，但也不想林则徐因过于刻苦而不顾惜身体，就问他为何如此刻苦学习，他回答道："上不愧对父母，下不辜负前程。"听了这一席话，父亲知道林则徐日后必有一番成就，对他寄予了厚望。

林则徐不但刻苦勤奋，而且非常聪慧，老师在讲解文章、诗词寓意的时候，很多同学还不得要领，他就已经完全理解了，还能将学到的知识活学活用、触类旁通。

有一回，私塾的老师带学童们游鼓山。一路上山清水秀、鸟语花香，同学们都玩得很有兴致。当他们爬上鼓山顶峰时，看见四周山海云涌，一派奇美风光，大家纷纷称赞。

看到学童们玩得非常开心，老师便想借此机会考考学生。老师以"海"为题，出了一句上联："海到无边天作岸。"此上联意蕴远大：海的边际就是天，海与天相连，既是绝境，更是高远的境界，蕴含"学海无涯苦作舟"的道理。老师作完上联后，微笑着对学生们说："这个上联正是今天美景的写意，你们谁能第一个对出下联？"

正当大家还在思索的时候，林则徐首先对出了下联："山登绝顶我为峰。"这句下联既有景又有意，脚登绝顶的林则徐大有一览众山小之意，抒发了他的凌云壮志和抱负。此对联平仄、对仗工整，意境和情景相融，在场的同学都鼓掌叫好。老师看到林则徐能有如此志向，欣慰地点了点头，感到不枉费自己对他的培养。

林则徐的努力父亲一直看在眼里，父亲想找个机会考考儿子。一年除夕，一家人热热闹闹地过年，父亲提议作个对联，上联写道："除夕月不同，点灯数盏，代乾坤壮色。"写完后，父亲让林则徐对出下联，林则徐不假思索，提笔写出下联："新春雷未响，擂三通鼓，替天地扬威。"父亲看此下联，气势磅礴、气度不凡，想到儿子有远大的抱负，觉得很欣慰。

为了"上不愧对父母，下不辜负前程"，年少时的林则徐刻苦读书。在学有所感后，他借登高望远之际抒发了"山登绝顶我为峰"的凌云壮志，在新春来临之时展现了"新春雷未响，擂三通鼓，替天地扬威"的远大抱负。后来林则徐官至一品，两次受命为钦差大臣，因其主张严禁鸦片，抵抗西方的侵略，坚持维护中国主权和民族利益受到敬仰。

詹天佑偷拆座钟

　　詹天佑是我国著名的铁路工程师，他在主持修建京张铁路时所设计的"人"字形线路更是我国铁路发展史上的一大创举。

　　詹天佑出生在广东的一个商人家庭，他的曾祖父和祖父都是当地小有名气的茶叶商。詹家本来比较殷实，可是鸦片战争的爆发使詹家发生了巨变。祖上一直经营的茶行倒闭了，詹天佑的父亲只能靠种田来维持家里的生计。

　　虽然家里发生了变故，由富商变成贫民，但是詹天佑的父亲深知教育的重要，家里再困难都凑钱供詹天佑上学。

　　詹天佑在八岁上学堂，刚一入学，他就展现了学习天赋。每次老师布置的作业，完成得最好的就是詹天佑，每次考试班里的第一名也是他。

　　经过了初步的启蒙教育后，老师开始教导学生学习四书五经。可这时詹天佑对学堂的教学内容有了想法，他认为"之乎者也"这类枯燥的陈旧知识只能禁锢学生的思想、制约学生的创新，每次学习四书五经他都提不起兴趣，他感兴趣的是机械、工程一类的新知识。

　　詹天佑平时一有时间就往修理铺跑，不过他并不是去修东西，而是去学东西。每当老师傅修理各种仪表、机器时，他就在一旁仔细认真地看着，俨然一个学艺的小伙计。刚开始店铺的老板不乐意詹天佑总在店里待着，后来他还能帮着干点小活，店铺的老板就把他当成了半个伙计。他得到的工钱就是各种小工具和各种小零件，但对詹天佑来说，他在修理铺得到的最好的奖赏就是学会了机械的基本原理。

詹天佑在修理铺"学习"了一段时间后，对机械愈发感兴趣了。他总在口袋里装着螺丝刀、镊子等小工具，一有空就像修理铺的老师傅一样，像模像样地摆弄着小工具。詹天佑还经常为同学做些小机器、小模型，班里的同学都很佩服他，称他为"小师傅"。

有一天，詹天佑正在家里午睡，可是座钟"嘀嗒嘀嗒"响个不停，吵得他无法入睡。詹天佑本想发火，可是座钟的"嘀嗒"声引起了他极大的兴趣，他想，为什么座钟会嘀嗒嘀嗒地走个不停？为什么座钟能匀速行走？为什么座钟能准时地响铃？他虽然在修理铺见过老师傅修座钟，可是他一直也没有弄明白座钟的原理，今天他打定主意一定要弄明白。

家里人陆陆续续都有事出去了，詹天佑趁着家中没人，便偷偷地把座钟搬到了自己的房里。看着偌大的一个座钟，詹天佑不知如何拆卸。他照着老师傅修机器的方法，从座钟的外壳开始拆。没用多长时间，詹天佑就把座钟的外壳卸下来了。看到座钟内部更为精细的结构，詹天佑兴奋极了。

他一边拆着，一边在观察和思考：各个部件都有什么作用？各个部件是怎样连在一起的？座钟的钟摆为什么会走动，钟摆走动的速率为什么那么均匀？不知不觉詹天佑就把整个座钟的零部件都拆下来了，可一大堆散落的零部件怎么再重新组装回去呢？他凭借惊人的记忆力，竟把零部件一件一件地组装起来，不一会儿，座钟又好好地立在家里的大厅内。通过这次偷拆座钟，詹天佑弄清楚了座钟的构造，进一步丰富了自己的机械知识，提高了动手能力。

后来，詹天佑远渡重洋到美国求学，学成归国后，他担任京张（北京—张家口）铁路总工程师，主持修建我国自建的第一条铁路——京张铁路，为我国铁路事业的发展做出了杰出的贡献。詹天佑偷拆闹钟的故事告诉我们，对于兴趣爱好的培养是非常重要的，并且要在实践中总结经验。像詹天佑这样勤于思考、乐于动手，才能在自己喜爱的领域有所成就。

齐白石学画虾

　　齐白石是我国著名的画家，他一生创作了很多艺术精品，曾被授予"中国人民艺术家"的称号。在齐白石小的时候，家境很贫寒，在两个弟弟出生后，家庭负担就更重了。为了缓解家庭的压力，他不得不辍学回家务农。正是在这样艰苦的环境下，齐白石坚持作画，成了一代名师。

　　齐白石每天都起早贪黑地干活，天还没亮，他就要起床，挑着两个水桶到好几里地外的河边打水；将家里的水缸装满后，就接着上山放牛、砍柴，一直干到伸手不见五指了才下山回家。

　　可是不管干活有多辛苦多劳累，齐白石都忘不了学习，强烈的求知欲使他抓住一切时间学习。每天上山前，齐白石都带上一本《论语》。在砍柴的时候，他将《论语》挂在牛角上，在干完活歇息时，才打开书本认真地阅读。每次遇到不理解的地方，就记下来，积累了一定的量后再请教私塾里的老先生。在一天一天的积累中，他竟然把《论语》学完了。

　　虽然日子过得很艰辛，但对齐白石来说很充实。然而天有不测风云，一直在地里辛勤劳作的爷爷突然撒手人寰(huán)，这对齐家而言是个重大的打击。作为长子，他要更多地承担养家的重担，年少的他便随着父亲下田耕地了。

　　在地里耕作时，他常常俯下身来，仔细地观察田里幼苗的形状，幼苗的各种造型都深深地刻在他的脑海中；在山上放牛时，他常常留心分辨各种野花的颜色和形状，还有各种花蕊的区别，经过日积月累的努力，十五六岁的齐白石竟能分辨出山上所有的野花。这为以后他的花草画打下了基础。

有一天晚上，齐白石在辛苦劳作一天后，到家里附近的池塘边玩耍，他看见池塘中成群的草虾正在欢快地游弋，大虾带着小虾，小虾在相互嬉戏，虾群游过时，还撞下了荷叶上的露珠。虾群渐渐地游走，只在水中留下几道浅浅的水痕。顿时这些小小的草虾引起了齐白石极大的兴趣，此后每天一忙完农活，他都要去池塘仔细地观察草虾，风雨无阻。慢慢地，草虾的各种形态和各种动作都深深地印在齐白石的心里。

在经过了长期的观察和积累后，他开始尝试画虾，做画时，每一笔、每一画他都极为认真和讲究，力求将自己心中的草虾活灵活现地画出来，他画的虾栩栩如生，跃然纸上，从此，齐白石的艺术创作一发不可收。

十三岁时他跟随叔祖父学木匠，次年改学雕花木工，从民间画工入手，学习古人真迹，临摹《芥子园画传》并据以作雕花新样。他学诗文书法，游历大川名胜，还做过幕僚。艰苦的生活使得他更善于在平凡的事物中寻找美。他立志要像大画家王冕那样，创作出传世的佳作。他所画的大多是生活中平常之物。花鸟鱼虫他样样精通，并特别喜欢画虾。

成年后，齐白石成为一代绘画宗师，被授予"中国人民艺术家"的称号、荣获世界和平理事会1955年度国际和平金奖。齐白石经过不断钻研和练习，画的虾非常逼真和传神，成为中国国画的精品。古人画竹是因为胸中有竹，白石画虾是因心中有虾。

蔡元培立志改革教育

蔡元培是我国著名的革命家、政治家，更是一位杰出的教育家，他少年时期就饱览诗书、勤奋好学。

蔡元培从小勤奋好学。当小伙伴满院子打闹、嬉戏的时候，他却喜欢看书写字。每天天蒙蒙亮时，听到鸡鸣的蔡元培就起床看书。父母见他如此喜欢读书，便早早地将他送进学堂。他进了学堂后，学习更加用功。从不迟到早退，而且往往都早出晚归。

在中国传统的观念里，读书人通过科举考试获得一官半职，是读书的正道和出路。而要取得科举考试的成功，则必须苦读"四书五经"。"四书五经"是中国古代书籍中的精华，其蕴含了丰富的哲学思想和伦理道德观念。学生认真钻研四书五经，不仅能学到丰富的知识，而且能明白很多做人的道理，应该说学习"四书五经"对学生是很有裨益的。可是老先生很少给学生讲解"四书五经"中所蕴含的深意，只是一味地让学生死记硬背，久而久之，很多学生就没有了学习的兴趣。虽然蔡元培很聪明，也常常耗了一个晚上的时间才记住那一课文章中的生硬词句，但是在背完后也并不清楚文中所讲的是什么内容。

有一天，蔡元培在打扫父亲的房间，偶然发现一本很破旧的书，书名为《三国志通俗演义》。他随手翻了几页，就被书中精彩生动的故事深深地吸引住了。蔡元培放下手中的活，津津有味地读了起来。诸葛亮的睿智、刘关张三兄弟的情谊、曹操的胆识都给蔡元培留下了深刻的印象。从此，他就随身带着这本书，一有空闲的时间就拿出来认真地阅读。

有一次，在课间歇息的时候，蔡元培觉得老师刚才讲的内容枯燥无味，就拿出《三国志通俗演义》饶有兴致地阅读起来。老师发现蔡元培课间还在学习，以为他在温习刚才所讲的内容，觉得他真是勤奋刻苦，便走到蔡元培跟前想看看他在看哪一本书。没想到，老师看到的不是教材，而是《三国志通俗演义》，老师很不高兴，便板着脸说："这种书看不得！"说完，把书从他手中拿了过来。后来，老师又发现蔡元培看白话小说，便告诉他："那些白话小说你就不要看了，简直是在浪费时间！科举考试所用的词句都要出自四书五经，这才是正统，你若用别的词句是断不会取得成绩的。"

这件事让蔡元培觉得，中国的旧式教育太过迂腐，学生只能学习枯燥陈腐的内容，老师也只懂得让学生死记硬背。这样培养出来的学生往往只知其然，而不知其所以然，懂的也只是陈腐的知识，这样的学生怎么能有所创造，怎么能为国家做贡献呢？蔡元培暗暗下定决心：我将来一定要改变这种刻板的教育，不再让学生被这种陈旧的教育所束缚。

此后蔡元培更加广泛地阅读书籍，到科举考试前，蔡元培已经饱览诗书。科举考试给了苦读多年的蔡元培一个施展才华的机会。科举考试中，有一道有关西藏历史和地理的题目，在场的考生都觉得这道题出得很偏，无法作答。但是蔡元培因平时广泛阅读各种类型的书籍，回答这道题时一气呵成，考官对蔡元培广博的知识量感到很惊讶。

后来，蔡元培担任了北京大学的校长，他终于有机会实现自己改革教育的理想了。他开创了北京大学"学术"与"自由"之风，给学生创造了自由学习和研究的良好氛围。蔡元培还提出全方面教育学生，使他们不再只懂死记硬背，而是成为全面发展的有用人才。毛泽东称誉他为"学界泰斗，人世楷模"。

梁启超巧对杏花联

　　梁启超是中国近代著名的政治家、思想家、教育家、历史学家和文学家，在很多领域都有杰出的贡献。他从小就聪慧过人、才思敏捷，被乡里人称为"神童"。

　　梁启超四岁的时候，就在母亲的教导下读书学字。又由祖父指导着阅读四书五经等儒家经典，五岁时已经读完这些经典书籍。他八岁开始学习写文章，九岁的时候已经能写出洋洋洒洒一千多字的文章了，十一岁就中了秀才，十七岁时又中了举人，不愧是少年俊才。

　　在五六岁的时候，梁启超很顽皮。有一天，他把家里的竹梯斜支在墙上，想要爬到屋顶上玩耍。他爬得很高，被祖父看到了，祖父紧张得不得了，赶忙走到梯子下面，仰望着梁启超说："快下来！快下来！爬那么高，多危险啊！当心摔了你！"梁启超看到祖父着急的样子，不但不下来，还又爬高了一级，冲口说道："有人在平地，看我上云梯。"祖父听了他这两句小诗，乐得合不拢嘴，觉得自己的孙子小小年纪能够出口成诗，将来一定非比寻常。

　　1882年，梁启超第一次离开家乡去广州参加考试，那时他才九岁。和他一起坐船去广州的，都是比他大很多的前辈，他们早就知道梁启超才思敏捷，想试一试他。中午吃饭的时候，一个同乡指着桌子上的一盘咸鱼说："早就听说你聪明过人，可不可以用这咸鱼作诗一首呀？"梁启超思考片刻，大声吟诵道："太公垂钓后，胶鬲举盐初。"前半句用了姜太公钓鱼的典故，胶鬲是商纣王的大臣，后来隐居经商，成为中国第一位盐商。他利用两个典故巧妙地歌咏了咸鱼。船上的人听了梁启超的诗，都夸他反应快，作的诗很符合主题，称赞他为"神童"。

梁启超十岁那一年，跟随父亲到秀才李兆镜家玩，夜里住在了李家。李家对面有个杏花园，正赶上杏花开放的时节，那满园的美景早就被梁启超记在心里了。第二天一大早，梁启超就钻进花园里玩去了，看到那朵朵杏花挂着露珠，又娇羞又可爱，他就折了几支。这时，梁启超听到两个人的谈笑声由远及近，原来是父亲和李秀才。梁启超急忙把杏花塞到袖子里，可还是被父亲看到了。父亲说："这满园杏花如此美丽，我出个上联吧：'袖里笼花，小子暗藏春色。'"梁启超知道父亲这是在作对联讽刺自己，他抬头正看见对面厅檐上挂着大镜，就对出下联："堂前悬镜，大人明察秋毫。"李秀才拍掌称赞，说："贤侄真是才思敏捷呀，我也来考考你：'推车出小陌。'"梁启超立刻对出："策马入长安。"李秀才竖起大拇指，连声说好。就这样，在愉快的气氛中，父亲原谅了梁启超的过错，又成就了小"神童"的一段佳话。

梁启超少年聪慧的故事还有很多。有一次，梁启超家来了一个客人，正在客厅和梁启超的父亲谈话。他从外面玩耍回来，拿起一碗凉水就想喝，客人叫住了他："我知道你读书多，我来考考你。"于是就用狂草写了一个"龙"字。梁启超看完摇了摇头，一口气喝完了那碗凉开水。客人笑着说："饮茶龙上水。"梁启超用衣服擦了擦嘴，说："写字狗耙田。"父亲觉得很尴尬，正要惩罚他。客人听完没有生气，反而哈哈大笑，说："梁启超对答工整，年纪虽小，才思敏捷，真是令人惊异呀！"

后来，梁启超拜康有为为师，和他一起领导了著名的"戊戌变法"。梁启超是中国公认的一位百科全书式的人物，他博学多才，写作了《中国近三百年学术史》《少年中国说》等影响深远的作品。

鲁迅刻"早"字

我国著名的文学巨匠鲁迅，原名周树人，字豫才，以笔名鲁迅闻名于世。他出生在浙江绍兴，鲁迅的父母很重视教育，他从小就在传统文化的熏陶中成长。

鲁迅十二岁时，到绍兴城里著名的私塾三味书屋学习。私塾的老师寿镜吾先生是当地出了名的严师，不仅要求学生用功读书，而且不允许学生迟到早退。

在鲁迅十三岁的时候，他的祖父因贿赂考官被捕下狱，父亲因病卧床不起，家境每况愈下。鲁迅只能将家里值钱的东西拿去当铺当掉，换钱给父亲买药。

有一次，父亲病得很厉害，一个晚上都在咳嗽。天一亮鲁迅便出门给父亲买药，可因为太早了，当铺还没开门。鲁迅等了好一段时间，当铺才开门。换来了钱之后，他便匆匆地赶往药铺买药。照料好了父亲，鲁迅没来得及歇脚便匆匆赶到学堂。他走到学堂门口，听到寿镜吾先生已经开始讲课了，他心里想："糟糕了，迟到了，要被先生教训了。"他硬着头皮悄悄地走进教室，寿镜吾先生看到鲁迅迟到了，便生气地说："十几岁的学生，如此懒惰，下次再迟到就不用来了。"鲁迅听了，心中觉得很委屈，可是没有为自己做任何的辩解，向老师承认了错误，便低着头走到自己的座位上。

第二天，鲁迅还是要帮父亲买药，为了不再迟到，他加快了步伐，几乎是一路跑着穿梭于那几个地点。这天鲁迅没有迟到，在先生讲课前进了教室。为了提醒自己不再迟到，鲁迅便用小刀在书桌的右上角刻了一个"早"字。

后来父亲的病情越来越重，鲁迅除了要跑当铺和药铺外，还要承担家里的大大小小的杂务。每天天还没亮，鲁迅就要起床，把杂务活忙完后，匆匆往当铺和药铺跑。料理好了家里，再急忙地跑到学堂。虽然肩上的担子很重，可是鲁迅再也没有迟到过。冬去春来，每天早晨他都在这几个地点来回穿梭。每当累得不行时，一想到课桌上的"早"字，鲁迅便咬紧牙关告诉自己要坚持下去。

迟到还给了鲁迅一个教训，就是要为每件事做好时间安排。起初鲁迅还有不少闲余时间用来看书，可是家里的变故使得他要挑起家里的重担，之前用来看书的时间都被家务活占据。为了不影响学习，他每天都做了精细的时间安排。很多时候，鲁迅只有通过挤时间，才可以学习一会儿，看看自己喜欢的书籍。

　　鲁迅在课桌刻了一个"早"字。久而久之"早"字就刻在了鲁迅的心中，守时、惜时便成为他终生的习惯。鲁迅刻"早"字的故事告诉我们，好习惯都是从点滴做起，好的行为坚持久了便成了好习惯。

冯如制作纸飞机

　　我国的"航天之父"冯如，出生于广东的一个贫农家庭。他的父亲是个辛勤的庄稼人，起早贪黑地工作，依靠微薄的收入养活一家人。年幼的冯如心灵手巧。

　　转眼到了上学的年龄，小伙伴们都陆陆续续地进了学堂。每次小伙伴们上学时，冯如都默默地站在门口看着他们渐渐远去的身影，心里很希望自己也能像他们一样上学。父亲看出了冯如的心思，为了给他凑够学费，父亲便将家里过冬的粮食卖了。

　　冯如没有辜负父亲的期望，学习十分勤奋刻苦，每次考试都是班里的第一。他聪明好学，对神话故事特别感兴趣，尤其对书中神仙的飞天仙术很向往，他常常仰望天空，想象神仙飞天的情景。有时候，看见几只大雁悠闲地在天上飞，他就想，如果人能像鸟一样自由自在地在天上飞翔，那该多好哇！

　　有一次，冯如去广州的亲戚家玩。当时广州是五口通商城市之一，广州的市面上有很多关于西方地理人文、科技发展的书籍。冯如在亲戚家中无意间找到了一本介绍西方科学技术的书籍，正好有一章提到西方人对飞机的构思和研究近况，他如获至宝，认真地读了起来。书中所讲的原理冯如虽然看不懂，可书中那张飞机构想图却深深地吸引了他，图画上的飞机，真的像鸟儿一样，有一对大大的翅膀，一个可以平衡身躯的尾巴，冯如似乎已经想象出它飞在天上的场景了。

回到家后，冯如找来一些纸片、木屑、胶水、剪刀之类的东西，想按照书上的飞机图片试着自己做纸飞机。他一会儿把纸片折成大鸟的样子，一会儿用胶水把纸片和木屑黏结在一起，从机型的设计到材料的修剪，冯如都自己摸索。可是，辛苦了一天，也没能做成一架飞机。这让冯如非常沮丧。

第二天，他心情低落地走在回家的路上，忽然，他看见天空中的鸟挥动着长长的翅膀在低空盘旋。冯如突然受到了启发，回家后，拿出那些物品，重新修改起来。他之前把机翼设计得过短，把机身设计得过长，这样的设计不符合飞行原理。冯如在比照了鸟的比例后，相应地对机翼和机身都做了改动：把机翼拉长，把机身缩短。

没过多久，冯如就制成了第一架纸飞机，他满心欢喜地跑到院子里进行试飞。可纸飞机还没飞多远，就一头栽到了地上。冯如没有灰心，捡起纸飞机，不断地进行改进。经过锲而不舍的努力，他设计的纸飞机终于飞起来了，而且飞得又高又远。看到自己的付出终于有了回报，冯如非常高兴。

从此，每次放学后，冯如就在家中做些小模型。有用木块做成的小火车，有用黄泥和成的小轮船，每次做完新的模型，他都拿给同学们展示，这可是冯如最骄傲、最得意的事。同学们对他的设计都很喜欢，称赞他是一个小设计师。在所有模型中，大家最喜欢的还是他做的纸飞机，常常用它来比赛，看谁的飞机飞得最高最远。看到小伙伴们如此喜欢自己的纸飞机，冯如心里特别高兴，暗暗下定决心，将来一定要造出中国第一架真正的飞机。

后来，在美国求学的岁月中，冯如努力地学习相关的科技知识，回国后制造出了中国的第一架飞机，开启了中华民族航空事业的发展之路。

李四光节省灯油

我国著名的地质学家李四光出身贫苦，在艰苦生活的磨砺下，李四光在少年时就表现出了懂事能干的一面。

省用清灯油

当时在农村，一般家庭都用煤油灯，因为煤油灯比较便宜，但它不够明亮，使用时还有股怪味。为了让李四光在晚上也能安心学习，父亲便买了贵的清油灯。

李四光很感激父亲，但是他觉得用清油灯很浪费，便偷偷地动了些手脚。每次母亲在点灯前，都会在油盏里放两根灯芯，李四光趁母亲不注意时偷偷地取出一根。在清油灯的陪伴下，李四光读书更加刻苦，每每读到深夜。有一次，母亲半夜起来，看到他还在学习，就心疼地来催他休息，却发现灯光很昏暗，在查看了清油灯之后，母亲发现了这个"秘密"。她心疼地说："傻孩子，怎么不知道爱惜自己的眼睛！"李四光对母亲说："其实都一样亮，剩下的那根灯芯可以留着下次再用。"母亲看到他如此懂事，感到很欣慰。

钓鱼解困

有的时候，地里收成不好，李四光家里连吃菜都是很困难的事。

为了解决家中的窘境，李四光便想到了钓鱼。

这一天，放学回家后，李四光见桌上又没有饭菜，便悄悄地带上一个篮子和一个小盒出门了。他先在地里挖出几条蚯蚓放到小盒里，然后到竹林里折下一根小竹条，将小竹条做成钓竿，并用大蒜头的秆做了个浮子，用缝衣针砸成一个弯钩当作钓钩。准备齐全后，李四光便到河边钓鱼。

不少小伙伴都在河边钓鱼，可钓了半天，毫无收获，便将钓竿扔到一旁，跑到竹林里捉迷藏去了。只见李四光时而安静地盯着浮子，时而又迅速地拉起鱼钩，不一会儿就钓上了半篮子的鱼。

过了一会儿，小伙伴看见李四光还在钓鱼，而且收获颇丰，很羡慕也很好奇："一直钓鱼你不觉得无聊吗？"李四光认真地回答道："我钓鱼不是为了玩，钓到的鱼还要做晚饭呢！"

巧技舂米

本来李四光家中的劳动力就不多，父亲病倒后，家庭的情况就更糟糕了。所有的农活都落到了母亲一人的肩上。

勤快懂事的李四光主动为母亲分担家务，干些力所能及的杂活。每天他都提着水桶到河边挑水，家里水缸的水总是满满的。他还经常背着竹篓上山搂树叶、拾柴火，家里灶膛的柴火没有短缺过……

在所有农活中，最费力的就数舂米了。当时村里舂米的主要方法是用脚踩着踏板，依靠腿力转动几斤重的脚踏椎来舂打谷子，直至把谷子的壳舂掉，剩下白米才算完成。舂米很耗体力，尤其要舂一家人的粮食，其辛苦程度就更不用说了。

李四光看到母亲舂米很辛苦，就帮母亲舂米。可是年少的李四光，身子骨还很瘦弱，就凭他身上的那点力气，根本踩不动脚踏椎。李四光在屋里找来一根粗绳。他用粗绳的一头绑住踏板，自己瘦弱的手掌抓住粗绳的另一头。在脚往下踩踏板的同时，李四光用手使劲儿拉粗绳。在全身力量的带动下，脚踏椎转动起来了。在辛苦了一天

后，他终于将稻谷全都舂成了白米。

善踩莲藕

秋天就快过去了，村里荷塘的莲藕都成熟了，李四光和伙伴们结伴去荷塘踩藕。可千万别小瞧了踩藕这个活，踩藕既是个体力活，但更是个技术活。莲藕埋在深深的淤泥里，要摸清莲藕的位置可不是易事。就算摸清了莲藕的准确位置，不会踩藕的人也不能将娇嫩的莲藕从淤泥中完整地取出来，倒是很可能把整节的莲藕踩坏、弄断。村里不少人踩了一辈子的莲藕，还是没能把握踩藕的诀窍。

可是小小的李四光仿佛是熟练的踩藕能手，像变魔术般地将一节连着一节的莲藕完整地踩了出来，身上的背篓很快就装满了莲藕。而别的孩子往往是嘻哈打闹了半天，只踩出了一节半节的断藕。看到李四光收获颇丰，小伙伴们很好奇地问李四光："好踩的莲藕都让你碰上了，你的运气怎么这么好？"李四光回答说："其实不是我的运气好，是在来之前我已经对踩藕的技巧琢磨了一番：要先顺着荷叶找到莲藕，再摸清莲藕的位置和大小，慢慢地将莲藕上面的淤泥踩去，最后将脚伸进莲藕底部，一边用脚拉着莲藕底部，一边用双手抓住拉起来的莲藕，这样就踩出一根完整的莲藕了。"

生活的困境使李四光更早地成熟懂事，他看到生活的不易，看到母亲的辛劳，所以他通过节省灯油、钓鱼做晚饭等方式来尽力改变家里的困境。艰苦的生活也教会他更多劳动的技巧，他能想出巧妙的方式舂米，总结出更好的踩藕方法。少年李四光如此懂事能干，从另一个角度来看，这也是苦难生活的馈赠。

竺可桢早起为强身

中国近代地理学的奠基人竺(zhú)可桢出身于绍兴的一个商人家庭，他的父亲深受中国传统思想"万般皆下品，唯有读书高"的影响，对子女的教育很重视。竺家的几个孩子都接受了良好的教育，大哥竺可材曾考中秀才，二哥竺可谦读书很用功，可是因为身体孱弱不得不退学回家。

竺可桢学习很优秀，可是一直忽略了锻炼身体，所以在体育方面，他一直是一名"后进生"。因为个头矮小，身子骨也较为瘦弱，竺可桢运动能力并不强。在体育课的跑步练习中，他每每都在队伍的最后。他在体育课上常常"出丑"，被一些同学讽刺和嘲笑。

有一次，竺可桢在教室的走廊里碰到几个一向爱嘲讽他的同学。那几个同学见到他，有的冲他做鬼脸，有的模仿他跑步的动作，有的大声嘲笑他弱不禁风。晚上，竺可桢躺在床上翻来覆去睡不着，还在想着白天被嘲笑的事。但是他并不是因为自己被嘲讽而烦恼，他想到的是祖国和人民。现在国家还在遭受列强的侵略，人民的生活质量得不到保障，造成国民体质孱弱，中华民族竟被西方人蔑称为"东亚病夫"。既然立志要为国为民奋斗，何不从自己做起、从现在做起！想到这一点，竺可桢立刻为自己制订了一个强身健体的计划，还将"言必行，行必果"的格言抄写在寝室里，时刻提醒自己坚持锻炼，不可半途而废。

从此以后，竺可桢每天都早早地起床锻炼，先是绕着校园跑一

圈，跑完后在亭子里做早操。

　　经过一段时间的锻炼，竺可桢的身体素质明显增强了，不再是之前弱不禁风的体格，他还好几次在体育课的跑步练习中获得第一名。那些曾经嘲讽他矮小的同学想不到他变化如此之大，在他面前也低下了头。

　　在竺可桢的影响下，很多同学也不再贪睡，早早地起床，加入到晨练的队伍中。经过一段时间的晨练，很多同学的身体素质都有了很大的提升。校长还为此事表扬了竺可桢，称赞他是"智体并重"的模范。

　　　身体孱弱的竺可桢为了强身健体早早起床完成晨练的计划，他的这份坚持很值得我们学习。我们还要学习他把理想付诸行动的实践精神。

陶行知翻山越岭为求学

陶行知是我国著名的教育家。他自幼家境贫寒，家里只有一亩薄田，光靠耕地无法维持生计，全家人还需干些零活补贴家用。

陶行知很小就知道帮家里分担家务，每天早晨，他都挑着担子到河边打水；打完水后，他又背着竹篓上山采野菜，快到黄昏才下山。他从小就聪明过人，很多农活都是通过观察和摸索自己学会的，没有人教过他。父亲看到陶行知如此懂事聪明，很开心，也深知不能耽误陶行知的学习。在他六岁时，父亲很想送他进私塾，可是家中实在困难，交不起学费。一想到天生聪慧的儿子不能上学，父亲天天发愁，可也想不出什么办法。

正好这时邻村的一位私塾先生来到陶行知家中，对陶行知父亲说："陶行知可以免费在我学堂学习，你们愿意吗？"父亲连声应谢。其实这位私塾先生早就对陶行知有所了解，知道这个聪慧能干的孩子日后一定能成就一番事业，只是无奈家贫。入学后的陶行知没有辜负父亲和老师的期望，学习特别刻苦，再加上天资聪颖，他的成绩在班里一直是最优秀的。

然而在他九岁时，父亲失去了一直维持家里生计的工作，生活更加贫苦，一家人每天都为吃饭发愁。懂事的陶行知中断了学业，回到家中与父母一同承担养家压力，成了家里的半个劳动力。

陶行知因为家贫不得不退学务农，乡亲们都觉得很惋惜，父母更是着急。后来经过商议，父母决定让陶行知一边干活，一边到县城的

一位姓王的老先生处求学。陶行知深知父母的一片苦心，便下定决心，不管求学的道路多么艰难，都要坚持下来。

第二天天未亮，陶行知就早早地起床，背着竹篓和斧头上山砍柴。因为天还没亮，山路石子又多，脚上打滑摔了一跤，好在机敏的陶行知急忙紧紧地抓住路边的树枝，这才没有滚下山去。他慢慢地一步一步走上山，挥动着自己稚嫩的臂膀一斧一斧地砍柴。砍完柴后，他便背着柴一路地翻山越岭赶往县城。到了县城后，全身被汗水浸透了的陶行知来不及歇息，便赶忙地到市场上卖柴火。卖完了柴火，他再到王老先生家上学。

回家的路上，陶行知丝毫没有觉得累，反而觉得很开心，既为家里挣了点钱，又能学到新知识。为了节省白天宝贵的学习时间，他决定晚上砍柴，一起床就赶往县城。这晚，当陶行知砍完柴回到家时已是深夜。

此后每天太阳还没升起时，陶行知就已经背上柴火出发了；晚上回到家时，天已是黑得看不清路。不论是寒风凛冽的隆冬，还是酷热难耐的盛夏，陶行知从来没有缺过一次课，也从来没有抱怨过自己的辛苦。当时，陶行知只是个十岁出头的少年，父母看到他如此有毅力，心里很感动也很欣慰。

当时还有一位有名望的王老先生听说了陶行知的情况后，根据自己多年的教学经验，认为他是个可塑之才，便免费收他为学生。王老先生的学堂虽然在县里，但与陶行知的家距离更远，陶行知每天要花更多的时间在来回的路上。陶行知很珍惜这个来之不易的学习机会，每天仍起早贪黑、披星戴月。

有一次，在隆冬的时候，天上下起了鹅毛大雪，路上都覆盖了厚厚的雪，陶行知吃力地迈着腿，一步一步地往学堂赶。当他赶到学堂的时候，听到从教室里传出朗朗的读书声，知道王老先生已经开始讲课了。陶行知不敢打扰先生讲课，便默默地站在教室外认真听。不知不觉一个多小时过去了，陶行知还一动不动地站在原地，他听课听得很入神，完全不知道自己的身上落满了雪花，如同一个雪人立在那里。先生下课后，在教室外发现了满身雪花的陶行知，赶忙叫他进屋里，并给他泡了一杯热茶。

王老先生从来没有见过如此好学的学生，十分感慨地说："古有程门立雪，今有王门立雪。陶行知吃得苦中苦，他日必为人上人！"

后来陶行知凭借优异的成绩留学美国，回国后为中国教育事业的发展做出了杰出的贡献，成为了我国著名的教育家。吃得苦中苦的陶行知深知求学的道路很艰辛、很曲折，但他依然不放弃求学，为了求学，他翻山越岭、披星戴月，风里来雨中去，不曾耽误一次课，其学习态度和精神值得我们学习。

胡适给老师纠错

　　胡适是中国近代著名学者、诗人、历史学家、文学家和哲学家，是新文化运动的领袖之一，为中国的文化事业做出了杰出贡献。

　　胡适出生在一个官商家庭，在他幼年时父亲就不幸去世了，他就跟着母亲在老家生活。在母亲的教导下，胡适读书识字，广泛阅读古代典籍，打下了扎实的古文功底。少年胡适不再满足于古文的学习，还大量阅读明清白话小说，大大提升了自身的文学修养。

　　十四岁时，胡适随亲戚到上海求学。刚到上海的胡适不会讲上海话，又不太会写文章，老师有点小瞧这个矮小瘦弱的乡下学生，便把他安排到学习进度最慢的一个班。胡适平时上课很专心，可是因为语言不通，对老师讲的内容总是一知半解。他就认真地记下老师的每一句话，下课后自己再反复揣摩，还向班里其他同学请教。不知不觉两个月过去了，他慢慢地能听懂上海话了，也基本能听明白老师的讲课内容了。

　　有一次，老师在讲解"传曰：二人同心，其利断金"的古文时，不假思索地说这句话出自《左传》。

　　胡适觉得老师讲错了，这句话应该出自《易经》，为了更加明确，他趁下课的时间跑去图书馆查资料。在中午休息的时候，他来到办公室，轻声对老师说："老师，您刚才讲的'二人同心，其利断金'这句古文中'传'是指《易经》里的《系辞传》，而不是出自《左传》。"说着，他还把自己查到的资料拿给老师看。

　　老师感到很惊讶，一个少年竟能听出他讲课的错误，他仔细地看了资料，说："是的，我刚才说错了。"老师托了托眼镜，细细打量着这个他之前认为资质平平的乡下学生。接着，老师又仔细询问胡适都读过什么书，对哪些书有见解，能背诵多少，他都一一作答。老师发现，胡适不但深谙古文句法，而且能很熟练地应用白话文。老师问胡适能否做文章，他当场就写了一篇。他所写的那篇文章立意深远、借古喻今。第二天，老师就把胡适升到学习进度最快的班级了。

　　后来，胡适在十四岁时主编了一份白话报刊，并在十五岁时发表了自己编写的白话小说《真如岛》。胡适的名气也渐渐地传播开来。

　　　　胡适能够纠正老师的错误，正因为他平时博览群书，而且治学严谨。这正是我们应该培养的好品质。此外，胡适敢于纠正老师的错误，更体现出实事求是的精神。

郭沫若妙对"步蟾宫"

　　郭沫若是我国著名的文学家和历史学家。他出生在一个商人家庭，父亲是个颇有能力的实业家，母亲资质聪慧、长于诗书。

　　郭沫若从小在母亲的熏陶下长大。母亲平日里喜欢教他读些唐诗宋词，慢慢地，郭沫若就学会了不少的诗词。他很聪明，对读过的诗词几乎可以过目不忘。

　　年纪稍长之后，郭沫若就进入私塾学习了。他虽然是班里年龄最小的，可诗词却是班里背得最好的。虽然学习成绩不错，郭沫若却并不让私塾的老先生省心，因为他是班里最调皮的学生。

　　有一年，学堂附近的寺庙里种的蜜桃熟了。郭沫若和几个小伙伴儿悄悄地爬进了寺庙里，专挑又熟又大的桃子吃，不到半天的时间，树上的蜜桃就被他们吃得差不多了。他们吃饱之后，拍拍小肚子正要离开，被庙里的和尚逮了个正着，将他们送回学堂，要老先生好好管教。

　　没有管教好学生，老先生很是自责。在自我检讨后，老先生开始"审问"这帮顽皮的学童："竟然学会偷东西了，这是谁出的馊主意？"可是一再追问，学童们都没有承认。老先生更加生气，便做了一联来挖苦学生："今日偷桃钻狗洞，不知是谁？"见大家还是低头不语，老先生便声明："谁要是对得好，就不用挨板子。"学生们你瞅瞅我，我瞅瞅你，半天也没人吱声。

　　老先生知道郭沫若一向顽皮，心想，这偷桃的事十有八九都是他的主意，便叫他回答："你平时作诗最在行了，你来说说。"郭沫若只想了半分钟，便答道："他年攀桂步蟾宫，必定有我。"老先生听了他的对联，刚才的怒火消了一半，没想到郭沫若对得如此之妙，不仅字字相对，还表达了自己将来会蟾宫折桂的志气。

老先生还是惩罚了所有参与偷桃的学生。但是，老先生从这个下联中看出了郭沫若的天资，同时看到了他远大的志向和抱负，从此对他悉心教导。郭沫若也慢慢地脱离了孩子气，谈吐中透露出更多的责任与理想。

有一次，先生在课上讲南宋岳飞和文天祥的故事，讲到动情时问道："同学们，国家兴亡，匹夫有责，你们又当如何？"郭沫若第一个站起来，回答道："要为报效中华读书，为富国强兵读好书。"

　　"要为报效中华读书。"郭沫若用自己的实际行动履行了他的誓言。他一生致力于中国文化事业，成为中国新诗的奠基人，是继鲁迅之后人们公认的中国文化领袖。

梅兰芳刻苦练功

梅兰芳是我国著名的京剧大师，他表演的京剧《贵妃醉酒》《霸王别姬》等等，都深受人们喜爱。可他并不是天生的金嗓子，他的成功背后饱含了我们难以体会的辛劳。

梅兰芳小的时候，并没有京剧演员霸气的眼神，因为近视，他的目光总是呆呆的，见了生人也不太爱说话。

八岁那年，家里请来了当时著名小生朱素云的哥哥朱小霞来教梅兰芳唱戏。朱先生就按照传统的方法，先教他唱《二进宫》。这是一出比较基础的戏曲，梅兰芳怎么也唱不好，开始时先生还耐心地一遍遍教他，练了很长时间还是没有什么进步。朱先生见梅兰芳学得太慢，认为他不是学戏的料，就无奈地对他说："祖师爷没给你这碗饭吃，我也帮不了你啊！"说完就拂袖离去了。

梅兰芳是一个有志气的孩子，他心想，别人能做好的事，我为什么不可以？我一定要好好学戏，在这个领域有所成就。

后来，家里又送他去戏曲班学戏，但没有师傅愿意教他，都认为他不是个可塑之才。就在大家都不愿意带他的时候，吴菱仙老先生因为梅兰芳爷爷的缘故，答应收他为徒。当年，吴菱仙和梅兰芳的爷爷一起学戏，吴菱仙家里有困难急需用钱，梅兰芳的爷爷怕吴菱仙抹不开面子，就假装请他吃槟榔把钱给了他。吴菱仙很感激，所以现在决定收梅兰芳为徒弟，也算是报答梅兰芳爷爷当年的恩情。于是，梅兰芳就开始跟随吴先生学戏。

　　吴先生是个严厉认真的人，由于梅兰芳底子不好，吴先生对他格外严格。

　　吴先生的"跷功"是很出名的。为了让梅兰芳练好"跷功"，吴先生找来一条板凳，在上面放一块砖，然后让梅兰芳踩着半米多长的高跷站到砖头上，不站够一炷香的工夫不可以下来。一开始，梅兰芳站在上面总是颤颤巍巍的，不一会儿就腰酸腿疼。站累了，他就下来休息一下，然后马上又站了回去，直到一炷香的工夫才停。为了练好腿部的功夫，梅兰芳的小腿都站肿了。

　　经过一段时间的训练，梅兰芳腿上的功夫有了很大进步。为了给训练加大难度，冬天的时候，他就在院子里用水浇出一块冰场，踩着高跷在上面走，常常摔得身上青一块紫一块的。吴先生见了心疼，就让他休息几天再练，梅兰芳说："先生，您不是常说一日不练三日空吗？我底子差，更要加紧练习啊！"吴先生无奈，只好让他继续练习。

　　梅兰芳是个近视眼，眼神呆滞，吴先生就教给他一些练眼神的方法。首先，吴先生让梅兰芳盯着一个固定的物体看，要求目不转睛，一看就是几个小时。看完固定的东西，吴先生又拿出一只鸽子和两个小木棒，一个绑着红色的布条，一个绑着绿色的布条。他摇摇红色的木棒，鸽子就飞到手里吃食，然后他就盯着鸽子飞过来，盯着鸽子吃食。摇摇绿色的木棒，鸽子就会飞走，他就目送着鸽子飞得越来越远，直到再也看不见了。吴先生就让梅兰芳按这个方法反复练习，梅兰芳眼睛的肌肉渐渐结实起来了，看东西也更灵活了，眼神也不再呆板，而是充满了神采。

　　在打牢了"跷功"，练好了眼神之后，吴先生就开始教梅兰芳唱戏了。唱戏的第一步就是吊嗓子。每天早上六点钟，吴老师准时来敲梅兰芳的房门。等梅兰芳起床后，吴先生先带他到外面慢跑，半小时后才回来，这叫作热身，让肌肉活动起来，这样再吊嗓子，嗓子才不会损伤。

　　吊完嗓子之后，就是练习演唱了。因为梅兰芳反应比较迟钝，老师就采用笨方法，一句句、一遍遍地练。吴先生让梅兰芳每一句都唱

上三十遍，每唱一遍就在碗里放一枚铜板，直到唱满三十遍为止。

在吴先生的严格教导下，经过自己刻苦的训练，当初那个平庸的少年终于成为了一代戏曲大师，形成了自己独特的风格，创立了"梅派"。

梅兰芳通过自己的努力，终于取得了成功。他的故事告诉我们，勤奋刻苦是一个人成功的唯一诀窍，哪怕你资质平凡，如当初的梅兰芳，只要你肯下苦功夫，一定会收获成功的。世界上并不缺少聪明人，缺少的是肯下苦功夫的人。此外，敢于追求自己的理想，为了实现理想而不懈地付出，这也是梅兰芳留给我们的宝贵财富。

茅以升立志造桥

我国著名的桥梁专家茅以升，出生在一个商人家庭，他的爷爷曾经考中举人，是当地的名士。虽然出生在一个宽裕的家庭，但是茅以升并没有染上富家子弟的流气。在学堂里，他因不与富家子弟为伍，经常遭到他们的嘲笑和作弄。可茅以升从不理会，把全部的精力都用在学习上，他一直是班上学习成绩最优异的学生。

有一年暑假，爷爷教茅以升学习古文。爷爷教古文的方法与学堂里的老先生不一样，爷爷先和茅以升一起把文章从头到尾完整地抄一遍，爷爷一边抄写一边对文章进行讲解，将文章讲解完后，便让茅以升背诵。一个暑假下来，他学会了上百首诗词和几十篇的古文。茅以升悟性很高，将爷爷教授的学习方法进行了归纳，大大增强了自己的学习能力。后来茅以升学习造桥技术、总结前人造桥经验时，就运用了自己归纳的学习方法。

有一年的端午节前夕，茅以升和几位同学约好，要去秦淮河观看一年一度的龙舟大赛。在南京，端午节的龙舟大赛是深受人们喜爱的节目，场面十分壮观。可就在当天晚上，他突然肚子不舒服，还发了低烧，吃了些汤药之后，病情才见缓。

第二天，茅以升想如约和同学们去江边看龙舟大赛，可母亲实在放心不下，他只能待在家里。他一整天都坐立不安，人在家中，可心早已飞到了江边。茅以升时不时地站在门口朝秦淮河的方向望去，盼望着伙伴能早点回来，把精彩的龙舟大赛讲给他听。终于等到黄昏，

同学们回来了。可同学们脸上丝毫没有高兴的表情，有个同学被吓坏了，半天没回过神；有的同学低声哭泣着。茅以升赶忙问道："怎么了？"一个同学难过地回答道："出事了，桥塌了！"

在那年，龙舟大赛的事故是南京城最重大的事故，一件让很多人都无法忘怀的大事。端午节的龙舟大赛是南京一年一度的盛事，可就是在这次的龙舟大赛中，观众人数远胜于往年，一直作为看台之一的文德桥无法承受远超于平时的重压，竟轰然断裂倒塌了。很多人都跌落到秦淮河里，不少人被河水冲走了。

听到这个噩耗的茅以升惊呆了，同学们有的说可能今年的端午节不是吉日，有的说今年人太多……茅以升呆坐在一旁，一言不发。同学们走后，他慢慢地冷静下来，对这个事故的主因进行思考：为什么桥会崩塌？是因为桥不坚固。要是每座桥都造得很坚固，就不会发生这样的悲剧了。以后我一定要造出永远不会崩塌的大桥！在茅以升幼小的心灵里就树立了理想——长大后要为人民造结结实实、永不崩塌的桥梁。后来，茅以升选择了桥梁设计专业，刻苦学习造桥技术，终于成为我国著名的桥梁专家。

　　在茅以升看来，文德桥上发生的意外，损毁的不是一座桥，而是数十条无辜的生命。茅以升立志为人民造好桥、造结实的桥，其精神和志向很值得我们学习。

茅盾志在鸿鹄

茅盾是中国著名的作家、五四新文化运动的先驱，是我国革命文艺的奠基人。他一生创作了大量脍炙人口的作品。茅盾从小便热爱文学，并且树立了远大的志向。

阅读广泛

茅盾七岁时便在继母的指导下学习新学。童年时期，他就表现出了对文学极大的兴趣和极高的天赋。

在上小学时，茅盾很喜欢看白话小说。家里有个专门用来搁置杂物的房间，他的叔叔将不少书籍放在里边，茅盾闲来无事，便到杂物房转转，无意间，他翻出了《西游记》和《三国演义》，随手翻了两页，他就被书中的故事深深吸引住了。他常把它们带在身上，一有空就津津有味地阅读起来。

有一次茅盾随母亲去舅舅家串门，他一到舅舅家就到处找书。舅舅是村里的中医，家里也有不少明清小说。茅盾找着了一本《野叟曝言》，只用了两天便看完了。《野叟曝言》是清朝时期的一部通俗小说，大约一百多万字，曾被称为"天下第一奇书"。舅舅后来知道茅盾两天就把《野叟曝言》读完了，感到很惊讶，便把家里的书都送给了他。茅盾通过广泛的阅读，不仅打牢了文学基础、提高了文学素养，而且在不知不觉中培养了写作能力。

"大丈夫当以天下为己任"

由于刻苦用功，茅盾的成绩在班里总是特别优秀，尤其是他作文章的水平，更是为大家所称道。

有一年，茅盾参加村里举办的会考，会考的作文题目是《论富国强兵之道》。这是一篇议论文，其他同学还在苦苦思索的时候，茅盾已经文思泉涌地写了起来。不一会儿工夫，他就写完了，他在文章的最后表达了自己的志向："大丈夫当以天下为己任。"主持会考的老师看到茅盾写的文章，十分欣喜，整篇文章文笔流畅、言之有物，很难相信此文章出自一名孩童之手。老师没想到村里出了这等有天赋的学童，当场评了茅盾第一名，并对他的文章给出了评语："十二岁小儿，能作此文，莫谓中华无人也！"

志在鸿鹄

后来，茅盾凭借优异的成绩考入了湖州中学。读书期间，他有幸遇到了钱念劬(qú)先生。钱念劬先生曾在很多国家担任外交官，通晓古今、学贯中西，在当时是很有名的学者。

有一次，钱先生在课上让学生们做文章，为了培养学生独自思考的能力，他让学生自己定题。之前做文章老师都会出个题，这下自己想题，很多学生感到无所适从。这样的作文方式同学们第一次遇到，大家交头接耳，不知从何下笔。

茅盾思索了一会儿，想起自己曾经读过的庄子的《逍遥游》，描写的是一只自由自在、志向高远的大鹏鸟的故事，他决定利用这个寓意来做文章，题目就定为《志在鸿鹄》。在文章中，茅盾描述了一只大鹏鸟在天空中飞翔，它时而低速盘旋，时而快速翱翔，用娴熟的飞行技术来展示自己，并对那些追逐它的猎人们表示嘲讽。

茅盾很快就完成了一篇五六百字的文章，在这篇文章中，他抒发了自己的远大志向。钱先生看到这篇文章虽然不长，但立意高远、气势磅礴，而且文笔优美、一气呵成。最难能可贵的是，茅盾小小年纪，已经表现出非凡的志向，钱先生非常欣赏，在文章末尾写上了自己的评语："志在鸿鹄，此学生是将来能为文者。"

在钱先生的鼓励下，茅盾更加用功苦读，最终成为一代文学巨匠。茅盾少年时期就能树立鸿鹄之志，并具有"大丈夫当以天下为己任"的责任感，值得我们学习。

老舍知错就改

　　老舍本名舒庆春，字舍予，是我国著名的文学家，他一生的创作颇丰，其中《骆驼祥子》《四世同堂》等作品更是妇孺皆知，他是新中国第一位获得"人民艺术家"称号的作家。老舍所取得的成就自然和他从小就刻苦努力是分不开的，但是在他童年时所发生的一件事对他影响也是比较深刻的。

　　老舍小时候在北京西直门内南草厂胡同的一所高等小学念书，他学习很用功，在班里和很多同学都很要好。其中有个名叫高煜(yù)年的满族同学，和老舍更是形影不离的好朋友。

　　有一年的初春，春风和煦，正是放风筝的好时节。北京城上空飘满了形状各异、绚丽夺目的风筝。一天，语文老师借景生情，让大家在课堂上写一篇作文，题目就叫《说风筝》。

　　老舍看到题目后，文思泉涌，整篇文章一气呵成。可高煜年愁眉紧锁，不知如何下笔。老舍在一旁等得不耐烦了，便低声对高煜年说："我来给你写吧！快点写完，我们好去放风筝。""太好了！"高煜年如释重负。

　　第二天语文课上，老师很开心地在班上表扬高煜年："在这次的作文练习中，很多同学都取得了进步。尤其是高煜年同学，他的文章既能很好地切题，又言之有物，且颇有文采。"接着，老师将这篇文章作为范文，给全班同学朗诵："纸鸢之为物，起风而畏雨，以纸为衣，以竹为骨，以线索之，飘荡空中……"念完之后，老师借此对同学们进行教育："这次作文，有些同学抄袭作文选本里的内容，而高煜年则完全是自己独立完成的，还取得了这么大的进步，大家应该多向他学习。"

下课之后，老舍和高煜年拿着风筝站在操场上，看着周围同学兴高采烈地玩耍，自己却怎么也高兴不起来。他们欺骗了老师，觉得非常愧疚，一上午都心事重重的，根本没心思听课，这一天，他们觉得特别漫长。就这样一直挨到了中午，他们终于鼓足勇气来到老师的办公室，向老师承认了错误。

老师语重心长地说："作弊的行为虽然可耻，但你们能够勇敢地来到我面前认错，我觉得这是难能可贵的。想必做了这件事之后，你们的内心也经历了愧疚不安的折磨吧。"他们两个使劲点点头。为了让他们更深刻地记住这次作弊的教训，老师用戒尺重重地打了他俩的手心。

这件事对老舍影响很深，从此，他做任何事都不再作弊，一生都保持着诚实坦率的好品质。

童第周 "滴水穿石"

童第周是我国著名的生物学家，出生在浙江鄞县（今宁波市鄞州区）的一个农民家庭，是享誉海内外的卓越的生物学家、教育家。他是中国实验胚胎学的创始人之一，为中国生物学研究做出杰出贡献。

滴水穿石

童第周在小的时候具有很强的好奇心，一看到有不理解的问题便要向父亲问个明白。看到他这么善于观察、勤于思考，父亲很欣慰，每次都会很有耐心地给他讲解。

有一天，童第周无意中看到屋檐下的石板上整整齐齐地排列着一排小水坑，他觉得很奇怪，思索了半天也弄不明白小水坑是怎么回事，便很不解地问父亲："父亲，房子屋檐下的石板上有很多小水坑，那是谁敲出来的？它们有什么用处吗？"父亲看到童第周这么好奇，耐心地说道："这些小水坑不是人敲出来的，是屋檐上的水滴到石板上敲出来的。"童第周更为不解了："力量弱小的水滴能在坚硬的石板上敲出坑吗？"父亲回答说："一滴水的力量当然不能够在石板上敲出坑，但是日积月累，无数的水滴接连不断地敲击着石板，慢慢地，坚硬的石板便被敲出了坑，后来还能被敲出一个洞呢。古人所说的滴水穿石就是这个道理。"父亲的解释让童第周明白了不少，他蹲在屋檐下的石板上，看着一个个小小的水坑，似懂非懂地点了点头。

由于经常在家里干农活，童第周对学习有点冷淡了，觉得读书毫无乐趣，不想再到学堂读书了。父亲耐心地教导他："还记得滴水穿石的故事吗？小水滴通过坚持不懈的努力，都能把坚硬的石板敲穿。难道你的恒心还不如水滴吗？学习也是这个道理，要坚持不懈，持之以恒才会取得成功。"为了激励童第周，父亲书写了"滴水穿石"四个大字并悬挂在家中，充满期望地对他说："你要时刻记住这句话，将它作为你的座右铭，永志不忘。"

两个"第一"

童第周到了上小学的年龄，为了让他能接受到好的教育，家里省吃俭用，将他送入了浙江省立第四师范学校读书。哥哥希望童第周学有所成后能回到家乡和他一起办学。可是童第周却另有一番志向，他立志要考进当时省内最为有名的中学——宁波效实中学。哥哥很高兴，但是又担心弟弟考不上，毕竟宁波效实中学的入学要求极为苛刻。

童第周为了备考，经常复习到废寝忘食，一家人也全都动员起来了，为他营造一个良好的备考环境。经过辛勤的努力，童第周终于考上了宁波效实中学，成为三年级的插班生，可是他的成绩却在班中倒数第一。看着倒数第一的成绩单，童第周很伤心，他告诉自己，一定要加倍努力，迎头赶上。

有一段时间，童第周经常夜不归宿，班里便传出了"童第周不顾学习，经常谈恋爱到深夜"的流言，引起了老师的担忧。一天深夜，教数学的陈老师办完事后从校外回来，发现在昏暗的路灯下有个瘦小的身影，陈老师想："这三更半夜的，还有谁不回寝室睡觉？"原来是童第周正在借着微弱的灯光看书。回到寝室后，陈老师看到窗外路灯下瘦小的身影还没离开，很欣慰。

第二天，陈老师当着全班同学的面郑重地为童第周辟谣："我很

确定地告诉大家，童第周是一名刻苦学习的同学，大家不要胡乱猜测，对他乱下判断，更不要用流言中伤他。"陈老师严肃地说："寝室熄灯后，童第周还在昏暗的路灯下专心致志地学习。这种刻苦的学习精神值得每一个同学学习。"最后陈老师在班上鼓励童第周："虽然童第周在上次考试中是班里的倒数第一名，但是他的成绩不能仅仅用一次考试来衡量，我相信童第周在下次考试中一定会取得进步。"

期末考试到了，童第周再一次成为大家关注的焦点。经过了一学期刻苦的努力，他的各科成绩都有了大幅的提升，其中几何更是得了满分。取得巨大进步的童第周并没有自满，还是很用功地学习，在高三的期末考试中，他的总成绩名列全班第一。

后来童第周在回忆这段时期的学习时，很感慨地说："在效实中学的两个'第一'，对我一生有很大影响。这件事使我懂得，世上没有天才，天才是用劳动换来的！"

从倒数第一升为正数第一，童第周用勤奋刻苦的努力换来了好成绩，他的故事告诉我们：世上没有天才，更没有不劳而获的成功。在生活和学习中，人人都会有不如意的时候，就像童第周曾经也是班里的倒数第一，关键在于是否有不服输的志气和一颗战胜困难的决心，然后像水滴一样坚持不懈地努力，这样才能成就"穿石"之功。

杨靖宇勇斗兵痞

　　我国著名的抗日民族英雄杨靖宇出生在一个穷苦的农民家庭，本名马尚德。1932年赴南满领导抗日武装斗争时，改名杨靖宇。因为家里贫困，杨靖宇在八岁的时候才入村里的私塾读书。他学习很刻苦，在十三岁的时候，升入县里的学校读书。

　　少年时的杨靖宇很有正义感，每次见到有恶霸欺压百姓的事情发生，都会勇敢地站出来，维护公义。

　　有一天，学校正在上课，突然外面传来急促的叫喊声。学生都冲出来看个究竟，原来是学校的门卫老张被几个兵痞围着毒打，同学们都很气愤，可毕竟兵痞手里端着枪，大家敢怒不敢言。

　　就在这时候，人群中站出一位身材高大的男生，他大声呵斥兵痞："你们太欺负人了！"同学们早就一肚子怒火，见有人站了出来，便跟着大声斥责兵痞。兵痞骄横无理地说："谁叫他不让我们进学校的？得罪我们就是这个下场。"说罢继续对老张拳打脚踢。老张已经奄奄一息了，再打下去就要出人命了。在这危急的时刻，那个男生奋不顾身地扑到一个兵痞身上，和兵痞扭打起来。在他的带领下，一些男同学也相继地和兵痞厮打起来。后来学生越来越多，兵痞招架不住，便狼狈地离开了学校，那个勇救老张、怒打兵痞的男生就是杨靖宇。

　　那几个狼狈逃跑的兵痞心有不甘，他们觉得被手无寸铁的学生轰走太丢脸，便叫上了更多的兵痞，气势汹汹地返回学校，将校园的大

门围得水泄不通，大声嚷着要找刚才闹事的学生。

校长一看事情闹大了，便一个劲地给兵痞道歉："那几个小孩子不懂事，我一定好好教训他们，您就大人不计小人过，给他们一个改正的机会。"兵痞非但不肯罢手，反而气焰更加嚣张。

杨靖宇面无惧色，他拿着火柴，爬到屋顶上，大声地对兵痞喊道："我手里正拿着洋火，你们要是再不走，我就一把火把学校烧了。"校长赶忙劝兵痞快走："你们快走吧，这个孩子天不怕地不怕，要是把他逼急了，他一定会烧了学校的。要是学校被烧了，你们的头儿怪罪下来，对你们也没有好处，快走吧。"几个兵痞你看看我，我看看你，都怕担责任，便都灰溜溜地走了。

当时中国社会正处于动荡时期：北洋政府腐败无能、丧权辱国，封建军阀连年混战、兵匪横行，西方列强在中国作威作福，百姓流离失所。

杨靖宇积极投入反帝反封建斗争的行列中。他和同学一起参加抗议卖国政府的罢课斗争，参加抗议北洋政府的学生游行，并传播进步思想，组织同学们学习马克思列宁主义。

学生们的罢课斗争、游行示威活动，引起了北洋反动政府的极大恐慌，当地的教育局往杨靖宇所在的学校派了几个"学监"，名义上说是为了检查教学质量，实际上是为了监视学生的活动、没收学生的进步书籍。

有一次，一个学监在寝室里丢了件衣服。他毫无根据地认定是清洁工老李作的案，且不由老李辩解。几个学监把老李用绳子捆绑起来，吊在大树上，硬是要老李交代自己的"罪行"。老李是学校的老员工，平时为人老实、工作踏实，同学们都很喜欢他。看到自己无辜被捆，受冤屈却不能说，老李呜呜地哭了起来。

就在这时，杨靖宇带着同学们过来质问学监："你们凭什么把老李吊起来，他压根儿没偷你的衣服，再不把老李放下来，就对你们不客气。"愤怒的学生将几个学监团团围住，对他们施压。这时学监没了平时的嚣张气焰，在学生的紧逼下不断地往后退，最后龟缩在一起，战战兢兢地说："你们要干什么？"

校长闻讯赶过来，怕事情闹大了，急忙疏散学生："都散了！都散了！你们少管闲事！"杨靖宇又站出来，义正词严地说："我们在帮老李讨回公道，怎么就是多管闲事呢？"校长指着杨靖宇说："你还想不想在这儿读书？"杨靖宇丝毫没有惧色，大声怒斥："这里不是教书育人的学校，是欺压百姓的衙门！"在杨靖宇的带动下，学生个个都很激愤，要为老李讨回公道。学监见学生人多势众，只能将老李放下来，并向老李赔礼道歉。

杨靖宇学生时代就勇于帮助别人，勇敢而无畏，后来成为著名抗日民族英雄，领导东北抗日联军与日寇血战，弹尽粮绝，壮烈牺牲。杨靖宇将军是中华民族的骄傲，值得我们学习。

华罗庚智解数学题

　　华罗庚是我国著名的数学家，他从小就爱动脑，别人都习以为常的事，他也追根究底，总提出些稀奇古怪的问题。比如天有多高、星星有多少颗、树上的叶子有多少片，就连别人家门口的石狮子有多重他都特别感兴趣。

不信"菩萨"

　　华罗庚小时候很喜欢去参加庙会，逢年过节时庙里都人山人海，一派热闹的景象。每次到庙里，人们都要向庙里的菩萨磕头，祈求菩萨保佑。华罗庚一开始也很认真地磕头行礼，可是，也没见菩萨保佑自己什么，渐渐地，他就对菩萨是否具有神力产生了怀疑。

　　有一次，华罗庚和家人一同参加庙会，可这次他打定主意要看看菩萨的真面目。庙会结束后，大家都陆续回家了，华罗庚却偷偷地跟着"菩萨"溜进了寺庙的里屋。他从门缝中看到"菩萨"卸下了沉重的头饰，脱去了绸缎做的华丽外衣，换上了一件普通的蓝布衣服，数起了刚刚收到的香火钱。华罗庚像是发现了大秘密似的，拔腿就往家里跑。跑回家后，他上气不接下气地说："原来，原来'菩萨'是人假扮的。"母亲赶紧训斥他，叫他别乱说话。华罗庚辩解说："我没有乱说，我刚看见他穿着普通人的衣服，他还在数香火钱呢，他根本就没有神力，都是骗人的！"此后，华罗庚虽然没再提，但心里觉得鬼神之说都是不可信的。

智解数学难题

上学后的华罗庚很喜欢数学，可是他并不像别的同学一样循规蹈矩地听课、做作业，华罗庚交的作业经常是很不规整的。数学老师开始时很不满意，认为华罗庚学习态度不端正，没有认真对待作业。后来，经过仔细地观察，数学老师发现，华罗庚其实是在不断地改进和总结自己的解法，而且每一种解法都比之前的要简化。

一次偶然的机会，华罗庚展现出了他超于常人的数学天赋。在一堂数学课上，老师出了一道数学题："有一个数，不知是多少。3个3个地数，还剩余2；5个5个地数，还剩余3；7个7个地数，还是剩余2。那这个数是多少呢？"听完题目后，同学们都不知如何解题，大家议论纷纷，可都没有找到解题的方法。而华罗庚却站起来回答说："这个数是23！"接着，他就把自己的算法从头到尾地给同学们讲解了一遍。

看到华罗庚能用自己的方法得出正确答案，数学老师很高兴。他告诉大家，这道题其实是我国古代数学经典《孙子算经》里的一道有名的难题。在楚汉争霸战争中，名将韩信还用过这个算法来点兵呢！华罗庚并没有看过《孙子算经》，他是依靠自己的聪慧将难题算出的，从此同学们都很佩服他。在发现了华罗庚的数学天赋后，数学老师更是有意地引导他往数学领域发展。

改进珠算法

可惜后来家里实在不能承担学费，华罗庚便退学了，回到家中小店学记账。虽然离开了学校，但是华罗庚一直很喜欢钻研数学，他总能在生活中发现数学问题。

有一次，华罗庚在店里帮父亲记账。他看见父亲虽然在算盘上紧

张地敲算了大半天，可是进展并不快，还有很多账目没算。华罗庚觉得按照传统的算法算，效率并不高。他就问父亲："难道没有别的方法来算吗？旧的方法太耗时。"父亲回答道："这种算法都用了几百年了，没有更便捷的算法了。"华罗庚经过认真的分析和严谨的推论，认为可以将传统珠算的乘除法进行简化。

在珠算中，乘法的传统处理方法是"留头法"或"留尾法"，即是先把乘数打上算盘，然后用被乘数与乘数相乘；每当用到乘数的一位数乘以被乘数后，便在乘数中将该位数去掉；将乘数乘完了，就得出了答案。

华罗庚想出的办法是：将每次乘出的数目在算盘上相加，这样就简化了不少时间和过程。例如：52×7，先在算盘上打出5×7=35，把数退一位，即350，再加上2×7=14，就可得364。这个算法比传统的算法便捷很多，节省很多时间。对于除法，则变成减法来处理即可，一样省时简便。

有一年，上海举办珠算比赛。华罗庚听到消息后也报名参赛，华罗庚是年龄最小的选手。他凭借着"华氏珠算法"和出众的心算能力，在比赛中夺得了第一名。从此他的名气渐渐地传播开来。

华罗庚正是由于不盲从权威，通过自己的思考和观察，发现了"菩萨"的秘密。他还善于在生活中发现问题，创造出了"华氏珠算法"。后来经过自己刻苦的努力，他最后成为我国著名的数学家。我们要像华罗庚一样，在生活和学习中要善于发现问题、勤于思考。

陈景润志在"明珠"

　　我国著名的数学家陈景润出生在一个普通家庭，他的父亲在邮电局当个小职员，只能依靠微薄的收入来养家，母亲则要每天起早贪黑地到地里干活。

　　陈景润幼年时很懂事，主动做些力所能及的事情。陈景润把弟弟妹妹照看得很好，还经常和他们玩数手指的游戏，弟弟妹妹每次一玩游戏就不再哭闹。年纪稍长后，陈景润就随母亲下地干活。在干活之余，他还利用地里的庄稼来学习算数，他不是计算每垄的秧苗数，就是统计每亩的产量。母亲看到陈景润如此喜欢学习，就将他送进了学校。

　　陈景润最喜欢的科目是数学，他每次考试都在班里名列前茅。陈景润的高中是福州的英华中学，在这里他真正地领略到了数学的魅力。当时他所在班级的数学老师是沈元教授。沈元教授是中国著名的空气动力学家、航空工程教育家。他本在清华大学从事科研，后逢战事，便回家乡母校任教。沈元教授在教学上很有方法，他常常寓教于故事中，将本来枯燥的数学知识讲得生动活泼，让学生在乐趣中学会数学，并激起了他们学习自然科学的热情。

　　在一次数学课上，沈元教授给学生们讲哥德巴赫猜想的故事："同学们都知道，在正整数中，像2、4、6、8、10这样凡是能被2整除的数叫偶数；像1、3、5、7、9这样不能被2整除的数叫奇数。还有这样的一种数，它们只能被1和自身整除，而不能被其他整数整除，这种数叫素数。"

"偶数和素数同学们都学过，可是不知大家注意到没有，偶数和素数之间有个很神奇的关系。这个神奇的关系最先是在两百年前，由一个叫哥德巴赫的德国数学家发现的。有一次，他在整理自己的计算草稿，无意中发现草稿中每个不小于6的偶数都是两个素数之和。他照着这个规律列了很多大于6的偶数，发现这些偶数都可以分解成两个素数。比如，16=13+3，18=13+5，20=3+17等等。接着哥德巴赫想试着用数学语言来证明这个猜想的合理性，虽然哥德巴赫尝试了很久，但失败了，他无法用严谨的数学语言来证明猜想。"

听到这儿，很多同学的热情和好奇心被调动起来了，他们并没发现偶数和素数间居然有这么有趣的关系。他们很想知道哥德巴赫后来如何论证自己的猜想。

没想到同学们对哥德巴赫猜想如此感兴趣，沈元教授便将后来的故事娓娓道来："哥德巴赫知道，数学定律都要经过严格的论证和求证，猜想如果不能被论证出来，那么永远都只是猜想。后来，哥德巴赫写信求助于著名的数学家欧拉，希望他能将自己的猜想论证出来。欧拉觉得这个猜想很有意思，就全身心地投入对猜想的论证工作中。可是欧拉耗尽一生的心血，也没能将猜想论证出来，带着毕生的遗憾离开了人世。从此哥德巴赫猜想声名鹊起，成为世界数学界一道著名的数学难题。在这两百年来，很多天才数学家都将巨大的精力和时间投入到对哥德巴赫猜想的论证中，可惜都以失败告终。到现在，哥德巴赫猜想还是一道没法论证的数学难题。"

听完哥德巴赫猜想的故事，大家都很激动和兴奋，仿佛他们是要向哥德巴赫猜想下挑战书的数学家，都跃跃欲试。

"如果把数学比作是自然科学领域的皇后，那么数论则是这名皇后头上所戴的皇冠，而哥德巴赫猜想就是这个皇冠上最耀眼夺目的一颗明珠。"沈元教授满怀期望地说，"相信你们当中一定有人可以将哥德巴赫猜想论证出来。"

陈景润激动极了，他似乎突然间看到了一个缤纷绚丽、充满神奇的数学世界，他暗暗地下定决心，一定要为祖国和人民摘下数学皇冠上的那颗"明珠"。

经过漫长艰苦的努力，已经成为数学家的陈景润终于将哥德巴赫猜想科学严谨地论证出来了。

无数数学家在论证哥德巴赫猜想的过程中纷纷以失败告终，但陈景润从小就定下志向要破解世界数学界的难题——哥德巴赫猜想，并最终通过艰苦的努力，科学地论证了哥德巴赫猜想，摘下了数学皇冠上最为耀眼的"明珠"。